U0790256

高等院校医学实验系列教材
丛书主编　张庆镐　曾常茜

基础医学实验系列教材

病原生物学实验

主　编　张庆镐　曾常茜　孙慎侠
副主编　秦　雪　伦永志
编　者（按姓氏笔画排序）
于　洁　王云华　王月华　王艾琳　白　婷
伦永志　刘丽梅　孙　杰　孙艳美　孙慎侠
张小梅　张庆镐　武永红　郑兰艳　秦　雪
曾常茜　游荷花　潘志鹏

科学出版社
北　京

内 容 简 介

本书包括概述、基础性实验、综合性实验、设计性实验和虚拟仿真实验教学平台等内容。基础性实验项目基本按照原理、材料、方法、结果判定及注意事项几部分编写。各实验所用培养基、染液、指示剂和试剂的配制均列在附录内。本教材从体例方面充分体现了大连大学基础医学实验教学示范中心的实验教学改革成果，具有实用性、综合性和先进性。

本书可作为医学院校相关专业本科生实验教材，也可作为研究生、青年教师和科技工作者的参考用书。

图书在版编目（CIP）数据

病原生物学实验 / 张庆镐，曾常茜，孙慎侠主编. — 北京：科学出版社，2019.11

ISBN 978-7-03-062941-8

Ⅰ. ①病… Ⅱ. ①张… ②曾… ③孙… Ⅲ. ①病原微生物–实验–医学院校–教材 Ⅳ. ①R37-33

中国版本图书馆 CIP 数据核字（2019）第 242350 号

责任编辑：周　园 ／ 责任校对：郭瑞芝
责任印制：李　彤 ／ 封面设计：陈　敬

科 学 出 版 社 出版
北京东黄城根北街 16 号
邮政编码：100717
http://www.sciencep.com

涿州市般润文化传播有限公司 印刷
科学出版社发行　各地新华书店经销

*

2019 年 11 月第　一　版　开本：787×1092　1/16
2023 年 6 月第五次印刷　印张：10　1/2
字数：307 000

定价：59.80 元

（如有印装质量问题，我社负责调换）

前　　言

病原生物学实验作为医学专业基础课，是一门实践性极强的学科，为提高学生的操作技能，让医学生在有限时间内掌握病原生物学实验的基本方法和技能，通过实验课程的学习，进一步巩固和加深对理论课知识的掌握，同时培养学生的实验创新能力、分析问题和解决问题的能力，我们编写了这本《病原生物学实验》。

本书分为概述、基础性实验、综合性实验、设计性实验和虚拟仿真实验教学平台五篇，共40 项实验，较系统地阐述了病原生物学实验的原理和基本方法。为了加强学生实验技术操作规范，提高学生的生物安全意识，在概述中重点强调了病原生物学实验室生物安全防护、实验室规则及要求，以及病原生物学实验常用设备与使用方法；基础性实验主要为验证病原生物学理论知识，加深学生感性认识，因此以经典实验为主；遵循循序渐进的理念，在学生掌握了基本理论和技能基础上，通过综合性实验和设计性实验，逐渐培养学生的兴趣和进行科学研究的积极性，提高学生的实验技能和解决病原生物学相关领域实际问题的能力。

本书为方便教学，每一基础性实验基本上是按原理、材料、方法、结果判定及注意事项几部分进行编写。各实验所用培养基、染液、指示剂和试剂的配制均列在附录内。

本书在编写过程中得到一些专家、教授大力支持与帮助，全体编者认真敬业、反复推敲修改，在此表示衷心感谢！因编者水平有限，书中难免出现不足及疏漏之处，敬请广大师生批评指正。

编　委

2019 年 6 月

目　　录

第一篇　概　　述

病原生物学是将医学微生物学和人体寄生虫学整合后形成的一门基础医学学科，是生命科学的重要组成部分。病原生物学主要研究与人体健康有关的病原生物的形态结构、生命活动规律及其与人体和外环境的相互关系。病原生物学实验的实践性较强，是该学科的重要组成部分。其实验研究的对象主要是能引起人类疾病的病原微生物和人体寄生虫，所以必须高度重视，注意实验室的生物安全防护，在实验过程中，应着重锻炼自己的观察能力、操作能力、思维能力和对知识的运用能力，为今后的学习和工作奠定坚实的基础。

一、病原生物学实验室生物安全防护与规则

（一）病原生物学实验室生物安全

病原生物学教学实验室涉及各种正常菌群和常见的病原微生物的操作，可能对实验室工作人员及周围环境造成一定的生物污染，在开始实验前，须熟悉生物安全防护并掌握实验室生物安全防护措施。

根据病原微生物的传染性、感染后对个体或者群体的危害程度，可将病原微生物分为四类。

第一类病原微生物，是指能够引起人类或动物非常严重疾病的微生物，以及我国尚未发现或者已经宣布消灭的微生物。

第二类病原微生物，是指能够引起人类或动物严重疾病，比较容易直接或间接在人与人、动物与人、动物与动物间传播的微生物。

第三类病原微生物，是指能够引起人类或动物疾病，但一般情况下对人、动物或环境不构成严重危害，传播风险有限，实验室感染后很少引起严重疾病，并且具备有效治疗和预防措施的微生物。

第四类病原微生物，是指在通常情况下不会引起人类或动物疾病的微生物。

第一类、第二类病原微生物统称为高致病性病原微生物。

从事病原微生物实验操作的场所、设备必须与所从事的病原微生物的生物安全级别相适应，以防止病原微生物的泄漏。实验室从事生物实验活动应当严格遵守有关国家标准和实验室技术规范、操作规程。

在开始相关工作之前，应对所从事的病原微生物及相关操作进行危险评估，根据国家对于各种微生物操作的危险等级划分、防护要求及危险评估的结果，制定全面、细致的标准操作规程和程序文件，对于关键的危险步骤设计出可行的防护措施，并对这些细节了然于胸。

实验室对各种病原微生物要严格保管，做好病原微生物菌（毒）种和样本进出和储存的记录，建立档案制度，并指定专人负责。实验室内不得随意保存高致病性病原微生物菌（毒）种和样本。经上级主管部门批准允许保存的高致病性病原微生物菌（毒）种和样本，应当设专库或专柜单独保存。

实验室发生病原微生物泄漏时，实验室工作人员应当立即采取控制措施，防止病原微生物进一步扩散，对有关人员进行医学观察或隔离治疗，封闭实验室，并同时向学校及上级部门报告。

国家根据实验室对病原微生物的生物安全防护水平，并依照实验室生物安全通用要求国家标准的规定，将病原微生物实验室生物安全防护水平从低到高分为一级、二级、三级和四级。一级、二级实验室不得从事高致病性病原微生物实验活动。生物安全二级（bio-safety level-2，BSL-2）实验室是使用最广泛、工作频率最高的实验室，适用于操作能够引起人类或动物疾病，但一般情况下对

人、动物或环境不构成严重危害，传播风险有限，实验室感染后很少引起严重疾病，并且具备有效治疗和预防措施的微生物。为了规范管理和实验活动的开展，从 2018 年 2 月 1 日开始，按照实验室是否具备机械通风系统，将 BSL-2 实验室分为普通型 BSL-2 实验室和加强型 BSL-2 实验室。一般的教学实验室多属于普通型 BSL-2 实验室，主要从事对人和环境具有中等以下潜在危害的病原生物相关教学实验。普通型 BSL-2 实验室应分为：①核心工作区：该区是实验操作区，为生物安全实验室中开展实验室活动的主要区域，通常指生物安全柜或动物饲养和操作间所在的房间。此区要严格无菌操作，禁止携带个人物品进入。②缓冲区：是正常情况下的轻微污染区，此区主要用于准备工作，放置冰箱、试剂等。③清洁区：是正常情况下没有生物危险因子污染的区域，此区可存放个人物品，一般在实验室外设立柜子。

病原生物学实验室在从事病原生物学教学时，学生要认真阅读病原生物学实验室规则，严格按照实验室规则做好各项工作，避免出现生物安全相关问题。

（二）病原生物学实验室规则

由于病原生物学实验的对象大多为病原微生物和寄生虫，具有传染性，为避免实验操作人员感染，防止实验室污染源泄露对环境和公众健康的威胁，在实验教学中应严格遵守实验室生物安全规范，要求进入实验室后必须严格遵守以下规则。

1. 书包、衣物等挂放于室外柜子里，切勿带入实验室内。必须带入的实验必备的书籍和文具等应放置在非操作区，以免污染。

2. 进入实验室应穿好实验服（或隔离衣），戴好帽子，备上口罩，在无菌操作时必须戴好口罩。

3. 在实验室要保持肃静，维持室内秩序，不得高声谈笑、随处走动、玩手机等。

4. 禁止在实验室内饮食、吸烟或用嘴润湿标签、铅笔等。

5. 认真进行各项实验，严格掌握无菌技术。各个实验用品按指定地点存放，如吸过菌液的吸管、毛细滴管、用过的玻片和 L 形棒等应投入放有消毒液的消毒缸内，绝对不要乱放在桌面上、垃圾缸内或在水槽中冲洗。

6. 实验中发生差错或意外事故时，应立即报告，在老师指导下及时处理。切勿隐瞒或自作主张不按规定处理，如发生有菌材料污染桌面、衣物等，应立即用抹布或纸巾覆盖，由外周向中心倾倒消毒液，消毒 30min 后，清除污染物品，再用消毒剂擦拭（清理玻璃碎片，切勿直接用手，以免玻璃碎片刺破皮肤）。如手上沾有活菌，用消毒液浸泡 10min 左右，再以肥皂及自来水反复洗净。

7. 易燃物品（如乙醇、二甲苯等）不准接近火源。一旦起火，应迅速用蘸水的布类或用沙土覆盖扑灭。必要时用灭火器。

8. 要爱护室内仪器设备，按使用规则操作，不得随意拨动电器开关。显微镜用后要擦拭干净，将各部件复位，登记使用情况后放入显微镜柜内。应本着节约的原则，节约使用实验材料。如不慎损坏器材等，应报告教师并进行登记。实验室中的菌种和物品等，未经教师许可，不得带出。

9. 实验完毕应整理桌面，关好水、电及煤气开关。需培养的材料要标记组别、姓名等信息，置于恒温培养箱中进行培养。观察结果后的培养物等应放入指定的污物桶，送消毒室处理、洗涮。

10. 实验完毕，整理好东西，脱下实验服（或隔离衣）、帽子。隔离衣要按要求反折叠好，按座号放入柜内。然后用消毒液及自来水洗手后，再离开实验室。值日生主要负责实验室的卫生、水电及门窗的安全。

（三）实验目的与要求

病原生物学实验课主要是通过实验加深、巩固对理论内容的理解和记忆，训练学生掌握病原生物学的最基本实验方法和操作技能，培养学生“有菌观念”和“无菌操作”意识。通过实验，培养学生观察、思考、分析问题和解决问题的能力，实事求是、严肃认真的科学态度及勤俭节约、爱护公物的良好作风。通过综合型和设计型实验的设计及对实验结果的分析，培养学生的思维方法及独立分析问题和解决问题的能力。

为提高实验课的效果，保证实验课质量，要求学生要做到以下几点。

1. 每次实验前必须对实验内容进行充分预习，以了解实验的目的、原理和方法，操作过程中的注意事项，做到心中有数、思路清楚，避免和减少意外的发生。

2. 实验过程中，必须认真及时做好实验记录，对于当时不能得到结果而需要连续观察的实验，应按时记下每次观察的现象和结果，以便分析。

3. 实验室内应保持整洁，勿高声谈话和随便走动，保持室内安静。

4. 实验过程中，切勿使乙醇、乙醚、丙酮等易燃物接近火焰。如遇火险，应先关掉火源，再用湿布或沙土掩盖灭火。

5. 使用显微镜或其他贵重仪器时，要求细心操作、特别爱护。对消耗材料和药品等要力求节约，用毕应及时放回原处。

6. 每次实验完毕后，必须把所用仪器按要求擦拭干净，实验器材放回原处，擦净桌面，将实验室收拾整齐。进行培养的材料需做好标记（标本号、学号、姓名等），放于教师指定的地点进行培养。培养物必须在规定时间观察实验结果，观察结束后，放入指定的污物桶中。

7. 每次实验的结果，应以实事求是的科学态度填入实验报告，力求简明准确，并及时提交教师批阅。

（大连大学 张庆镐）

二、病原生物学实验常用设备使用方法

（一）常用灭菌设备

1. 高压蒸汽灭菌器

（1）原理及结构：高压蒸汽灭菌器的原理是在密闭的蒸锅内，蒸汽不能外溢，压力不断上升，使水的沸点不断提高，从而使锅内温度增加。它们之间的关系见表 1-0-1。

表 1-0-1 不同蒸汽压力所能达到的温度

蒸汽压力（kPa）	温度（℃）
34.475	108.8
55.160	113.0
68.950	115.6
103.425	121.3
137.870	126.2
165.480	129.3

在 103.425kPa 的压力下，锅内温度可达 121.3℃。在此蒸汽温度下，可以很快杀死各种细菌。高压蒸汽灭菌器按照样式大小分为手提式高压蒸汽灭菌器、立式高压蒸汽灭菌器、卧式高压蒸汽灭菌器等。以手提式高压蒸汽灭菌器为例，该仪器包括坚硬的双层金属壁和严密的盖，并附有排气及安全阀门、压力表等装置，具体结构见图 1-0-1。

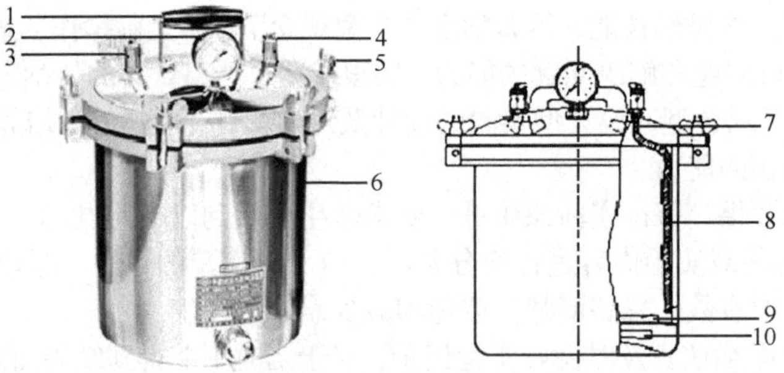

图 1-0-1　手提式高压蒸汽灭菌器

1. 手柄；2. 压力表；3. 安全阀；4. 放气阀；5. 紧固螺栓；6. 主体；7. 放气软管；8. 灭菌桶；9. 筛板；10. 电热管

（2）使用方法

1）首先将内层灭菌桶取出，再向外层锅内加水至锅内规定的水位。

2）放回灭菌桶，装入待灭菌的物品。把锅盖按对称的螺丝同时旋紧（切勿单个依次拧紧），使螺栓松紧一致，勿使漏气。

3）用电炉或煤气加热，同时打开排气阀，使水沸腾以排除锅内的冷空气。待有大量蒸汽逸出（呈白雾状气流，并发出哨音）时，即可认为锅内冷空气已被排尽。

4）待冷空气完全排尽后，关上排气阀，让锅内的温度随蒸汽压力增加而逐渐上升。当锅内压力升到所需压力时，调节热源，维持压力至所需时间。

5）灭菌时间到达后，停止加热，让灭菌锅内温度自然下降，当压力表的压力降至 0 时，方可打开排气阀，旋松螺栓，打开盖子，取出灭菌物品。

（3）注意事项

1）检查排气活塞及安全阀门，特别是压力表的性能是否正常，以免发生危险。

2）灭菌物品不应放置过挤，妨碍蒸汽流通，影响灭菌效果。

3）灭菌开始必须将高压蒸汽灭菌器内冷空气完全排尽，否则压力表上所显示的压力并非全部是蒸汽压力，灭菌将不彻底。

4）灭菌过程中及灭菌完毕时，切不可突然打开排气阀放气减压，以免器瓶内液体冲出外溢。

2. 电热恒温干燥箱

（1）原理及结构：电热恒温干燥箱（图 1-0-2）是由双层铁板制成的长方形金属箱，外壁内层装有隔热的石棉板。加热元件分布于电热烤箱的底侧（或左侧），一般情况下为内置的电热线圈。内壁上有数孔，供流通空气用。门中间装有双层钢化玻璃窗，用于保温状态下观察箱内情况，箱内有金属板架数层。箱内温度由温度传感器及控温仪控制恒温系统，电热恒温干燥箱的前下方装有温度调节器，可以保持所需的温度。

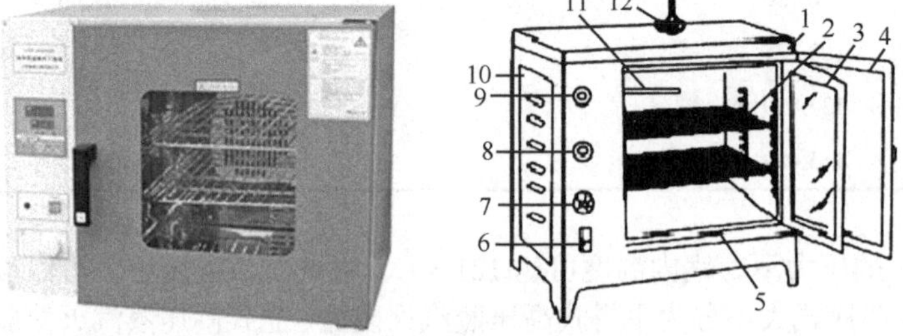

图 1-0-2　电热恒温干燥箱

1. 保温层；2. 搁板；3. 玻璃门；4. 箱门；5. 散热板；6. 鼓风开关；7. 电源开关；8. 指示灯；9. 温控器旋钮；10. 箱侧门；11. 感温钢管；12. 排气孔；13. 温度计

（2）使用方法：将培养皿、吸管、试管等玻璃器材包装后放入箱内，闭门加热。当温度上升至 160～170℃，保持 2h。到时间后，停止加热，待温度自然下降至 40℃以下，方可开门取物。否则冷空气突然进入，易引起玻璃炸裂；且热空气外溢，往往会灼伤取物者的皮肤。

（3）注意事项

1）箱体必须可靠接地，以确保安全。通电时切忌打开箱体侧门，内有电器线路，防止触电；切勿用湿布擦拭，更不能用水冲洗。

2）易燃物品不宜放入箱内做高温实验，如需做高温实验时，应事先测得各物品的燃烧温度，以防燃烧。对于气体、油垢性物品，应防止因超温而引起爆炸和燃烧。

3. 除菌滤器

（1）原理及结构：除菌滤器简称滤菌器，种类很多，孔径非常小，能阻挡细菌通过，用于除去混杂在不耐热液体（如血清、腹水、糖溶液、某些药物等）中的细菌。可由陶瓷、硅藻土、石棉或玻璃屑等制成。

1）石棉滤菌器，即赛氏滤器（Seitz filter）（图 1-0-3A），由三部分组成。上部为金属圆筒，用以盛装将要滤过的液体；下部的金属托盘及漏斗，用以接收滤出的液体；上下两部分中间为石棉滤板。滤板按孔径大小可分为三种：K 滤孔最大，供澄清液体；EK 滤孔较小，供滤过除菌；EK-S 滤孔更小，可阻止一部分较大的病毒通过。滤板依靠侧面附带的紧固螺旋拧紧固定。

2）贝克菲尔滤菌器（图 1-0-3B）：用硅藻土加压制成的空心圆柱体，底部连接金属托盘，托盘中央有金属导管，金属导管插入橡皮塞，以便装在抽气瓶上。在圆柱体外，有玻璃套筒，用以盛放被滤液体。按滤孔大小分为三型：V 型，只除去大部分细菌；N 型，能除去所有细菌，但病毒能通过；W 型，能除去一部分较大病毒。一般除菌使用 N 型。

3）玻璃滤菌器（图 1-0-3C）：由玻璃制成。滤板采用的细玻璃砂是在一定高温下加压制成的。孔径为 0.15～250μm，分为 G1、G2、G3、G4、G5、G6 六种规格，后两种规格均能阻挡细菌通过。

4）薄膜滤菌器（图 1-0-3D）：由塑料制成。滤菌器薄膜采用优质纤维滤纸，用一定工艺加压制成，孔径 200nm，能阻挡细菌通过。

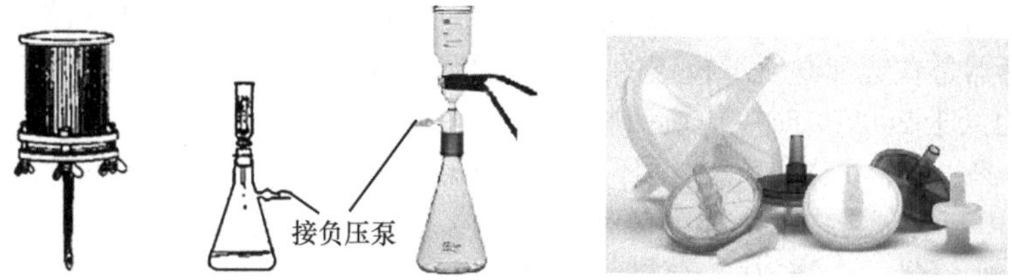

A B C D

图 1-0-3 不同类型的除菌滤器

（2）使用方法：将清洁的滤菌器（赛氏滤器和薄膜滤菌器须先将石棉板或滤菌薄膜放好，拧牢螺旋）和滤瓶分别用纸或布包装好，用高压蒸汽灭菌器灭菌。无菌操作下将滤菌器与滤瓶装好，并使滤瓶的侧管与缓冲瓶相连，再使缓冲瓶与抽气机相连。将待滤液体倒入滤菌器内，开动抽气机使滤瓶中压力减低，滤液则徐徐流入滤瓶中。滤毕，迅速按无菌操作将滤瓶中的滤液放到无菌容器内保存。滤器经高压灭菌后，洗净备用。

（二）细菌培养设备

1. 恒温培养箱

（1）原理及结构：恒温培养箱又称孵育箱，为培养微生物的主要设备，隔水式培养箱采用电热管加热水的方式加温，电热式培养箱采用电热丝直接加热，利用空气对流，使箱内温度均匀。目

图 1-0-4 恒温培养箱

前常用的为隔水式恒温培养箱（图 1-0-4），其外壳通常用石棉板或铁皮喷漆制成。内层为紫铜皮制的储水夹层，夹层是用石棉或玻璃棉等绝热材料制成，以增强保温效果，培养箱顶部设有温度计，用温度控制器自动控制，使箱内温度恒定。在培养箱内的正面、侧面，有指示灯和温度调节旋钮，当电源接通后，红色指示灯亮，按照所需要温度转动旋钮至所需刻度，待温度达到后，红色指示灯熄灭，表示箱内已达到所需温度，此后箱内温度可靠温度控制器自动控制。

（2）隔水式恒温培养箱注意事项

1）严禁无水干烧、加热，以免烧坏加热管。

2）切勿将仪器倒置，以免水溢出。

3）为了减少水垢产生，最好使用蒸馏水。

2. CO_2 培养箱

（1）原理及结构：CO_2 培养箱是在恒温培养箱的基础上加以改进，主要是能通入 CO_2，以满足培养微生物所需的环境。CO_2 的浓度控制是通过 CO_2 传感器来进行的。CO_2 传感器用来检测箱体内 CO_2 浓度，将检测结果传递给控制电路及电磁阀等控制器件，如果检测到箱内 CO_2 浓度偏低，则电磁阀打开，CO_2 进入箱体，直到 CO_2 浓度达到所设置浓度，此时电磁阀关闭，箱内 CO_2 切断，达到稳定状态。CO_2 采样器将箱内 CO_2 和空气混合后的气体取样到机器外部面板的采样口，以随时用 CO_2 浓度测定仪来检测 CO_2 浓度是否达到要求。目前大多数 CO_2 培养箱是通过增湿盘的蒸发作用产生湿气（其产生的相对湿度水平可达 95%左右，但开门后湿度恢复速度很慢）。因为湿度蒸发面积越大，越容易达到最大相对饱和湿度且开、关门后湿度恢复的时间越短。

（2）注意事项

1）CO_2 培养箱未注水前不能打开电源开关，否则会损坏加热元件。

2）培养箱运行数月后，水箱内的水因挥发可能减少，当低水位指示灯亮时应补充加水。先打开溢水管，用漏斗接橡胶管，从注水孔补充加水，致低水位指示灯熄灭，即可堵塞溢水孔。

3）CO_2 传感器是在饱和湿度下校正的，因此加湿盘内必须时刻装有灭菌水。

4）钢瓶压力低于 200kPa 时应更换钢瓶。

3. 厌氧罐 是一种高效的多级内循环厌氧反应罐，由透明聚碳酸酯或不锈钢制成，盖内有金属网状容器，其内装有厌氧指示剂亚甲蓝和用铝箔包裹的催化剂钯粒；气体发生袋是一种铝箔袋，其内装有硼氢化钠-氯化钴合剂、碳酸氢钠-枸橼酸合剂各一丸和一张滤纸条，使用时剪去特定部位，注入 10ml 水，水沿滤纸渗入到两种试剂中，发生下列化学反应，产生 H_2 和 CO_2。立即将气体发生袋放入罐内，密封罐盖，使气体释放到罐中。

$$C_6H_8O_7 + 3NaHCO_3 \longrightarrow Na_3(C_6H_5O_7) + 3H_2O + 3CO_2\uparrow$$

$$NaBH_4 + 2H_2O \longrightarrow NaBO_2 + 4H_2\uparrow$$

（三）生物安全柜和超净工作台

1. 生物安全柜 是处理危险性微生物或具有感染性的实验材料时所使用的箱形空气净化安全装置，是为保护操作者、实验室环境及实验材料，使其避免暴露于上述操作过程中可能产生的感染性气溶胶和溅出物而设计的（图 1-0-5）。生物安全柜的排风系统具有高效空气过滤器，可保证从安全柜中排出的是安全不含微生物的空气，正确使用生物安全柜可以有效减少有害物质所造成的实验室感染及培养物的交叉污染。生物安全柜可分为Ⅰ级、Ⅱ级和Ⅲ级三大类以满足不同的生物研究和防疫要求。

图 1-0-5 生物安全柜

（1）Ⅰ级生物安全柜可保护工作人员和环境，而不保护样品。气流原理和实验室通风橱一样，不同之处在于排气口安装有 HEPA 过滤器（高效空气过滤器）。Ⅰ级生物安全柜本身无风机，依赖外接通风管中的风机带动气流，由于不能对实验品或产品提供保护，目前已较少使用。

（2）Ⅱ级生物安全柜是目前应用最为广泛的柜型。Ⅱ级生物安全柜有气流流入前窗开口，被称作“进气流”，用来防止在微生物操作时可能生成的气溶胶从前窗逃逸。未经过滤的进气流会在到达工作区域前被进风格栅俘获，因此实验品不会受到外界空气的污染。Ⅱ级生物安全柜的独特之处在于经过 HEPA 过滤器过滤的垂直气流从安全柜顶部吹下，被称作“下沉气流”。下沉气流不断吹过安全柜工作区域，以保护柜中的实验品不被外界尘埃或细菌污染。按照 NSF49 中的规定，Ⅱ级生物安全柜依照入口气流风速、排气方式和循环方式可分为四个级别：A1 型、A2 型（原 B3 型）、B1 型和 B2 型。所有的Ⅱ级生物安全柜都可为工作人员、环境和产品提供保护。

（3）Ⅲ级生物安全柜是为四级实验室生物安全等级而设计的，是目前世界上最高安全防护等级的安全柜。柜体完全气密，100%全排放式，所有气体不参与循环，工作人员通过连接在柜体的手套进行操作（俗称手套箱），实验品通过双门的传递箱进出安全柜以确保不受污染，适用于高风险的生物实验。

2. 超净工作台 是为了适应生物制药及科研实验等领域对局部工作区域洁净度的需求而设计的。超净工作台与生物安全柜不同。超净工作台只能保护在工作台内操作的试剂等不受污染，并不保护工作人员，而生物安全柜是负压系统，能有效保护工作人员。超净工作台原理是在特定的空间内，室内空气经预过滤器初滤，由小型离心风机压入静压箱，再经 HEPA 过滤器二级过滤，从 HEPA 过滤器出风面吹出的洁净气流具有均匀的断面风速，可以排出工作区原来的空气，将尘埃颗粒和生物颗粒带走，以形成无菌、高洁净的工作环境。

超净工作台根据气流的方向分为垂直流超净工作台（vertical flow clean bench）和水平流超净工作台（horizontal flow clean bench）；根据操作结构分为单边操作及双边操作两种形式；按其用途又可分为普通超净工作台和生物（医药）超净工作台。

（四）显微镜

显微镜是医学检验中最常用的一种贵重精密的放大仪器。根据实验目的、要求不同，可分别选用普通光学显微镜、暗视野显微镜、荧光显微镜等。

1. 普通光学显微镜 进行细菌形态学检查，普通光学显微镜最为常用。它根据光学透镜成像的原理制成，能将物体放大 1600 倍。用自然光或灯光为光源，其波长约为 0.4μm，在最佳条件下显微镜的分辨率为波长的一半，即 0.2μm，而肉眼能看到的最小物象为 0.2mm。故在普通光学显微镜下用油镜放大 1000 倍，可将 0.2μm 的微粒放大成 0.2mm，从而为人肉眼所见。一般细菌都大于 0.2μm，在普通光学显微镜下都能看到。普通光学显微镜种类较多，常用的有单筒显微镜、双筒显微镜及较先进的自带光源和摄影系统的显微镜等。光学显微镜结构如图 1-0-6 所示。

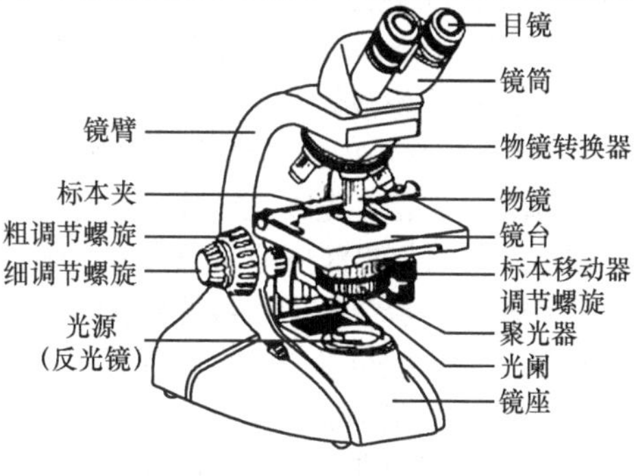

图 1-0-6 光学显微镜

2. 暗视野显微镜 细菌形体微小半透明，未经染色时与周围对比不明显，在普通光学显微镜下不易看清，如换为暗视野集光器，此集光器中央不透光，光线只能从周边斜射出来，故背景视野黑暗无光，但斜射到菌体上的光线由于散射作用而进入物镜，到达观察者眼部，因而在黑暗的视野中可看到明亮的被检物体。

用暗视野显微镜检查也称暗视野照明法，这种方法是利用被检物体表面的反射光线和衍射光线观察物体的，所以只能看到物体的存在和运动，不能认清其构造。在暗视野照明下，虽看不清结构，但可以分辨 0.004μm 以上微粒子的存在，故暗视野显微镜的分辨率远较明视野显微镜高，提高了观察效果。暗视野照明法多用于活细菌和螺旋体不染色标本的检查。

3. 荧光显微镜 是以紫外光或蓝紫光为光源，使经荧光素染色的被检测标本激发出波长较长的可见光——荧光，在暗视野中显现出荧光闪烁的被检物体，清晰可见，因紫外光或蓝紫光的波长较短（约为 0.21μm），其分辨率得到进一步提高。

荧光显微镜与普通光学显微镜不同之处有以下三个方面。①光源：荧光显微镜通常采用功率为 156～200W 的高压汞灯光源，它能发射紫外光和蓝紫光。②滤光片：包括激发滤片和吸收滤片，前者最常用的型号为 BG_{12}，国产型为 QB_{24}，能产生 495.0nm 的蓝紫光。后者与激发滤片配合使用，与 BG_{12} 配合使用的吸收滤片是 OG_1，可吸收不需要的激发光，使所需荧光通过，同时保护眼睛不受激发光的影响。③暗视野集光器：由于背景暗反差大，观察荧光清晰，弱荧光的标本也可以进行观察。

（五）移液器

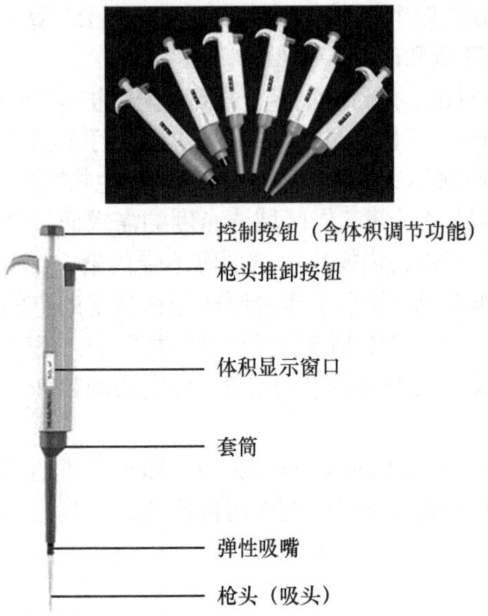

图 1-0-7 移液器

1. 原理及结构 移液器又称移液枪，是一种用于定量转移液体的仪器，被广泛用于生物、化学、医学等领域。移液器的工作原理是活塞通过弹簧的伸缩运动来实现吸液和放液。在活塞的推动下，排出部分空气，利用大气压吸入液体，再由活塞推动空气排出液体。移液器结构一般包括控制按钮（不同厂家设计不同，通常通过此按钮进行吸液体积调节）、吸头（枪头）推卸按钮、体积显示窗、套筒、弹性吸嘴、吸头等结构（图 1-0-7）。一般情况下量程分为 5ml、1ml、200μl、100μl、20μl、10μl 和 2.5μl 等。移液器通常分为空气垫加样器、外置活塞加样器、多通道加样器、电子加样器和分配器等类型。

2. 使用方法 一个完整的移液循环包括枪头安装、容量设定、预洗枪头、吸液、放液和卸去枪头。采用旋转安装法将移液器顶端插入枪头，在轻轻用力下压同时，左右稍微转动，上紧即可（注意：切记用力不能过猛，因为这样会导致移液器的内部配件因振动产生的瞬间撞击力而变得松散，甚至会导致刻度调节旋钮卡住，严重情况下会将套筒折断）。首先粗调：通过旋钮将体积值迅速调整至接近自己的预想值，之后进行细调：当体积值接近自己的预想值之后，通过调节轮慢慢地将容量值调至预想值，在吸取有机溶剂或高挥发液体时，挥发性气体会在套筒室内形成负压，从而产生漏液的情况，因此需要预洗 4～6 次，让套筒内的气体达到饱和，负压就会自动消失。黏稠液体可以通过枪头预润湿的方式来达到精确的移液，先吸入样液，打出，枪头内壁会吸附一层液体，使表面吸附到达饱和，然后再吸入样液，最后打出液体的体积会很精确。先将移液器排放按钮按至第一停点，再将枪头垂直浸入液面，缓慢松手释放按钮将液体吸满枪头；放液时，枪头紧贴容器壁，先将排放按钮按至第一停点，略停顿后，再按至第二停点，这样可以做到保证枪头内无残留液体。按枪头推卸按钮将枪头卸掉，卸掉的枪头一定不能和新吸头混放，以免产生交叉污染。移液器使用完毕，可以将其竖直挂在移液枪架上。当移液器枪头里有液体时，切勿将移液器水平放置或倒置，以免液体倒流腐蚀活塞弹簧。

3. 注意事项 如移液器不使用时，要把移液器的量程调至最大值的刻度，使弹簧处于松弛状态以保护弹簧。最好定期清洗移液器及定期校准。使用时要检查是否有漏液现象。具体方法是吸取液体后悬空垂直放置几秒钟，看看液面是否下降。如果漏液，可从以下几方面考虑：①枪头是否匹配；②弹簧活塞是否正常；③如果是易挥发的液体，则可能是饱和蒸汽压的问题，可以先吸、放几次液体，然后再移液。

（福建医科大学 潘志鹏）

第二篇　基础性实验

实验一　细菌的形态学检查

细菌形态结构的观察是细菌形态学检查的重要环节之一。由于细菌个体微小，肉眼观察不到，要借助显微镜才能观察到细菌的形态、特殊结构及超微结构。显微镜的种类很多，原理、构造不同，使用的目的不尽相同。在微生物学实验中，根据实验的目的及要求不同，显微镜可分为普通光学显微镜、暗视野显微镜、相差显微镜、荧光显微镜和电子显微镜等，最常使用的是普通光学显微镜。

细菌不仅个体微小，而且菌体是无色半透明的，不染色情况下，在显微镜下不易观察清楚，菌体经着色后，可以在镜下清晰地观察到其形态特征。

一、细菌的基本形态和特殊结构观察

细菌根据基本形态可分为球菌、杆菌和螺形菌三类。球菌按其分裂繁殖方向与分裂后排列情况分为双球菌、链球菌、四联球菌、八叠球菌、葡萄球菌等；杆菌分为球杆菌、连杆菌、分枝杆菌、棒状杆菌等；螺形菌中菌体仅有一个弯曲，呈逗点状者称为弧菌，菌体有2～3个弯曲且较僵硬者为螺菌；某些细菌除了有细胞壁、细胞膜、细胞质和核质这些基本结构外，还具有其他特殊结构，包括荚膜、鞭毛、菌毛和芽孢。这些特殊结构有着各自的不同意义。

【材料】

1. 球菌示教片　葡萄球菌、双球菌、链球菌、四联球菌、八叠球菌。

2. 杆菌示教片　大肠埃希氏菌、分枝杆菌、棒状杆菌、炭疽芽孢杆菌。

3. 螺形菌示教片　霍乱弧菌。

4. 特殊结构示教片　肺炎链球菌（荚膜）、变形杆菌（鞭毛）、铜绿假单胞菌（鞭毛）、破伤风梭菌（芽孢）。

5. 仪器　显微镜。

【方法】　使用显微镜的油镜，观察各种球菌、杆菌和螺形菌及细菌特殊结构等示教片。

【结果】

1. 基本形态　不同的细菌形态、大小、染色性、排列方式是不同的。

2. 特殊结构

（1）荚膜：菌体外有一层较宽的透明区域。

（2）鞭毛：通过鞭毛染色，可见变形杆菌菌体周围有细长呈波状弯曲的数根丝状物，铜绿假单胞菌在菌体的一端或两端有几根细长弯曲的丝状物。

（3）芽孢：经芽孢染色后，可见破伤风梭菌顶端有圆形直径大于菌体的结构。

二、细菌动力的观察

细菌的动力观察主要是观察细菌的运动情况，鞭毛是细菌的运动器官，许多杆菌和螺形菌具有鞭毛，能运动，有鞭毛的细菌可以作定向运动，而这种运动通常是趋利避害，在液体中能定向地从一处泳动到另一处，称为真正运动；无鞭毛的细菌无动力，但受所处环境中液体分子的冲击可呈原位置的颤动，称为分子运动或布朗运动。

【原理】　不染色的细菌是无色透明状。由于细菌内部均匀有折光性，在显微镜下，虽不能清楚地看到细菌的形态特征与结构，但可以利用细菌的折光率与周围环境不同，观察活细菌的动力和

运动状况。

实验室中常用不染色标本，在显微镜下观察细菌的运动特性，显微镜下观察活细菌的运动是鉴别细菌动力的常用方法之一。常用的不染色标本制备方法有压滴法和悬滴法。

【材料】

1. 菌种 变形杆菌及葡萄球菌 8～12h 肉汤培养物。

2. 其他 凹玻片、盖玻片、生理盐水、凡士林、载玻片、接种环、酒精灯、显微镜等。

【方法】

1. 压滴法

（1）取洁净的载玻片 2 张，用接种环再取一环变形杆菌（单号）和葡萄球菌（双号）肉汤培养物 2～3 环，分别放于各自的载玻片中央。

（2）用镊子取一张盖玻片，轻轻地覆盖在菌液上。加盖时，可先用盖玻片一边接触菌液或先使盖玻片中央与液滴接触，再缓缓地放下盖玻片，避免与载玻片间产生气泡。

（3）标本静置片刻后，将载玻片置于显微镜下，先以低倍镜找到液滴的边缘后，再换用高倍镜观察。镜检时使用暗视野显微镜观察，或适当降低集光器或缩小光圈，将视野调暗，直到清晰为止。

2. 悬滴法

（1）取凹玻片 1 张，在凹窝四角用接种环滴少量生理盐水（固定盖玻片用）。用接种环再取一环变形杆菌（单号）和葡萄球菌（双号）肉汤培养物，分别放于各自的盖玻片中央。将凹玻片反转，使凹窝对准盖玻片中心覆于其上，借助生理盐水黏住盖玻片后再反转，使盖玻片位于上方（图 2-1-1）。

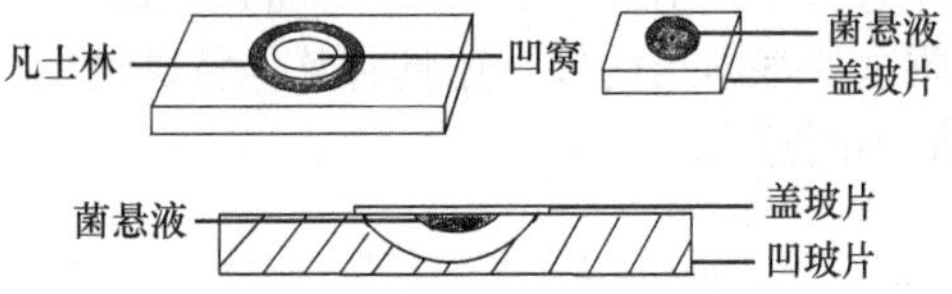

图 2-1-1 悬滴法标本的制作

（2）先以低倍镜找到悬滴的边缘后，再换用高倍镜观察。镜检时使用暗视野显微镜观察，或适当降低集光器或缩小光圈，将视野调暗，直到清晰为止。

【结果判定】 高倍镜下可见普通变形杆菌呈活泼的定向运动，提示有鞭毛；葡萄球菌只在一定范围内做位移不大的颤动，提示其无鞭毛。

【注意事项】

1. 压滴法制备标本时，滴加菌液量不宜太多或太少，以盖上盖玻片后，无菌液溢出为度，太多菌液溢出，污染环境，太少容易干掉。

2. 镜检时，使用暗视野显微镜观察，或适当降低集光器或缩小光圈，主要为减少光亮，使背景偏暗，易于观察细菌的运动性。

3. 标本制作好后，应尽快观察，以免水分蒸发，影响观察结果。

4. 观察时，要注意区别细菌的真正运动和分子运动。

三、细菌涂片的制备及革兰氏染色法

染色法除可观察细菌的形态外，还可以根据染色反应及着色的深浅对细菌加以初步分类和鉴定，因而应用较广。由于细菌在通常的中性及弱碱性环境中的等电点为 2～5 时都是带负电的，故易与带正电的碱性染料结合，所以细菌染色多用碱性苯胺染料，如亚甲蓝、结晶紫、碱性品红等。

染色方法可分单染色法和复染色法两大类。前者用一种染料染色，只能观察细菌的形态和排列，不能显示细菌结构及染色反应性；后者以两种以上的染料染色，可显示出细菌的特殊结构或染色反应性，在细菌的鉴别中有一定意义，其中最常见的为革兰氏染色法。革兰氏染色法是由丹麦病理学家 Hans Christian-Gram（1853—1938）于 1884 年创立的，是细菌学中最经典、最常用的鉴别染色法之一。

【原理】 革兰氏染色法的染色原理至今尚未彻底阐明，目前主要认为与下列因素有关。①通透性：革兰氏阳性菌细胞壁结构比较致密，肽聚糖含量高且交联度大，脂类物质含量少，乙醇脱色过程中，虽然能溶解细胞壁上的脂质，在细胞壁上形成小孔，但脱水作用使细胞壁收缩，通透性降低，阻止细胞内的结晶紫-碘复合物的溢出，复染时，因菌体充满了初染染料，所以菌体保留结晶紫初染的紫色。革兰氏阴性菌细胞壁结构比较疏松，肽聚糖层比较薄且交联度差，厚厚的外膜层含有丰富的脂质，乙醇脱色时，外膜上的脂类物质溶解，薄而疏松的肽聚糖层不能阻挡结晶紫-碘复合物的溢出，从而菌体被脱成无色，再经石炭酸品红复染后，呈红色。②等电点：革兰氏阳性菌等电点（2～3）比革兰氏阴性菌等电点（4～5）低，一般染色时染液的 pH 在 7.0 左右，电离后阳性菌带的负电荷比阴性菌多，因此与带正电荷的结晶紫（甲紫）染料结合牢固，不易脱色。③菌体内的特殊化学成分：革兰氏阳性菌细胞内含有某种特殊的化学成分，一般认为是核糖核酸镁盐与多糖的复合物，它和染料-媒染剂复合物相互结合，使已经着色的细菌不易脱色。

【材料】

1. 菌种 大肠埃希氏菌及金黄色葡萄球菌混合细菌悬液、牙垢。

2. 染液 结晶紫染液（初染），复方碘溶液（媒染），95%乙醇（脱色），稀释石炭酸品红（或沙黄）（复染）。

3. 其他 载玻片、生理盐水、接种环、酒精灯、牙签、显微镜、擦镜纸等。

【方法】 从制片开始，总的流程如下：标本→涂片→干燥→固定→结晶紫初染→水洗→碘液媒染→水洗→乙醇脱色→水洗→稀释石炭酸品红或沙黄复染→水洗→印干→镜检。

1. 细菌标本片的制作

（1）涂片：取洁净无油脂载玻片一张，用蜡笔或记号笔在载玻片上标记两个区域，翻过载玻片，用经火焰灭菌的接种环自混合菌悬液中取细菌少许，在载玻片上标记的一端轻轻涂抹，制成直径约 1cm 的均匀较薄的菌膜。再用已灭菌的接种环取一环生理盐水，放在载玻片的另一端，用牙签取口腔牙垢与生理盐水混匀，涂片。若取固体培养物标本涂片，则先加生理盐水，再挑取少许细菌涂抹在生理盐水上，制成均匀较薄的菌膜，即可。

（2）干燥：涂片置室温自然干燥。必要时，可将标本涂抹面向上，在离火焰约 15cm 高处微微加热。切忌高热。

（3）固定：涂片干燥后，手持或用玻片夹夹住载玻片一端，涂抹面朝上，来回通过火焰三次，不可过快或过慢，以载玻片后面接触皮肤感觉微烫为宜。

固定的目的有三：①杀死细菌；②使细菌与载玻片结合牢固，以防染色时被水冲掉；③改变菌体对染料的通透性，使易于着色。

2. 染色 革兰氏染色的程序分四步。

（1）初染：在固定后的涂片上滴加结晶紫染液，染色 1min 后，用水冲去剩余染液。

（2）媒染：滴加复方碘溶液，以使结晶紫更牢固地与被染细菌结合，1min 后水洗。

（3）脱色：滴加 95%乙醇，频频摇动玻片，使乙醇溶液流去，再滴加数滴，至流下的乙醇溶液无色为止（约需 30s），然后水洗。

（4）复染：滴加稀释品红（或沙黄染液）保持 0.5～1min 后，水洗。

3. 吸干镜检 复染水洗后的标本片，可用吸水纸吸去水分，待完全干燥后即可进行镜检。

【结果判定】 显微镜下可见两种细菌的形态和染色性，葡萄球菌被染成紫色，为革兰氏阳性菌，呈球形；大肠埃希氏菌被染成红色，为革兰氏阴性菌，呈杆状或球形。牙垢涂片可能会看到大量细菌，从形态上有球菌、杆菌和螺形菌，从染色性上可见紫色（G^+）和红色（G^-）。

对观察到的结果进行绘图，革兰氏阳性菌用蓝色钢笔或圆珠笔，革兰氏阴性菌用红色钢笔或圆珠笔绘图。

【注意事项】

1. 涂片过程中，取菌量不宜太大，太大会造成涂片太厚，菌体重叠。取菌量太少，会造成一个视野中的菌体太少，对初学者来说，不好观察。

2. 染色过程中，用蒸馏水瓶在涂片的上方冲洗，让水自然流下，避免用强水流直接冲洗涂片，以防将菌膜冲掉。

3. 乙醇脱色时间要掌握好，脱色过度，革兰氏阳性菌可能被误认为革兰氏阴性菌；反之则革兰氏阴性菌可能被认为是革兰氏阳性菌。

4. 一定要等菌膜干燥后再进行固定，否则菌体会变形，虽然能看出染色性，但菌体轮廓不清晰。

5. 使用吸水纸吸干水分时，应将载玻片放在吸水纸的中间印干，切勿直接擦拭染色标本，以免将标本擦掉。

6. 被检菌的培养条件、培养基的成分、菌龄不同对染色结果也有影响，因此观察细菌形态结构时要选择细菌的典型时期，一般最好为 16～24h 的细菌培养物。

（大连大学　孙慎侠　于　洁）

实验二　细菌的人工培养

细菌的人工培养主要是根据细菌生长繁殖的规律，采用人工方法提供细菌所需要的条件，培养细菌来满足不同的需求。细菌的人工培养主要用途：①分离和扩大培养纯种微生物；②传代保存微生物；③鉴别微生物；④研究微生物的生理及生化特征；⑤制造大量疫苗或微生物制剂等。

一、基础培养基的制备

【原理】 培养基（culture medium）是按照各类微生物生长的需要，用人工方法将多种营养物质配成的，供微生物生长繁殖的一种混合营养料。由于自然界中微生物的种类繁多，营养类型多种多样，加上实验和研究的目的不同，因而培养基的种类也有多种，使用者可以根据自己的需要，选择不同的培养基。一般培养基需具有供微生物生长繁殖所必需的各种营养成分（碳源、氮源、无机盐、一些微生物必要的生长因子等）、适宜的酸碱度（pH）、合适的渗透压和足够的水分。另外，由于配制培养基的各类营养物质和容器等含有各种微生物，配制好的培养基必须立即灭菌，以防止其中的微生物生长繁殖而消耗养分和改变培养基的酸碱度所带来的不利影响。培养基必须经过灭菌，使用前保证为无菌状态。

培养基按物理性状不同，可将其分为以下三类：液体培养基（主要用于增菌培养、细菌生长动态的观察及生化反应的检测等）；半固体培养基（含 0.5%～0.7%琼脂，常用于观察细菌运动特征、菌种短期保存等）；固体培养基（含 2.0%～3.0%琼脂，固体平板主要用于细菌的分离、鉴定、活菌计数、药物敏感实验等；固体斜面用于增菌培养、菌种的短期保存使用）。

培养基按营养组成和用途不同分为①基础培养基：能满足一般细菌繁殖的营养需要，可供大多数细菌生长。如营养肉汤（简称肉汤）、营养琼脂或称肉汁琼脂（牛肉浸膏 3g、蛋白胨 10g、NaCl 5g、蒸馏水 1000ml）。②营养培养基：在基础培养基中加入葡萄糖、血液、血清、酵母浸膏等，如血琼脂、巧克力琼脂、血液或血清肉汤等。③鉴别培养基：可供细菌生化反应实验，如糖发酵管。④选择培养基：利用不同种类细菌对某种化学物质敏感性不同的性质，制成有利于分离的目的菌生长，而抑制其他杂菌生长的培养基，如沙门-志贺氏培养基（又称 SS 培养基）、伊红-亚甲蓝琼脂（又称 EMB 琼脂）培养基。⑤厌氧培养基，如庖肉培养基、巯基乙酸钠培养基。

目前已有各种商品化的“干燥培养基”成品出售。这种培养基是新鲜配制的液体培养基用喷雾干燥法、真空干燥法、低温干燥法或蒸发干燥法等将培养基的水分去掉；或将培养基内的各种固形成分经适当处理、充分混匀，制成干燥粉末而得。使用时只要按比例加入一定量的水，经溶解、分装、高压蒸汽灭菌，即可使用。这种培养基的优点是配制省时，携带方便，使用简易，质量稳定。

【方法】 不同培养基制备的程序不尽相同，但配制一般培养基的主要过程基本相同，其基本过程包括按培养基的配方称取营养成分、溶解、校正 pH、过滤、分装及灭菌。具体操作如下：

1. 称量营养成分 按培养基的配方和使用说明，准确称取各种成分。一般情况是先加少量蒸馏水于三角烧瓶（锥形瓶）中，再将蛋白胨以外的成分混于其中，最后加入蛋白胨，然后将剩余的蒸馏水冲洗三角烧瓶内壁的粉末，使其重复混合。

2. 溶解 将称量好的培养基，在电热套、电热磁力搅拌器或电磁炉中加热溶解，并随时搅拌，防止外溢；溶解完毕，如果有水分蒸发，要注意补充蒸发的水分。

3. 校正 pH 一般将培养基的 pH 调整到 7.2～7.6。经高压灭菌后，多数培养基的 pH 可发生 0.1～0.2 的变动。若用 NaOH 溶液校正，高压灭菌后，pH 下降 0.1～0.2，若用 Na_2CO_3 溶液校正，高压灭菌后，pH 升高 0.1～0.2。调 pH 后，定容到所需体积。

4. 过滤 自配培养基如果有一些浑浊或沉淀，需要过滤澄清后方可使用。液体、半固体培养基常用滤纸过滤，固体培养基在加热溶解后，趁热用双层纱布加脱脂棉过滤。一些商品化的干燥培养基，一般不需要进行此步骤。

5. 分装及灭菌 做分离培养用的培养基一般分装于容量为 250ml 或 500ml 的三角烧瓶中，灭菌后备用，以便随时倾注制平板。

二、常用培养基的制备

【材料】

1. 营养物 牛肉膏（或新鲜牛肉浸液）、蛋白胨。

2. 试剂 NaOH 溶液（1mol/L 或 0.1mol/L）、0.02%酚红、琼脂、NaCl、K_2HPO_4、蒸馏水等。

3. 其他 三角烧瓶、玻璃棒、吸管、量筒、天平、空平皿、小试管、中试管、pH 计或精密 pH 试纸（pH5.5～9.0）、高压蒸汽灭菌器等。

【方法】

1. 液体培养基（fluid nutrient medium） 牛肉膏蛋白胨培养基（肉汤培养基），其中牛肉膏蛋白胨培养基是一种应用最广泛、最普通的细菌基础培养基。该培养基中含有一般细菌生长繁殖所需要的最基本的营养物质。

牛肉膏蛋白胨培养基的配方：

牛肉膏	3.0g
蛋白胨	10.0g
NaCl	5.0g
水	1000ml
pH	7.2～7.4

具体方法如下：

（1）按照上述配方，将营养成分称量，加入装有 800ml 蒸馏水的三角烧瓶内，在沸水浴中加热使之完全溶解，定容至 1000ml。

（2）温度降至 40～45℃时，以 0.1mol/L NaOH 溶液（或 HCl 溶液）校正 pH 至 7.6 左右（高压蒸汽灭菌后 pH 会有所下降）。

2. 琼脂固体培养基 琼脂是从海藻石花菜中提取的一种半乳糖胶，对细菌无营养作用，加入的目的是使培养基固态化，其熔点为 98℃，低于 45℃，则凝固成凝胶状态。琼脂通常呈酸性，加入液体培养基后可使 pH 下降 0.2 左右，故在制作固体培养基时，一般采用 pH 较高的液体培养基，当加入琼脂后，可以避免重新校正。具体配制方法基本同液体培养基。

（1）加 2.0g 琼脂至 100ml pH7.6～7.8 的肉汤培养基中。

（2）加热溶解后以双层纱布过滤，除去杂质，补足失水，分装于三角烧瓶或试管内（培养基约占 1/5 试管容量），盖好塞子。

（3）高压 103.425kPa，15～20min 后，趁热将试管斜置（斜面长度约为试管长度的 2/3），冷凝后即为琼脂斜面培养基。或待琼脂培养基冷至 50～60℃时，以无菌操作倾入灭菌的培养皿中（如直径 9cm 的培养皿约倾注 15ml 培养基），迅速摇匀铺满整个培养皿，冷凝后即为营养琼脂平板。

（4）若在肉汤培养基加入 0.2%～0.7%琼脂，则制成琼脂半固体培养基。

【结果判定】 制备好的液体培养基呈淡黄色，透亮澄清，无杂质；固体和半固体培养基一般呈灰白色。

【注意事项】

1. 配制培养基时，先在三角烧瓶中加入少量蒸馏水，再加入各种成分，以防蛋白胨等黏附于瓶底而在加热过程中被烧焦。

2. 加热溶解过程中，如用电炉加热应随时搅拌，以免营养成分贴在容器底部被烧焦或溢出。

3. 按各种不同培养基的要求准确测定 pH。通常高压蒸汽灭菌，营养肉汤中的某些碳水化合物可发生水解而产酸，使 pH 较原来下降 0.2 左右，故高压蒸汽灭菌前的肉汤 pH 宜调稍高一些；琼脂通常略呈酸性，加入液体培养基后，亦可使其 pH 下降 0.2 左右，故在制作固体培养基时，一般采用 pH 稍高的肉汤培养基。

4. 所用器皿要洁净，勿用铜质和铁质器皿。如果培养基中铜含量＞0.003mg/L，影响细菌的生长；含铁量＞0.14mg/L 时，即可妨碍细菌毒素的产生。

5. 分装培养基时，注意不得使培养基沾染在瓶口或管壁上端，以免引起杂菌污染。浇注平板时，一般在无菌室或超净工作台内操作，倾注培养基后，切勿将培养皿盖全部开启，以避免空气中的尘埃或细菌等落入；将培养皿盖稍留一点缝隙，在紫外灯照射下待凝，这样便于水蒸气散发，减少平板内冷凝水产生。

三、细菌的接种与分离培养

（一）接种环（针）的用法

接种环（针）又称白金耳（针），是细菌学实验中最常用的工具。

1. 结构 接种环（针）由三部分组成，环（针）部分以用白金丝制成为佳，因白金易于传热散热且不生锈、经久耐用，但价格高昂，通常多用镍丝代替。常用的接种环直径为 3～4mm，固定于金属柄（多为铝制）上，金属柄的另一端为绝热柄，长 40～50mm（图 2-2-1）。

2. 用法 使用时手持绝热柄，先用火焰烧红镍丝部分，再平持接种环（针）使金属柄在火焰中通过 3 次以灭菌，冷却后即可取菌或待检标本。用毕立即将染菌的镍丝部分先于火焰中烧灼，随后按上法将金属柄部分在火焰中通过 3 次，搁置于架上，切勿随手弃置，以免灼焦台面或其他物件。也可使用电热式接种环灭菌器。

3. 用途 接种环用于划线分离、纯菌移种及涂片制备等；接种针主要用于挑选菌落和穿刺接种等。

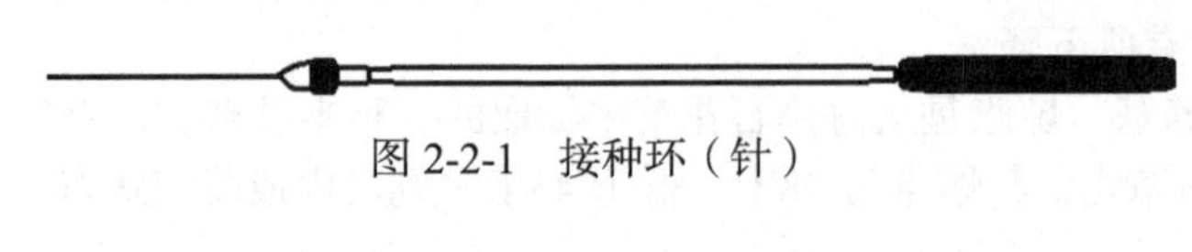

图 2-2-1 接种环（针）

（二）细菌的常用接种技术

细菌在自然界分布广、种类多，许多临床标本（如痰液、便、脓汁等）中往往混杂有多种细菌。为了对特定细菌进行研究或鉴定，必须从混杂的材料中分离出所需的细菌，以获得纯种，这种技术被称为细菌的分离培养技术。细菌分离培养的方法有多种，包括平板划线法、平板倾注法等，在临床细菌学检验中最常用的是平板划线法。该方法是取一定量的标本在平板表面划线，将混杂的细菌分散开来，经过培养后可获得由单个细菌生长而形成的细菌集团，即菌落。不同细菌在固体琼脂平板上形成的菌落特征各不相同，有助于细菌的鉴别。临床细菌学检验中，纯培养是鉴定细菌很重要的第一步，平板划线接种的方式有很多种，分区划线法最为常用，但对于含菌量少的标本，也可用连续划线接种法。

斜面培养基接种法主要用于扩增纯种细菌、短期保存菌种，某些特殊斜面培养基可作观察生化反应等特殊用途，斜面接种多采用蛇形连续划线法。液体培养基接种法主要用于扩增细菌、观察细菌在液体培养基中的生长现象、观察和检测细菌生化反应等。半固体培养基通常以接种针进行穿刺接种，主要用于观察细菌动力或短期保存菌种，有时也用于观察细菌某些生化特性。

【材料】

1. 菌种　表皮葡萄球菌和大肠埃希氏菌混合菌液的 18～24h 培养物、大肠埃希氏菌 18～24h 斜面培养物、表皮葡萄球菌 18～24h 斜面培养物。

2. 培养基　营养琼脂平板、固体琼脂斜面、液体培养基、半固体培养基。

3. 其他　接种环、接种针、酒精灯、恒温培养箱等。

【方法】

1. 平板划线分离培养法（plate streaking isolative cultivation）

（1）烧灼接种环以灭菌，待冷，取一环表皮葡萄球菌和大肠埃希氏菌混合培养物。

（2）在酒精灯火焰附近，左手立即斜持营养琼脂平板（简称平板），用拇指、示指（食指）和中指握住皿盖稍稍抬起，皿底落入手掌内，使之一端与皿底形成 3cm 左右的缝隙。

（3）两肘固定于实验台边缘使双手等高，平板在酒精灯火焰前上方 5～6cm，右手持已取材的接种环在平板上侧的原始部位以 30°～40°，用腕力在培养基的表面密集但不重复地轻轻滑动，形成第 1 区。旋转平板，然后烧灼接种环，待冷后，从“1”区引出直线，如图示“2”区往返划线；旋转平板，重新烧灼接种环，待冷后，通过“1”区向“2”区引出一直线往返划线，如此重复 3 次。要求划线每区之间只有 1～3 条线连接；划线既密又不重叠；四个区占据整个平板为宜（图 2-2-2）。

图 2-2-2　分区划线法

（4）划线完毕，盖上培养皿盖，并在培养皿底部做好标记。标明标本（菌种）名称，班级学号，日期，将平板倒置（底在上）放于 37℃恒温培养箱培养。

（5）经 18～24h 后取出，观察平板表面生长的各个菌落，注意其大小、形状、边缘、透明度、颜色等特征。

2. 斜面培养基接种法（slant medium inoculation）

（1）取菌种管与固体琼脂斜面（简称斜面）培养基置于左手食指、中指、环指（无名指）之间，拇指压住试管底部上方，使菌种管靠近火焰一侧，接种管位于外侧，斜面均向上。

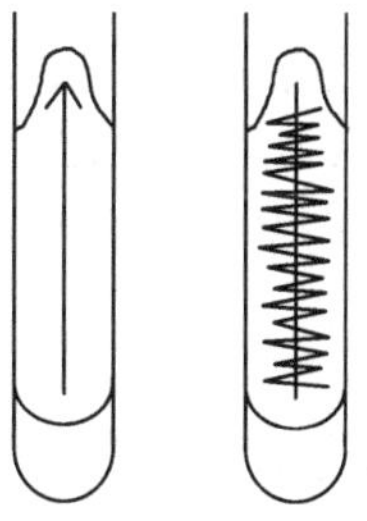
图 2-2-3　斜面培养基接种法

（2）右手拇指和食指分别松动两管管塞，火焰灭菌接种环。

（3）以右手小指与手掌，小指与无名指分别拔取两管的管塞（先外后内），将两管口迅速通过火焰灭菌。

（4）将灭菌的接种环插入菌种管，从斜面取菌苔少许。退出菌种管，迅速伸入待接种的培养管，在斜面上先由底部向上拉一条线，然后从斜面底部向上轻轻曲折连续划线（图 2-2-3）。

（5）取出接种环，火焰灭菌管口，顺序塞上管塞（先塞菌种管，后塞接种管），然后灭菌接种环，做好标记。37℃孵育 18～24h 后观察结果。细菌在培养管中的接种线上，长出许多菌落连成一片，形成菌苔。不同种的细菌菌苔，其透明度、颜色等特征不同。

3. 液体培养基接种法（fluid nutrient medium inoculation） 同斜面培养基接种法：握持菌种管，挑取少量菌苔，伸入待接种的培养基管内，在接近液面的管壁上轻轻研磨，并蘸取少许培养基调和，使菌混合于其中（图 2-2-4）。

4. 穿刺接种法（stab inoculation） 握持菌种管及待接种管方法如斜面培养基接种法。右手持接种针，灭菌冷却后，以针挑取菌苔接种半固体培养基时，垂直刺入培养基的中心；接种醋酸铅培养基时，则沿管壁的一侧穿刺至近底部 0.5cm 处，然后循原路退出（图 2-2-5）。半固体琼脂培养基穿刺接种，主要是观察细菌有无动力。

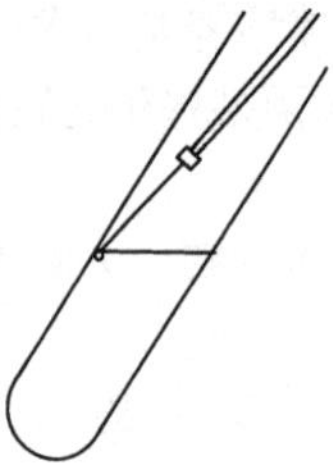

图 2-2-4 液体培养基接种法

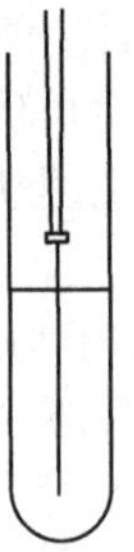

图 2-2-5 半固体培养基接种法

【结果判定】

1. 平板分区划线培养基上，首先观察整个平板培养基上细菌生长情况，从 1 区到 4 区，细菌量逐渐减少，通常在 2 区或 4 区可见单个菌落。然后再选取有代表性的单个菌落，对其大小、形状、边缘、表面、隆起度、颜色、透明度等特征进行判断。本实验在平板表面散在分布两种类型菌落。37℃培养 24h 后，一种是圆形光滑、湿润、边缘整齐、表面略偏平、灰白色、直径 2～3mm 的 S 型菌落。另一种是圆形光滑、湿润、边缘整齐、表面凸起、白色不透明、直径 1～2mm 的 S 型菌落。

2. 表皮葡萄球菌没有鞭毛，不能运动，只是在培养基中心的接种部位沿穿刺线生长，穿刺线呈乳白色，而周围培养基仍透明澄清；大肠埃希氏菌有周身鞭毛，能运动，沿穿刺线向四周扩散，呈羽毛状或云雾状浑浊生长，穿刺线模糊不清，整个培养基呈浑浊状。

3. 无菌肉汤是澄清的，表皮葡萄球菌、大肠埃希氏菌在肉汤培养基中呈浑浊生长。

【注意事项】

1. 进行细菌接种时，要严格注意无菌操作，接种环（针）使用前、使用后都要经酒精灯或煤气灯火焰灭菌，接种环（针）灭菌须充分冷却后方可挑取细菌。从试管培养物中取标本或移种时，在打开管口或关闭前，均要在火焰上烧灼灭菌。切不可将含菌材料污染台面和其他物体。有条件的实验室，细菌接种应在生物安全柜、超净工作台或无菌室内进行。

2. 平板划线接种时，接种环应与平板面约成 45° 轻轻接触，以腕力在平板表面做轻快滑移，用力不可太大，以免划破琼脂，划线要求密集，充分利用平板表面，但不能重复。要注意做好标记。培养时，将培养皿倒放（皿底在上，盖在下，即培养基在上）可以避免培养过程中凝结水从皿盖滴下，冲散菌落，而无法得到单个菌落。

3. 接种过程中不要对着培养皿说话、咳嗽，避免细菌进入污染平板。

4. 半固体培养基穿刺接种时，接种针不能插到管底，在接种过程中，也不能左右晃动，以免形成不了穿刺线。

5. 如不慎将试管等打破造成菌液污染时，不要惊慌，应立即报告负责人，然后用消毒液处理污染台面或地面，至少浸泡 30min。

（三）细菌培养特性的观察

细菌的培养特性即细菌在培养基上的形态和生长状况，是细菌分类鉴定的主要依据。细菌的培养特征主要包括细菌在平板培养基上的菌落特点、在液体培养基中的生长特征和在半固体培养基中的运动特征等。

由单个细菌在固体平板培养基上生长繁殖，形成肉眼可见的细菌集团，称为菌落。菌落形态特征包括：①大小：以直径（mm）表示；②形状：圆形或不规则；③边缘：整齐、波纹状、有裂页状、锯齿状等；④表面光泽：如闪光、不闪光、金属光泽等；⑤透明度：透明、不透明、半透明；⑥隆起情况：如平坦、突起、乳头状等；⑦湿润度：光滑、粗糙、干燥、湿润等；⑧色素：是否产生色素，如果产生色素，产生的色素是水溶性还是脂溶性；⑨溶血性：在血琼脂平板上是否有透明溶血环（β 溶血）或草绿色溶血环（α 溶血）。

一般来说，细菌在一定的培养基上形成的菌落特征比较稳定，但培养条件（如培养基中的营养成分、培养的时间长短等）会对菌落的特征有影响。一般情况下，较密集的菌落较小，较分散的菌落较大，培养基比较薄的时候，菌落较小，生长在较厚的培养基上的菌落较大（主要与营养有关）。观察时，应选择分布比较分散的单个菌落作为观察的对象。

细菌菌落一般有三种类型：①光滑型（S 型）菌落：表面光滑、湿润，边缘整齐；②粗糙型（R 型）菌落：表面粗糙、干燥，呈皱纹或颗粒状，边缘大多不整齐；③黏液型（M 型）菌落：黏稠、有光泽，似水珠样。

细菌在液体培养基中一般可呈现三种情况：①浑浊生长：液体浑浊不清。②表面生长（形成菌膜）：液体澄清，表面有层菌膜。③沉淀生长：液体澄清，管底有细菌沉淀物。观察时还要注意浑浊程度、是否结絮或产生沉淀；有无气泡、气味及培养液有无颜色等。

细菌在抗生素、溶菌酶、胆盐等作用下，细胞壁的肽聚糖结构受到破坏或合成被抑制，会形成 L 型菌落。培养出的 L 型细菌菌落表现特殊，常有油煎蛋样菌落（典型 L 型菌落）、颗粒型（G 型）菌落和丝状（F 型）菌落三种类型。

细菌在半固体培养基中生长时，应注意观察穿刺线是否清晰、周围培养基浑浊程度。如穿刺线清晰，细菌仅沿穿刺线生长，穿刺线的周围培养基透明且无明显变化，表示细菌没有鞭毛，无运动；如穿刺线模糊或沿穿刺线呈毛刷状生长，培养基变浑浊，表示细菌有鞭毛，有动力特性。半固体培养还可以观察是否有气泡产生。

【材料】

1. 菌种　金黄色葡萄球菌、大肠埃希氏菌、铜绿假单胞菌（绿脓素）、枯草杆菌、肺炎克雷伯菌（黏液型）、甲型溶血性链球菌、乙型溶血性链球菌、丙型链球菌。

2. 培养基　营养琼脂平板、血琼脂平板、半固体、营养肉汤管、血清营养肉汤管。

3. 其他　接种环、接种针、酒精灯、恒温培养箱等。

【方法】

1. 将金黄色葡萄球菌、大肠埃希氏菌、铜绿假单胞菌、枯草杆菌、肺炎克雷伯菌分区划线分别接种于营养琼脂平板，甲型溶血性链球菌、乙型溶血性链球菌、丙型链球菌分区划线分别接种于血琼脂平板。

2. 将金黄色葡萄球菌、枯草杆菌分别接种于营养肉汤管中，乙型溶血性链球菌接种于血清营养肉汤管中。

3. 将金黄色葡萄球菌、大肠埃希氏菌分别用穿刺法接种于半固体培养基中。

4. 将上述接种的培养基，置 37℃恒温培养箱中培养 18～24h 后，观察细菌的生长现象。

【结果判定】

1. 37℃培养 24h 后，金黄色葡萄球菌形成圆形光滑、湿润、边缘整齐、表面凸起、金黄色不透明、直径 1～2mm 的 S 型菌落。大肠埃希氏菌形成圆形光滑、湿润、边缘整齐、表面略偏平、灰白色、直径 2～3mm 的 S 型菌落。铜绿假单胞菌形成扁平湿润、大小不一、边缘不规则呈伞状伸展、呈现金属光泽的灰绿色 S 型菌落。枯草杆菌形成圆形、直径 4～7mm、扁平、边缘页状、表面皱褶、无光泽、不透明、灰白色的 R 型菌落。肺炎克雷伯菌呈较大的灰白色、黏液状 M 型菌落，菌落较大，常相互融合。

2. 37℃培养 24h 后，甲型溶血性链球菌在血琼脂平板上形成灰白色、表面光滑、边缘整齐的细小菌落，菌落周围有 1～2mm 宽的草绿色溶血环。乙型溶血性链球菌在血琼脂平板上形成灰白色、表面光滑、边缘整齐、直径 0.5～0.75mm 的细小菌落，菌落周围有 2～4mm 宽、界线分明、完全透明的溶血环。丙型链球菌无溶血环。

3. 液体培养基中，金黄色葡萄球菌浑浊生长，枯草杆菌菌膜生长，乙型溶血性链球菌沉淀生长。

4. 半固体培养基中，金黄色葡萄球菌没有鞭毛，不能运动，只是在培养基中心的接种部位沿穿刺线生长，穿刺线呈乳白色，而周围培养基仍透明澄清；大肠埃希氏菌有周身鞭毛，能运动，沿穿刺线向四周扩散，呈羽毛状或云雾状浑浊生长，穿刺线模糊不清，整个培养基呈浑浊状。

（四）细菌的培养方法

细菌培养是进行细菌学实验和相关研究的基本方法，要根据培养目的和细菌的种类选用最适宜的培养方法。常用的细菌培养方法包括常规培养法、二氧化碳培养法、厌氧培养法和微需氧培养法等。

1. 常规培养法 常规培养法是指需氧菌或兼性厌氧菌等在有氧条件下的培养方法，故又称需氧培养法。将已接种好的平板、斜面、半固体或液体培养基置 37℃恒温培养箱中培养 18～24h，无特殊要求的细菌均可生长。但标本中菌量很少或难于生长的细菌需延长培养时间，如结核分枝杆菌需培养 3～7 天甚至1个月才能肉眼观察到生长现象。

2. 二氧化碳培养法 某些细菌（如淋病奈瑟菌、布鲁氏菌等）的培养，需要一定浓度的 CO_2，特别是初次分离培养时，需要在 5%～10% CO_2 环境中培养才能生长良好，此为 CO_2 培养法。常用的 CO_2 培养法有 CO_2 培养箱、烛缸培养法、化学培养法等。

（1）CO_2 培养箱：是一台特制的培养箱，它能自动调节 CO_2 的浓度、温度和湿度，CO_2 从钢瓶通过培养箱的 CO_2 运送管进入培养箱内，调节好所需 CO_2 浓度自动控制器后，将接种好培养基直接放入培养箱中培养即可。使用极为方便，但需要特殊设备。

图 2-2-6 CO_2 烛缸培养法

（2）烛缸法：是传统的方法，即将培养基放入缸内，点燃蜡烛放在密闭的缸（或干燥器）中（图 2-2-6），加盖（涂以凡士林）密闭，当蜡烛燃烧时，会消耗缸内氧气并产生 CO_2，随着缸内氧气的逐渐减少，蜡烛会自行熄灭，此缸内 CO_2 浓度大约为 5%，将烛缸置 35～37℃恒温培养箱中，基本可满足细菌对 CO_2 的要求。

（3）化学法（碳酸氢盐-盐酸法）：将培养物置于干燥器内，按每升容器内分别单独放入碳酸氢盐 0.4g 和 1mol/L 盐酸 0.35ml，盖紧干燥器的盖子后，倾斜容器使两个试剂接触生成 CO_2。

3. 厌氧培养法 厌氧菌在有氧的情况下不能生长。要培养厌氧菌，必须创造一个无氧的环境。通常在培养基中加入还原剂，或用物理、化学方法去除环境中的游离氧，以降低氧化还原电势。常用的厌氧培养方法有许多，可根据实际情况选用。以下介绍几种常用的厌氧培养方法。

（1）化学法：利用还原作用强的化学物质，将环境或培养基内的氧气吸收，或用还原氧化型物质，降低氧化-还原电势。

1）李伏夫（B. M. JIbbob）法：系用连二亚硫酸钠（sodium hydrosulphite）、碳酸钠和空气中的氧气结合，发生化学反应，吸收空气中的氧气，其反应式如下：

$$Na_2S_2O_4 + Na_2CO_3 + O_2 \longrightarrow Na_2SO_4 + Na_2SO_3 + CO_2$$

取一有盖的玻璃罐，罐底垫一薄层棉花，将接种好的平皿重叠正放于罐内（如系液体培养基，则直立于罐内），最上端保留可容纳1～2个平皿的空间（视玻璃罐的体积而定），按玻璃罐的体积每1000cm^{3}空间用连二亚硫酸钠及碳酸钠各30g，在纸上混匀后，盛于上面的空平皿中，加水少许使混合物潮湿，但不可过湿，以免罐内水分过多。

2）焦性没食子酸法：焦性没食子酸在碱性溶液中能吸收大量氧气，同时由淡棕色变为深棕色的焦性没食橙（purpurgallin）。每100cm^{3}空间用焦性没食子酸1g及20%氢氧化钠或氢氧化钾10ml。由于碱性溶液与焦性没食子酸作用，不仅吸收氧气，也吸收CO_2，对某些细菌生长不利，同时焦性没食子酸氧化，可放出少量CO，也对某些细菌的生长不利。因此，可用Na_2CO_3替换NaOH。如图2-2-7所示。

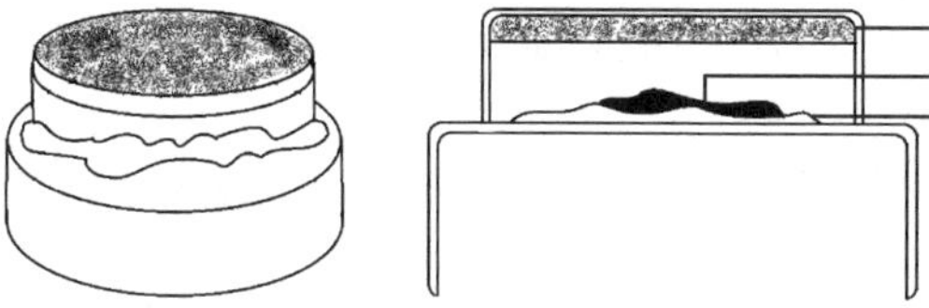

图2-2-7 平板焦性没食子酸厌氧培养法

（2）物理学方法：利用加热、密封、抽气等物理学方法，以驱除或隔绝环境及培养基中的氧气，使其形成厌氧状态，有利于厌氧菌的生长发育。

1）厌氧罐法：将接种好的厌氧菌培养皿依次放于厌氧罐中，先抽去部分空气，代以氢气至大气压。通电，使罐中残存的氧与氢经铂或钯的催化而化合成水，使罐内氧气全部消失。将整个厌氧罐放入恒温培养箱培养。本法适用于大量的厌氧菌培养。

2）真空干燥器法：将欲培养的平皿或试管放入真空干燥器中，开动抽气机，抽至高度真空后，替代以氢、氮或CO_2气体。将整个干燥器放进恒温培养箱培养。

3）高层琼脂法：加热熔化高层琼脂，冷至45℃左右接种厌氧菌，迅速混合均匀。冷凝后37℃培养，厌氧菌在近管底处生长。本法适用厌氧度较低的厌氧菌培养。

4）液体培养法：本身就是一个不需特殊设备的厌氧培养法。将细菌接种于已除过氧气，且上面封有液体石蜡的含0.1%的硫乙醇酸钠液体或庖肉液体培养基中，37℃培养24～48h后观察，本培养基中加亚甲蓝作为氧化还原的指示剂，在无氧条件下，亚甲蓝被还原后，培养基呈无色。

4. 厌氧手套箱培养法 厌氧手套箱是迄今为止国际上公认的培养厌氧菌的最佳仪器之一，简称厌氧箱。它是一个密闭的大型金属箱，前面有一个有机玻璃做的透明面板，板上装有两个手套，可通过手套在箱内进行操作，故名。它由手套操作箱及传递箱两部分组成，传递箱有内外两个门，一个与操作箱相连，另一个与外部相通，起缓冲作用，以保证操作箱内的无氧环境不变。箱内有一个小型的恒温培养箱，有的箱内可放入解剖显微镜便于观察厌氧菌菌落，适用于在无氧环境中连续进行标本的接种、培养和鉴定等全部工作。

操作时，先打开外门，将标本和实验用器材放入传递箱，关闭外侧门后，进行抽气和换气（氢气、氮气、二氧化碳）达到厌氧状态，使氧气被排出89%以上，如达不到要求，可以重复抽气、换气1～2次。然后通过手套用手将内侧门打开，将物品移入操作箱内，关上内侧门。此时无氧的混合气体从操作箱自动流入传递箱，此时箱内主要是利用空气中的氢在钯的催化下和箱中残余的氧气发生化学反应，生成水，从而达到厌氧的状态。这种厌氧箱适于做厌氧细菌的大量培养研究。目前有些金属硬壁型厌氧箱的抽气、充气、厌氧环境和温度等均可自动调节，大大提高了厌氧菌的阳性检出率。

5. 厌氧缸、厌氧产气袋法 厌氧缸、厌氧产气袋现在有成品销售，可以方便使用，是目前比较常用的一种厌氧培养方法。

厌氧缸一般为无毒、透明不透气的复合塑料制成的密封盒。厌氧产气袋是采用无毒、透明不透气的复合塑料薄膜制成的，其原理是用化学方法除去密闭容器中的氧气，造成无氧环境，以利于专性厌氧菌的生长。厌氧缸、厌氧产气袋有不同规格，使用的时候应按照说明，将要培养的物品放入厌氧缸中，将厌氧指示条放入后，再将厌氧产气袋撕开放入，快速密封，常规培养即可。氧气指示条可以监测是否达到厌氧环境。该厌氧缸如果使用微需氧产气袋，即可做微需氧培养；如果使用二氧化碳产气袋，则可进行二氧化碳培养。

四、细菌的计数方法

在细菌进行研究、鉴定及检测食品或药品卫生质量时，通常要对样品中的细菌数量进行计数。细菌计数法是观察和控制细菌培养过程中细菌数量消长情况常用的方法，细菌数量是检测食品或药品卫生质量的重要指标。不同的细菌计数法可能会导致计数结果的差异，常用的细菌计数法包括直接细菌计数法和活菌计数法两大类。

直接细菌计数法是通过直接观察细菌在液体中的浑浊程度来粗略判断细菌的数量，也可通过仪器测定细菌的数量。常用的直接细菌计数法有显微镜直接计数法、比浊计数法、自动化仪器直接计数法等。显微镜直接计数法是将一定体积的细菌悬液置于用于细菌计数的计数器的计数室内，在显微镜下直接观察计数，根据计数器刻度内细菌数，可计算出样品中的细菌总数。菌体较大的酵母菌或霉菌孢子可采用血细胞计数板，一般细菌则采用彼得罗夫·霍泽（Petrof Hausser）细菌计数板。比浊计数法是根据细菌浓度的高低与其浑浊度在一定范围内成正比的原理，通过测定菌悬液的透光量间接计算细菌的数量。目测比浊法是先用化学药品配制成相应浓度的乳白色悬浊液，即标准比浊管，将待测管与标准比浊管比较，即可间接测定出细菌的数量，即细菌学上常用的麦克法兰比浊计数法。

活菌计数法的原理是根据细菌在高度稀释条件下，其在固体培养基上所形成的单个菌落是由一个细菌繁殖而成这一培养特征设计的计数方法，即一个菌落代表一个细菌。计数时，首先将待测样品进行系列稀释，一定量的稀释液接种到平板中，使其均匀分布于平板中的培养基内。经培养后，由一个细菌生长繁殖形成单个菌落，统计菌落数目，即可计算出样品中的菌数。此方法灵敏度高，广泛用于水、食品、药品、化妆品等各种材料的细菌检验，是最常用的细菌计数法。

（一）麦克法兰比浊计数法

【原理】 麦克法兰比浊管（简称麦氏比浊管）是麦克法兰（McFarland）发明的用于微生物比浊的不同浊度的标准浊度管。具体的配制方法是根据不同比例的硫酸和氯化钡生成的硫酸钡沉淀的浓度不同而制订的，一定程度上可以反映菌悬液中细菌的浓度（有表可查）。细菌的药物敏感实验常用到该方法，此法简单易行，无须特殊仪器。做药物敏感实验采用 MIC 法时，所需细菌浓度要同 0.5 号麦克法兰比浊管，其菌液浓度为 1.5×10^8/ml。

【材料】

1. 菌种 表皮葡萄球菌、大肠埃希氏菌的 18～24h 培养物。

2. 试剂 1% H_2SO_4溶液、10g/L $BaCl_2$溶液，液体石蜡等。

3. 其他 刻度试管，10～100μl、100～200μl、200～1000μl 无菌枪头，10～100μl、100～200μl、200～1000μl 移液器等。

【方法】

1. 取洁净刻度试管 11 支，分别加入 10g/L $BaCl_2$ 溶液 0.05ml、0.1ml、0.2ml、0.3ml、0.4ml、

0.5ml、0.6ml、0.7ml、0.8ml、0.9ml，再加入 1%H_2SO_4溶液，使每管液体的总体积为 10ml，混匀。如表 2-2-1 所示。

2. 用橡皮塞塞紧试管口，再用熔化好的石蜡将试管口封上，贴上标签，分别标明 0.5～10 号管，即为麦克法兰比浊管（表 2-2-1）。

3. 计数时，将待测菌悬液吸入相同规格的试管，先将比浊管摇匀，将待测试管与比浊管对比浑浊度，与比浊管浑浊度相同者，即含有大致相应浓度的菌液。

【结果判定】　麦克法兰比浊管配制方法及对应细菌数见表 2-2-1。

表 2-2-1　麦克法兰比浊管配制方法

试剂	麦克法兰比浊管管号										
	0.5	1	2	3	4	5	6	7	8	9	10
10g/L $BaCl_2$溶液（ml）	0.05	0.1	0.2	0.3	0.4	0.5	0.6	0.7	0.8	0.9	1.0
1%H_2SO_4溶液（ml）	9.95	9.9	9.8	9.7	9.6	9.5	9.4	9.3	9.2	9.9	9.0
相当细菌数（10^8/ml）	1.5	3	6	9	12	15	18	21	24	27	30

【注意事项】

1. 直接用眼观察，需要经验，误差较大，可找张白纸，打上平行直线，然后观察。如果肉汤颜色很深，把未接种试管放在比浊管的后面读数即可。

2. 配制比浊管用的试管尺寸、厚度等应与培养或稀释接种菌所用的试管一致。比浊管应密封并储存于室温避光处。

3. 每次使用前，应将比浊管置于旋转混匀器上剧烈振动，目测其外观浊度应均匀一致。若有大颗粒出现，则要重新更换比浊管。

4. 使用前核实比浊管正确浓度，每个月都应证实或更换。

比浊管的正确浓度应使用分光光度计测定吸光度来核实。该分光光度计光径为 1cm，并配有合适的比色杯。0.5 号麦克法兰比浊管在 625nm 处的吸光度值应为 0.08～0.10。

（二）光电比浊计数法

【原理】　当光线通过细菌悬液时，由于菌体的散射及吸收作用使光线的透过量降低。在一定的范围内，细菌细胞浓度与透光度成反比，与光密度成正比，而光密度或透光度可以由光电池精确测出。因此，可用一系列已知菌数的菌悬液测定光密度，做出光密度-菌数标准曲线。然后，依样品液所测得的光密度，从标准曲线中查出对应的菌数。制作标准曲线时，菌体计数可采用血细胞计数板计数、活菌计数等方法。本实验采用血细胞计数板计数。

【材料】

1. 菌种　适宜的菌培养液。

2. 其他　721 型分光光度计、细菌计数板、显微镜、无菌试管、吸水纸、无菌吸管、无菌生理盐水等。

【方法】

1. 标准曲线制作

（1）编号：取无菌试管 7 支，分别用记号笔将试管编号为 1、2、3、4、5、6、7。

（2）调整菌液浓度：用细菌计数板计数培养 24h 的菌悬液，并用无菌生理盐水分别稀释调整为每毫升 1×10^8、2×10^8、4×10^8、6×10^8、8×10^8、10×10^8、12×10^8 个菌数的细胞悬液。再分别装入已编好号的 1～7 号无菌试管中。

（3）测光密度（OD）值：将 1～7 号不同浓度的菌悬液摇均匀后于 560nm 波长、1cm 比色杯中测定 OD 值。比色测定时，用无菌生理盐水作空白对照，并记录 OD 值。

（4）绘制标准曲线：以 OD 值为纵坐标，以每毫升细胞数为横坐标，绘制标准曲线。

2. 样品测定 将待测样品用无菌生理盐水适当稀释，摇匀后，于 560nm 波长、1cm 比色杯中测定 OD 值。测定时用无菌生理盐水作空白对照。

【结果判定】 根据所测得的 OD 值，从标准曲线查得每毫升的含菌数。计算公式如下：

每毫升原液菌数＝从标准曲线查得的每毫升菌数×稀释倍数

【注意事项】

1. 菌悬液在测定 OD 值时，必须先摇匀后再倒入比色杯中测定。

2. 各种操作条件必须与制作标准曲线时的条件相同，否则，测得值所换算的含菌数就不准确。

光电比浊计数法的优点是简便、快速，可以连续测定，适合于自动控制。但是，由于光密度或透光度除了受菌体浓度影响之外，还受细胞大小、形态、培养液成分及所采用的光波长等因素影响。因此，对于不同的菌悬液进行光电比浊计数应采用相应的菌株和培养条件制作标准曲线。光波长的选择通常在 400～700nm，具体到某种细菌采用多少波长，还需要经过最大吸收波长及稳定性实验来确定。另外，对于颜色太深的样品或在样品中还含有其他干扰物质的悬液不适合用此法进行测定。

（三）活菌计数法

【原理】 活菌计数法的原理是根据微生物在高度稀释条件下，其在固体培养基上所形成的单个菌落是由一个细菌繁殖而成这一培养特征设计的计数方法，即一个菌落代表一个细菌。计数时，首先将待测样品进行系列稀释，尽量使样品中的细菌分散开，使成单个存在（否则一个菌落就不只代表一个细菌），再取一定稀释度、一定量的稀释液接种到平板中，使其均匀分布于平板中的培养基内。经培养后，由一个细菌生长繁殖形成单个菌落，统计菌落数目，即可计算出样品中的细菌数量。此方法灵敏度高，广泛用于水、食品、药品、化妆品等的细菌检验，是最常用的细菌计数法。

【材料】

1. 样品 尿液或水样。

2. 培养基 营养琼脂培养基。

3. 其他 无菌生理盐水、无菌平皿、1ml 移液器、1ml 无菌枪头、天平、称样瓶、记号笔等。

【方法】

1. 样品稀释液的制备 准确称取待测样品 10ml，放入装有 90ml 无菌生理盐水和小玻璃珠的 250ml 三角瓶中，用手或置摇床上振荡 20min，使细菌分散，静置 20～30s，即成 10^{-1} 稀释液；再用 1ml 无菌吸管，吸取 10^{-1} 稀释液 1ml，移入装有 9ml 无菌生理盐水的试管中，吹吸 3 次，让菌液混合均匀，即成 10^{-2} 稀释液；再换一支无菌吸管吸取 10^{-2} 稀释液 1ml，移入装有 9ml 无菌生理盐水的试管中，也吹吸 3 次，即成 10^{-3} 稀释液；以此类推，连续稀释，制成 10^{-4}、10^{-5}、10^{-6}、10^{-7}、10^{-8}、10^{-9} 等一系列稀释菌液。

2. 平板倾注培养法细菌计数

（1）将无菌平板相应编上 10^{-1}～10^{-9} 号码，每个号码设置 3 个重复，按无菌操作要求吸取 1×10^{-9} 稀释液各 1ml 放入编号 10^{-9} 的 3 个平板中，同法吸取 10^{-8} 稀释液各 1ml 放入编号 10^{-8} 的 3 个平板中，再吸取 1×10^{-7} 稀释液各 1ml 放入编号 10^{-7} 的 3 个平板中（由低浓度向高浓度时，吸管可不必更换）。

（2）在每个平板中分别倒入已溶解并冷却至 45～50℃的细菌培养基，轻轻转动平板，使菌液与培养基混合均匀，冷凝后倒置。

（3）在 35～37℃下培养 24～48h，菌落长出后，数每个平板上的菌落数。

【结果判定】

1. 细菌计数结果的计算

每毫升菌液中的菌数＝同一稀释度几次重复的菌落平均数×稀释倍数

2. 不同稀释度平均菌落数的确认

（1）选取平均菌落数在 30～300 的报告。

（2）两个相邻稀释度菌落平均数均在 30～300，则计算其比值。若比值＜2，应报告两个稀释度的平均菌落数；若比值≥2，应报告两个稀释度中较大菌落数者。

（3）所有稀释度平均菌落数均大于 300，应按最高稀释度的平均菌落数乘以稀释倍数报告。

（4）所有稀释度平均菌落数均小于 30，应按稀释度最低的平均菌落数乘以稀释倍数报告。

（5）所有稀释度均不在 30～300，应以最接近 30 或 300 的平均菌落数乘以稀释倍数报告。

（6）若所有稀释度均未见菌落，则报告小于 10，而不报告 0。

【注意事项】

1. 用平板倾注培养法计算细菌数量时，待测菌稀释度的选择应根据样品而定。样品中所含待测菌的数量多时，稀释度应高，反之则低。通常测定标本细菌数量时，采用 10^{-7}、10^{-8}、10^{-9} 稀释度；测定土壤细菌数量时，采用 10^{-4}、10^{-5}、10^{-6} 稀释度；测定放线菌数量时，采用 10^{-3}、10^{-4}、10^{-5} 稀释度；测定真菌数量时，采用 10^{-2}、10^{-3}、10^{-4} 稀释度。

2. 用吸管稀释菌液时，放菌液过程中吸管尖不要碰到液面，以免稀释不准确，使结果误差较大。

3. 细菌易吸附到玻璃器皿表面，将菌液加入培养皿后，应尽快倒入溶解并冷至 45～50℃的培养基，立即摇匀，以免细菌不易分散，菌落连在一起，影响计数。

（大连大学　孙慎侠）

实验三　细菌的生化鉴定实验

细菌的新陈代谢可分为分解代谢和合成代谢两大类，并受到一系列酶的控制。不同的细菌的酶系统并不完全一样，因此，细菌学中常根据各种代谢产物的测定来鉴定细菌。

一、糖发酵实验

【原理】　不同的细菌因含有不同的分解糖（醇、苷）类的酶，所以分解糖的能力各不相同，而且分解相应糖后形成的最终产物也随细菌种类而异，有的产酸，有的产酸产气，因此含有酸碱指示剂（溴甲酚紫）的培养基中，碳源只加入需要检验的一种糖，根据细菌能否分解该糖，分解该糖后，是产酸（指示剂颜色发生变化）还是产酸产气（指示剂颜色发生变化，同时倒置的杜氏小管有气体产生）来鉴别细菌。常用的糖发酵实验主要有葡萄糖、乳糖、麦芽糖、甘露醇和蔗糖，常称为五管糖实验，常用在肠道杆菌的鉴别上。

【材料】

1. 菌种　大肠埃希氏菌、伤寒沙门菌 18～24h 斜面培养物。

2. 培养基　葡萄糖发酵管、乳糖发酵管。

3. 其他　接种环、酒精灯、恒温培养箱等。

【方法】　将大肠埃希氏菌、伤寒沙门菌分别接种葡萄糖及乳糖发酵管各 1 支，置 37℃培养 18～24h 后观察结果。

【结果判定】　观察糖发酵管的结果，首先确定细菌是否生长，细菌生长则变浑浊。其次，若糖被分解，则产酸使培养液中指示剂变色。糖是否被分解可根据以下结果判定：

1. 培养基未变色（紫色），倒置小管中无气泡，表示不产酸不产气，以“–”表示。

2. 培养基变色（黄色），倒置小管中无气泡，表示产酸不产气，以“+”表示。

3. 培养基变色（黄色），倒置小管中有气泡，表示产酸又产气，以“⊕”表示。

大肠埃希氏菌、伤寒沙门菌糖发酵实验结果见表 2-3-1。

表 2-3-1 大肠埃希氏菌、伤寒沙门菌糖发酵实验结果

菌种	葡萄糖	乳糖
大肠埃希氏菌	⊕	⊕
伤寒沙门菌	+	–

二、氧化酶实验

【原理】 氧化酶（细胞色素氧化酶）是细胞色素呼吸酶系统的最终呼吸酶。具有氧化酶的细菌，首先使细胞色素 c 氧化，氧化型细胞色素 c 可氧化对苯二胺，生成有色的醌类化合物。主要用于肠杆菌科与假单胞菌属细菌的鉴别。

【材料】

1. 菌种 大肠埃希氏菌、铜绿假单胞菌 18～24h 培养物。

2. 试剂 1%盐酸四甲基对苯二胺或含有 1%盐酸四甲基对苯二胺的滤纸片，也可用现配的 1%盐酸二甲基对苯二胺。

【方法】

1. 菌落法 直接滴加试剂于被检菌菌落上，观察结果。

2. 滤纸法 取一小块洁净滤纸，蘸取菌少许涂于滤纸上，然后加试剂，观察结果。

3. 试剂纸片法 将滤纸片浸泡于试剂中，避光条件下，干燥制成试剂纸片，避光 4℃保存，使用时取菌涂于试剂纸上，观察结果。

【结果判定】 细菌在与试剂接触 10s 内呈深紫色（或粉色）为阳性。不变色为阴性。

三、触 酶 实 验

【原理】 触酶实验也称过氧化氢酶实验，具有过氧化氢酶的细菌，产生过氧化氢酶能催化过氧化氢生成水和新态氧，继而形成分子氧出现气泡。常用于革兰氏阳性菌的初步分群。

【材料】

1. 菌种 金黄色葡萄球菌、乙型溶血性链球菌 18～24h 培养物。

2. 试剂 3%过氧化氢溶液。

3. 其他 载玻片或试管。

【方法】 取菌落置于洁净的试管内或载玻片上，然后加 3%过氧化氢溶液数滴；或直接滴加 3%过氧化氢溶液于不含血液的细菌培养物中，立即观察结果。

【结果判定】 有大量气泡产生者为阳性。

四、IMViC 实 验

（一）吲哚实验（靛基质实验）

【原理】 某些细菌能分解蛋白质中的色氨酸，生成吲哚（靛基质），吲哚无色，不能直接观察，但加入吲哚试剂（对二甲基氨基苯甲醛），与之作用而形成玫瑰吲哚（红色），则易为肉眼识别。

【材料】

1. 菌种 大肠埃希氏菌、产气肠杆菌斜面 18～24h 培养物。

2. 培养基 蛋白胨水培养基。

3. 其他 吲哚试剂、接种环、酒精灯、恒温培养箱等。

【方法】 将大肠埃希氏菌、产气肠杆菌分别接种于蛋白胨水培养基中，置 37℃培养 18～24h 后，取出培养物，往各管中分别加入吲哚试剂 0.5～1ml，轻轻摇匀后，静置 30s 至 1min 后，观察培养基液面是否有红色的玫瑰吲哚环出现。

【结果判定】 结果判定见表 2-3-2。

表 2-3-2 大肠埃希氏菌、产气肠杆菌吲哚实验结果

菌种	红色的玫瑰吲哚环	结果判定
大肠埃希氏菌	出现	+
产气肠杆菌	未出现	−

（二）甲基红（MR）实验

【原理】 有些细菌如大肠埃希氏菌分解葡萄糖产生丙酮酸后，可继续分解丙酮酸产生乳酸、甲酸、乙酸等，由于产生大量有机酸，使培养基 pH 降至 4.5 以下，加入甲基红指示剂即显红色。而有些细菌如产气肠杆菌分解葡萄糖产酸量少，或产生的酸进一步转化为其他物质如醇、酮、醛等，则培养基的 pH 仍在 6.2 以上，加入甲基红指示剂呈黄色。

【材料】

1. 菌种 大肠埃希氏菌、产气肠杆菌 18～24h 斜面培养物。

2. 培养基 葡萄糖蛋白胨水培养基。

3. 其他 甲基红试剂（pH 感应界为 4.4～6.0，色调变更由红→黄）、接种环、酒精灯、恒温培养箱等。

【方法】 将上述两种细菌分别接种于葡萄糖蛋白胨水培养基中，置 37℃培养 18～24h 后，取出培养物，往各管中分别加入甲基红试剂 2 滴，轻摇后观察结果。

【结果判定】 出现红色者为阳性，呈现黄色者为阴性（表 2-3-3）。

表 2-3-3 大肠埃希氏菌、产气肠杆菌甲基红实验结果

菌种	指示剂颜色	结果判定
大肠埃希氏菌	红色	+
产气肠杆菌	黄色	−

（三）VP 实验

【原理】 某些细菌如产气肠杆菌具有丙酮酸脱羧酶，可分解葡萄糖产生的丙酮酸脱羧形成乙酰甲基甲醇，后者在碱性环境下可被空气中的氧氧化成二乙酰，二乙酰与培养基内的蛋白胨中精氨酸所含的胍基发生作用，则生成红色的化合物。

【材料】

1. 菌种 大肠埃希氏菌、产气肠杆菌 18～24h 斜面培养物。

2. 培养基 葡萄糖蛋白胨水培养基。

3. 其他 VP 试剂（6%α-萘酚乙醇溶液，40%氢氧化钾溶液）、接种环、酒精灯、恒温培养箱等。

【方法】 将大肠埃希氏菌、产气肠杆菌分别接种于葡萄糖蛋白胨水培养基中，置 37℃培养 24～48h 后，取出培养物，往各管分别加入 6% α-萘酚乙醇溶液 1ml，再加入 40%氢氧化钾溶液 0.4ml，充分振荡，室温下静置 5～30min 后，观察结果。

【结果判定】 呈现红色者为阳性反应，如无色出现，而且置 37℃ 4h 仍无红色者为阴性（表 2-3-4）。

表 2-3-4 大肠埃希氏菌、产气肠杆菌 VP 实验结果

菌种	红色化合物	结果判定
大肠埃希氏菌	未出现	−
产气肠杆菌	出现	+

本实验常与甲基红实验一起使用，一般情况下，本实验阳性，甲基红实验阴性，反之亦然。

（四）枸橼酸盐利用实验

【原理】 枸橼酸盐培养基不含任何糖类，枸橼酸盐为唯一碳源，磷酸二氢铵为唯一氮源。当有细菌（如产气肠杆菌）能利用铵盐作为唯一氮源，同时又能利用枸橼酸盐为碳源时，细菌在这些培养基上便可生长。其生成的碳酸盐可使培养基变为碱性，培养基中的溴百里酚蓝试剂由绿色变为蓝色。

【材料】

1. 菌种 大肠埃希氏菌、产气肠杆菌 18～24h 斜面培养物。

2. 培养基 枸橼酸盐培养基。

3. 其他 接种环、酒精灯、恒温培养箱等。

【方法】 大肠埃希氏菌、产气肠杆菌分别接种于枸橼酸盐斜面培养基上，置 37℃培养 1～4 天，每日观察结果。

【结果判定】 培养基上有细菌生长，而且培养基由绿色变为蓝色，枸橼酸盐实验阳性；无菌生长，培养基颜色不变，仍保持绿色为阴性（表 2-3-5）。

表 2-3-5 大肠埃希氏菌、产气肠杆菌枸橼酸盐利用实验结果

菌种	细菌生长现象	培养基颜色	结果判定
大肠埃希氏菌	有菌苔生长	绿色变为蓝色	+
产气肠杆菌	无菌生长	保持绿色	−

五、脲酶实验

【原理】 某些细菌能产生脲酶，可以分解培养基中的尿素产生大量的氨（NH_3），NH_3溶于水变成 NH_4OH，使培养基变为碱性，在遇到酚红指示剂时呈现红色，为脲酶实验阳性，反之，呈黄色为脲酶实验阴性。

【材料】

1. 菌种 大肠埃希氏菌、普通变形杆菌斜面 18～24h 培养物。

2. 培养基 尿素培养基。

3. 其他 接种针、酒精灯、恒温培养箱等。

【方法】 将大肠埃希氏菌、普通变形杆菌分别接种于尿素培养基中，置 37℃培养 24～48h 后，取出培养基，观察培养基的颜色变化情况。

【结果判定】　实验结果判定见表 2-3-6。

表 2-3-6　大肠埃希氏菌、普通变形杆菌脲酶实验结果

菌种	培养基颜色	结果判定
大肠埃希氏菌	黄色	–
普通变形杆菌	红色	+

六、硫化氢实验

【原理】　某些细菌能分解含硫氨基酸，生成硫化氢，硫化氢遇铁盐、铅盐（如硫酸亚铁、醋酸铅等）则生成黑褐色硫化铁（铅）沉淀物。在肠杆菌科细菌鉴别中有重要作用。

$$\text{胱氨酸} \xrightarrow{\text{细菌分解}} 2CH_3COOH + 2HCOOH + 2NH_3 + 2H_2S$$

$$H_2S + Pb(CH_3COO)_2 \longrightarrow 2CH_3COOH + PbS\downarrow(\text{黑色})$$

$$\text{或：} H_2S + FeSO_4 \longrightarrow H_2SO_4 + FeS\downarrow(\text{黑色})$$

【材料】

1. 菌种　大肠埃希氏菌、肖氏伤寒沙门菌斜面 18～24h 培养物。

2. 培养基　醋酸铅或克氏铁琼脂培养基。

3. 其他　吲哚试剂、接种环、接种针、酒精灯、恒温培养箱等。

【方法】　用接种针将大肠埃希氏菌，肖氏伤寒沙门菌分别接种于醋酸铅或克氏铁琼脂培养基中，置 37℃培养 24～48h 后观察醋酸铅培养基是否出现黑色沉淀；克氏铁琼脂培养基在底层和斜面交界处是否出现黑色沉淀。

【结果判定】　醋酸铅培养基出现黑色沉淀为阳性，不变色为阴性。克氏铁琼脂培养基在底层和斜面交界处出现黑色沉淀为阳性，不变色为阴性（表 2-3-7）。

表 2-3-7　大肠埃希氏菌、肖氏伤寒沙门菌硫化氢实验结果

菌种	黑褐色沉淀物	结果判定
大肠埃希氏菌	无	–
肖氏伤寒沙门菌	有	+

七、数字编码鉴定法

微生物数字编码鉴定法为借助生物信息编码鉴定细菌的新方法，其应用为医学微生物检验工作提供了一个简便、科学的细菌鉴定程序，大大提高了细菌鉴定的准确性。随着电脑技术的进步，目前微生物数字编码鉴定技术已广泛用于自动分析仪中，并形成了独特的商品化的不同细菌鉴定系统，如 API、Micro-ID、RapID、Enterotube 和 Minitek 等系统。数字编码鉴定技术是自动化鉴定系统的基础。

【原理】　数字编码鉴定法是全面分析每种生化反应的特征在不同细菌中出现概率的基础上，通过数学的编码技术将细菌的生化反应模式转换成数学模式，给每种细菌的反应模式赋予一组数码，建立数据库或编成检索本；通过对未知菌进行有关生化实验并将生化反应结果转换成数字（编码），查阅检索本或数据库，比较待测菌与分类系统中已知菌生化特性的相似性，以判断待测菌的

属性。具体方法：将各种生化反应培养基分装在微量管或微量反应板内，将待测菌配成一定浓度的菌悬液，接种在微量管或反应板中，在一定温度下培养一定时间后，加入指示剂或直接根据颜色变化得出生化反应结果。将目测或仪器判读所得实验结果，依据一定的规律进行编码，将编码与数据库内每个细菌条目对每个生化反应结果进行比较，得出鉴定百分率。根据鉴定百分率排序，找出对应的细菌名称，做出鉴定。

【材料】

1. 菌种 大肠埃希氏菌平板分离培养物。

2. 培养基 肠杆菌科细菌微量培养管（板）。

3. 试剂 吲哚试剂、苯丙氨酸脱氨酶试剂、VP 试剂、硝酸盐还原试剂、氧化酶试剂等。

4. 其他 细菌数字编码本或电脑分析系统等。

【方法】

1. 微量鉴定培养管/板的选择 将待检菌落进行涂片、革兰氏染色、镜检，判定为革兰氏阴性杆菌；将待检菌进行氧化酶实验，结果为阴性。可初步判断待检菌为肠杆菌科细菌，选择肠杆菌科细菌微量鉴定系统。

2. 菌悬液制备 挑取平板上的待检菌单个菌落，混悬于 1ml 无菌生理盐水中，菌液浓度相当于 1.5×10^8/ml（菌液浓度达到 0.5 号麦克法兰比浊管浊度）。

3. 接种 将菌悬液接种于肠杆菌科细菌微量培养管（板），37℃培养 18～24h。

4. 结果观察 不同生化反应可选择不同的结果观察方法（肉眼直接观察或仪器判读），观察每个生化反应结果，判断“+”或“–”，并作记录。

5. 数字编码 根据生化反应结果进行编码，每个反应只有“+”或“–”两个结果，计算机将其识别为“1”和“0”两个二进制数字。鉴定系统中，每三个实验为一组，根据每种反应在实验组合中的位置不同，其阳性值按照“4、2、1 位置计数法”分别转换为 4、2、1 等数，阴性值则为 0。根据生化反应结果，将每一组中生化反应阳性的数值相加，由此得出一个不大于 7 的数值，这些数值依次排列得一个编码。编码可为 3 位数、5 位数或 7 位数(依据使用的鉴定系统来源不同而不同)，检索编码手册或将编码输入电脑，该编码所对应的细菌名称即为鉴定结果。

6. 查码鉴定 检索编码手册或将编码输入电脑鉴定系统，根据编码即可得到鉴定结果。

【结果判定】 根据生化反应结果，如图 2-3-1 所示，编码为“23434”，判断为“大肠埃希氏菌”。

实验	VP	硝酸盐还原	苯丙氨酸脱氨酶	硫化氢	吲哚	鸟氨酸	赖氨酸	丙二酸盐	尿素	七叶苷	ONPG	阿拉伯糖	侧金盏花醇	肌醇	山梨醇
数值	4	2	1	4	2	1	4	2	1	4	2	1	4	2	1
结果	–	+	–	–	+	+	+	–	–	–	+	+	+	–	–
	0	2	0	0	2	1	4	0	0	0	2	1	4	0	0
编码	2			3			4			3			4		

图 2-3-1 大肠埃希氏菌数字编码鉴定结果

【注意事项】

1. 不同的微量鉴定系统要求细菌的菌悬液浓度不同，应严格按照系统要求调整菌悬液的浓度。

2. 要严格按照微量鉴定系统的操作说明进行实验操作，有些实验需要加试剂才能观察结果。

3. 同一编码可能对应几种菌，需要根据微量鉴定系统的鉴定要求补充鉴别实验进一步鉴定。

（大连大学 孙慎侠）

实验四 细菌的血清学实验

细菌的血清学实验使用已知特异性抗体与分离培养出的未知纯种细菌进行血清学实验。细菌具有良好的抗原性，不同的细菌有不同的抗原决定簇。因此可用细菌制备出已知抗体（即为诊断血清或免疫血清）来鉴定或检测未知抗原，以此来确定致病菌的种和型。根据抗原的不同，可采用不同的实验方法，常用的是玻片凝集实验。

一、凝 集 实 验

【原理】 细菌与相应抗体混合后，在一定浓度的电解质条件下，可出现肉眼可见的凝集现象，称为凝集实验。该实验为定性实验，操作简单、快速，在几分钟内就能观察到实验结果。

【材料】

1. 菌种 伤寒沙门菌、福氏志贺菌培养物。

2. 诊断血清 多价沙门菌 O（A～F）诊断血清、沙门菌 D 群单价因子血清（O9、O12）、鞭毛因子血清（Hd）等。

3. 其他 生理盐水、载玻片、接种环等。

【方法】

1. 取洁净载玻片一张，用接种环无菌操作取 1～2 环多价沙门菌诊断血清，置于载玻片的一侧，另一侧取 1～2 环的生理盐水作对照。

2. 分别于两侧各加少量待检菌，混匀。

3. 轻轻摇动载玻片，数分钟后，观察实验结果。

4. 用同样方法做沙门菌 D 群单价因子血清（O9、O12）、鞭毛因子血清（Hd）等因子的凝集。

【结果判定】 均匀浑浊的为凝集实验阴性，出现肉眼可见的凝集颗粒即为阳性。

【注意事项】

1. 伤寒沙门菌、志贺菌为肠道致病菌，实验过程中要严格无菌操作，观察结果后，一定要将载玻片放入盛有消毒液的指定容器内，切勿任意存放或冲洗。

2. 首先生化反应及形态学检查疑为沙门菌，可选用沙门菌的多价诊断血清进行玻片凝集实验。首先选用 A～F 组多价“O”诊断血清做玻片凝集实验，在实验时应以生理盐水作对照，血清凝集实验在 5～10min 不出现凝集者可确定为阴性。

3. 但若生化反应比较典型，凝集现象不明显，应考虑存在 Vi 抗原阻止 O 抗原与相应抗体发生凝集。需先加热破坏 Vi 抗原，即用无菌生理盐水将菌体清洗，制成浓厚的悬液，100℃水浴加热 30min 后，再与 A～F 组多价“O”诊断血清做凝集实验。

4. 做玻片凝集实验时，菌苔必须磨匀，观察结果时，需先观察其在生理盐水中不凝集，实验待测菌出现凝集时才有意义。

二、荚膜肿胀实验

【原理】 特异性抗血清与相应细菌的荚膜抗原特异性结合形成复合物时，可使细菌荚膜显著增大出现肿胀，而在细菌的周围出现一个比正常情况下要宽阔的环状带。常用于肺炎链球菌、流感嗜血杆菌等的检测。

【材料】

1. 菌种 肺炎链球菌菌液。

2. 血清 抗肺炎链球菌荚膜血清，正常兔血清。

3. 其他 1%亚甲蓝（美蓝）水溶液、载玻片、接种环等。

【方法】

1. 取洁净载玻片一张，两侧各加待检菌 1～2 接种环。

2. 于一侧加抗肺炎链球菌荚膜血清，另一侧加正常兔血清各 1～2 接种环，混匀，静置约 1min。

3. 再于两侧各加 1%亚甲蓝水溶液 1 接种环，混匀，分别加盖玻片，置湿盒中，室温放置 5～10min 后，镜检。

【结果判定】

1. 若实验侧在蓝色细菌周围可见厚薄不等、边界清晰的无色环状物，而对照侧无此现象，为荚膜肿胀实验阳性。

2. 实验侧与对照侧均不产生无色环状物，则为荚膜肿胀实验阴性。

【注意事项】

1. 尽量在实验结束后 30min 内观察结果。

2. 实验过程中要严格无菌操作，观察结果后，一定要将载玻片放入盛有消毒液的指定容器内，切勿任意存放或冲洗。

（大连大学 孙慎侠）

实验五 理化及生物因素对细菌的影响

微生物和其他生物一样，和外界环境有着密切的联系。外界环境适宜，微生物生长繁殖；当条件改变过于剧烈，使微生物的主要代谢发生障碍，或菌体蛋白质变性凝固，则导致微生物生长停止甚至死亡。在医学上常用人工方法造成对微生物生长极为不利的环境，来达到杀灭微生物的目的。本实验主要介绍物理、化学因素杀灭微生物的几种方法，并通过实验验证其杀菌效果。

一、热力灭菌实验

热力灭菌根据有没有水蒸气的参与分为干热灭菌法和湿热灭菌法两种。干热灭菌法主要是利用燃烧、火焰、热空气和电磁波产热，使微生物脱水、干燥和大分子变性而杀灭微生物。常用的干热灭菌法包括焚烧法、烧灼法、干烤法和红外线照射法等，主要适用于耐高温的实验器材、医疗器械、食具等的消毒灭菌。湿热灭菌法是通过加热煮沸或产生水蒸气的热量进行消毒与灭菌，常用的湿热消毒灭菌法包括高压蒸汽灭菌法、煮沸法、流通蒸汽法、巴氏消毒法等。其中，高压蒸汽灭菌法是医学上最常用、最有效的灭菌方法，该方法是通过一个密闭的压力蒸汽灭菌器，当容器内的压力升高到 103.4kPa，温度达到 121.3℃，维持 15～20min 后，即可杀死一切微生物包括细菌的芽孢。适用于耐高温又不怕潮湿物品的灭菌，如手术敷料、生理盐水和一般培养基。煮沸法是在常压下，将消毒物品浸入水中，加热煮沸而杀死细菌繁殖体或芽孢的方法，水温 100℃经 5min 能杀死一般细菌的繁殖体，一般要煮沸 1～2h 才能杀灭芽孢，主要适用于饮用水、食具、玻璃注射器、一般外科手术器械等。

在相同的温度和时间相同的情况下，湿热灭菌效果比干热灭菌效果好。

【原理】 当受热力作用后，蛋白质分子运动加速、肽链连接键断裂，蛋白会变性凝固。加热也破坏细菌表面的渗透作用，造成细胞膜功能受损使胞质内漏出，从而使微生物失去生物活性而死亡。不同种类的微生物对热的耐受力不同，多数无芽孢的细菌在 50～60℃液体中经 30～60min 后死亡，100℃时可迅速杀灭，有芽孢的细菌需较长时间。本实验主要观察和比较高压蒸汽灭菌法和煮沸法对不同细菌繁殖体及芽孢的影响。

【材料】

1. 菌种　大肠埃希氏菌 18～24h 培养物、枯草杆菌液体 48h 培养物。

2. 培养基　营养肉汤管（2～3ml/支）。

3. 其他　煮锅或水浴锅、高压蒸汽灭菌器、移液器 100～200μl 及配套的无菌枪头、酒精灯、恒温培养箱等。

【方法】

1. 取营养肉汤管 10 支，分成两组，一组标记大肠埃希氏菌，一组标记枯草杆菌。

2. 分别在两组营养肉汤管中接种相应的菌液，每管为 100μl。

3. 每组各取一支，置于高压灭菌器内，103.4kPa、121.3℃灭菌 15～30min，待冷却后取出，标记“灭”。每组各取 3 支，置于 100℃水浴锅或煮锅中，加热，分别于 5min、15min、30min 时，每组各取出一支，做好标记。每组各留一支不加热管，作为对照，标记“前”。另取一支无标记营养肉汤管作无菌生长对照。

4. 将上述实验的 11 支试管，置于 37℃恒温培养箱培养 24h，观察结果。

【结果判定】　有菌生长时，大肠埃希氏菌呈现浑浊生长，枯草杆菌呈现菌膜生长。无菌生长营养肉汤管为清澈、透明的淡黄色液体。对照管大肠埃希氏菌浑浊生长，枯草杆菌菌膜生长，提示有大量细菌生长。经高压蒸汽灭菌处理后，两支试管内的液体保持澄清透明，提示无菌生长。煮沸处理的 6 支试管，随着加热时间的延长，细菌生长量减少或无细菌生长。实验表明，枯草杆菌（有芽孢）耐热程度比大肠埃希氏菌高，提示高压蒸汽灭菌法消毒灭菌比煮沸法效果好。煮沸方法 5～30min 只能杀死细菌繁殖体，而高压蒸汽法既可杀死繁殖体又可杀死细菌芽孢。

二、紫外线杀菌实验

【原理】　紫外线属电磁波辐射，紫外线能使细菌 DNA 链上胸腺嘧啶形成二聚体，干扰 DNA 正常复制，使其生物学活性发生变化，蛋白质光解而变性死亡。此外紫外线可使分子氧变成臭氧，发挥杀菌作用。紫外线杀菌有效波长在 210～328nm，其中以 265～266nm 的紫外线杀菌作用最强。紫外线穿透力弱，玻璃、尘埃、水蒸气均能阻挡紫外线，故仅用于手术室、婴儿室、烧伤病房、传染病房和无菌室的空气消毒，亦可用于不耐热物品的表面消毒。除日光含有一部分紫外线外，医学上使用时常以人工紫外线灯产生紫外线进行消毒灭菌。常用水银石英灯，其发射的紫外线 90%以上波长为 256nm，接近最大杀灭微生物作用的波长（265nm）。

【材料】

1. 菌种　大肠埃希氏菌或表皮葡萄球菌 18～24h 培养物，配成 10^8CFU/ml 菌悬液。

2. 培养基　普通琼脂平板。

3. 其他　无菌棉签、接种环、超净工作台、酒精灯、恒温培养箱等。

【方法】

1. 用无菌棉签或接种环，取大肠埃希氏菌或表皮葡萄球菌菌悬液，涂布于普通琼脂平板表面。

2. 将接种好的普通琼脂平板置于超净工作台上，皿盖不完全遮盖住平板，露出月牙形的空隙，在紫外灯下照射处理 30min。

3. 盖好培养皿盖，将普通琼脂平板 37℃培养 18～24h，观察细菌生长情况。

【结果判定】　经 37℃培养 18～24h 后，普通琼脂平板表面被培养皿盖遮盖的部分细菌生长，而直接暴露于紫外线下的琼脂表面无菌生长或仅有少量细菌生长。说明紫外线具有杀菌作用，但穿透能力弱。

【注意事项】　杀菌波长的紫外线对人体皮肤和眼睛角膜均有损伤作用，实验中应注意避免眼睛和皮肤直接暴露于紫外线下，以免受到伤害。

三、化学消毒剂的抑菌实验

【原理】　某些化学试剂如乙醇、表面活性剂、氧化剂、含氯或含碘的药剂等，能影响微生物的结构、组成及生理活动，并可随浓度的变化而具有防腐、消毒甚至灭菌的作用。化学消毒剂的种类很多，其杀菌机制包括：①使菌体蛋白变性或凝固，如酚类（高浓度）、醇类、重金属盐类、（高浓度）酸碱类、醛类等；②干扰微生物酶系统和影响其代谢活动，如氧化剂等；③损伤细胞壁、细胞膜使其通透性增强，如酚类（低浓度）、表面活性剂等。通常化学消毒剂在低浓度主要起到防腐作用，在常用浓度下对细菌繁殖体有效，要杀灭细菌的芽孢则需要提高消毒剂的浓度和延长消毒时间，或使用高效消毒剂。化学消毒剂一般对人体有毒性，只能用于人体体表、医疗器械、排泄物及周围环境的消毒。微生物实验室常用的化学消毒剂有乙醇、含碘消毒剂、过氧乙酸、过氧化氢等。

【材料】

1. 菌种　大肠埃希氏菌或表皮葡萄球菌 18～24h 肉汤培养物。

2. 培养基　普通琼脂平板。

3. 消毒剂　2%结晶紫、碘伏、75%乙醇、0.5%过氧乙酸。

4. 其他　无菌棉签、接种环、镊子、直径 6mm 的无菌滤纸片、酒精灯、恒温培养箱等。

【方法】

1. 提前一天将无菌滤纸片浸入装有 2%结晶紫、碘伏、75%乙醇、0.5%过氧乙酸的小瓶中，置 4℃冰箱保存备用。

2. 用无菌棉签或接种环，蘸取大肠埃希氏菌或表皮葡萄球菌 18～24h 培养物，分别涂布于两块普通琼脂平板，做好标记。

3. 用记号笔在每块平板的底部划“十”字线，将接种好的普通琼脂平板分为四等份，分别标记“结晶紫”“乙醇”“过氧乙酸”“碘伏”。

4. 用无菌镊子夹取浸有消毒剂的纸片，淋去多余消毒剂，均匀地贴于已接种好细菌的琼脂平板表面相对应的区域，盖好培养皿盖，将普通琼脂平板 37℃培养 18～24h，观察滤纸片周围有无抑菌圈，并比较其大小。

【结果判定】　如果化学试剂有杀菌作用，相对应的滤纸片周围会出现无菌生长的透明区域，即抑菌圈。消毒剂的杀菌作用越强，抑菌圈的直径就会越大。

【注意事项】

1. 从消毒液中取滤纸片时，要让其靠着管壁，沥干多余的药液。

2. 当浸有消毒剂的滤纸片置于培养基表面后，不应再重新移动位置，以免形成不规则抑菌圈，造成实验结果与消毒剂消毒效果不符。

3. 贴滤纸片时，要注意两个滤纸片之间的距离不小于 20mm，纸片中心距离培养皿边缘不小于 10mm，避免产生抑菌圈的重叠，影响实验结果的观察。

四、噬菌体特异性溶菌实验

【原理】　噬菌体是寄生在细菌、放线菌体内的病毒。其专一性很强，如大肠埃希氏菌的噬菌体只能裂解大肠埃希氏菌，金黄色葡萄球菌的噬菌体只能裂解金黄色葡萄球菌。噬菌体的个体很小，已超过一般光学显微镜的辨析范围，但通过噬菌体裂解特异细菌或放线菌的一些特点，如菌液由浊变清、在含菌的固体培养基上出现空斑（噬菌体）等，可证明有噬菌体的存在。

【材料】

1. 菌种　大肠埃希氏菌噬菌体、金黄色葡萄球菌噬菌体，大肠埃希氏菌、金黄色葡萄球菌培养物。

2. 培养基　肉汤管、营养琼脂斜面、营养琼脂培养基、1%琼脂的营养琼脂培养基管（3～4ml/支）。

3. 其他　灭菌培养皿（90mm）、接种环、灭菌吸管、酒精灯、恒温培养箱、生理盐水等。

【方法】

1. 取肉汤管和营养琼脂斜面各两支，分别接种大肠埃希氏菌、金黄色葡萄球菌。将接种后的营养琼脂斜面于恒温培养箱中37℃培养8h，备用。将接种后的肉汤管于振荡培养箱中37℃培养8h，注意观察菌液生长出现浑浊。

2. 将含噬菌体的菌液接入上述培养8h的大肠埃希氏菌、金黄色葡萄球菌肉汤管中，37℃恒温振荡培养。由于大肠埃希氏菌、金黄色葡萄球菌被噬菌体裂解，菌液的浑浊度下降，这时噬菌体的数目不断增多，用此作为噬菌体悬液。

3. 将在营养琼脂斜面上培养8h的大肠埃希氏菌、金黄色葡萄球菌加4～5ml的生理盐水，制成菌悬液，备用。

4. 每个无菌培养皿倒入已熔化冷却至45～50℃营养琼脂培养基10ml，静置待凝固，制作4个琼脂平板。

5. 取1%琼脂的营养琼脂培养基管，放入45～50℃水浴中保温。

6. 分别取大肠埃希氏菌、金黄色葡萄球菌菌悬液0.5ml与含有大肠埃希氏菌、金黄色葡萄球菌噬菌体的悬浮液0.2ml，成对加入保温未凝固的1%琼脂的营养琼脂培养基管中，充分混合后，立即倒入已凝固的琼脂平板上，摇匀作为上层（这种方法称为双层平板培养），做好标记，待上层凝固后，放入恒温培养箱中37℃培养24h，观察结果。

【结果判定】　由于噬菌体裂解细菌具有严格的宿主特异性关系，故只有大肠埃希氏菌与大肠埃希氏菌噬菌体混匀后倾注的平板，金黄色葡萄球菌与金黄色葡萄球菌噬菌体混匀后倾注的平板，经过培养后，出现噬菌斑。

【注意事项】

1. 要注意观察菌液培养和噬菌体裂解过程的浑浊度变化。

2. 双层平板的制作过程要注意控制好温度。

3. 细菌悬液、含有噬菌体的悬液与保温未凝固的1%琼脂的营养琼脂培养基的混合一定要充分。

（大连大学　孙慎侠）

实验六　抗菌药物敏感实验

细菌对抗菌药物的敏感性实验是指在体外测定药物抑菌或杀死细菌的能力，其结果可供临床治疗选用药物时参考。实验方法有纸片扩散法、试管稀释法和E实验等。

一、纸片扩散法

【原理】　本实验采用的方法为Kirby-Bauer法，即常用的纸片法。其原理是将干燥的浸有一定浓度抗菌药物的滤纸片平贴于已接种一定量某种被测定细菌的琼脂平板上。纸片中的抗菌药物溶解于培养基内，并向四周呈球面扩散，药物在琼脂糖中的浓度随离开纸片的距离增大而降低，经培养后，可在纸片周围出现由无细菌生长区产生的透明的抑菌圈。测量抑菌圈的大小，即可判定该细菌对某种药物的敏感程度。

【材料】

1. 菌种　金黄色葡萄球菌分离培养物、大肠埃希氏菌分离培养物等。

2. 培养基　水解酪蛋白（M-H）琼脂平板。

3. 药敏纸片　含抗生素或磺胺药的干燥纸片。

4. 其他　无菌生理盐水、无菌棉签、0.5 号麦克法兰比浊管（相当于 1.5×10^{8}CFU/ml）、镊子、游标卡尺、接种环等。

【方法】

1. 将保温的无菌 M-H 琼脂倾注于直径 90mm 的平板中，每个平板约倾注 25ml，使培养基厚度为 4mm，培养基根据检测细菌而异。

2. 用无菌棉拭子蘸取菌液（菌液已经过 0.5 号麦克法兰比浊管校正浊度），在管内壁将多余的菌液挤去，反复涂布于整个琼脂培养基表面，以便生长出均匀的菌苔（注意不要划破培养基）。

3. 用无菌镊子取药物纸片贴于已接种细菌的平板培养基上，每个平板上贴 4～6 片，各纸片中心距离约 24mm，纸片距平皿边缘约 15mm，各纸片间距离相等。

4. 做好标记，置于 37℃恒温培养箱培养 16～18h，观察抑菌圈的有无，用游标卡尺量取抑菌圈的大小。

【结果】　观察纸片周围有无抑菌圈，并测其直径（以 mm 表示）。最终判断细菌对每种抗菌药物的敏感度及耐菌性，判断标准见表 2-6-1。

判定标准：实验条件不同判定标准可有所不同。一般抑菌圈直径在 15mm 以上者为高度敏感，10～15mm 为中度敏感，10mm 以下为低度敏感，无抑菌圈者为耐药。

表 2-6-1　常用抗生素与磺胺类药物敏感实验判断标准

药物	抑菌圈直径（mm）	敏感标准
青霉素	＜10	耐药
新生霉素	10～20	中度敏感
	＞20	高度敏感
红霉素、先锋霉素	＜10	耐药
新霉素、四环素	10～17	中度敏感
卡那霉素、呋喃西林	＞17	高度敏感
链霉素	＜10	耐药
氨苄西林、磺胺类	10～15	中度敏感
	＞15	高度敏感
庆大霉素、妥布霉素	＜10	耐药
万古霉素	10～13	中度敏感
多黏菌素、杆菌肽	＞13	高度敏感

【注意事项】　培养基的质量、药敏纸片的质量、接种菌量、孵育条件、抑菌圈观察及测量的准确度等都能影响纸片法抗菌药物敏感实验结果的准确性和精密度。

二、稀 释 法

（一）试管稀释法

【原理】　以水解酪蛋白（M-H）液体培养基将抗生素作不同浓度的稀释，然后接种入待检细菌，定量测定抗菌药物抑制或杀死该菌的最低抑菌浓度（MIC）或最低杀菌浓度（MBC）。

【材料】

1. 菌种　金黄色葡萄球菌菌液（10^5CFU/ml）。

2. 培养基　M-H 液体培养基：去脂肪筋膜牛肉 300g 绞碎，加蒸馏水 1000ml，制成肉浸液，将可溶性淀粉 1.5g、水解酪蛋白 17.5g 加入肉浸液内，加热熔化后调 pH 至 7.4，103.425kPa 高压灭菌 15min 备用。

3. 100U/ml 的青霉素钾盐。

4. 其他　无菌小试管、移液器、恒温培养箱等。

【方法】

1. 取无菌小试管 10 支排于试管架，于第 1 管加入 M-H 液体培养基 1.9ml，第 2～10 管各加 1ml。

2. 于第 1 管加入稀释好的 100U/ml 的青霉素钾盐 0.1ml，混匀后取 1ml 加入第 2 管，依次倍比稀释，自第 9 管吸出 1ml 弃去，第 10 管为对照管（表 2-6-2）。

3. 将各管中加入已校正浓度的金黄色葡萄球菌菌液（10^5CFU/ml）0.05ml，混匀后放置于恒温培养箱 35℃培养 18h，观察结果。

表 2-6-2　青霉素液稀释法

样品	试管号									
	1	2	3	4	5	6	7	8	9	10
培养基（ml）	1.9	1.0	1.0	1.0	1.0	1.0	1.0	1.0	1.0	1.0
青霉素液（ml）	0.1	1.0	1.0	1.0	1.0	1.0	1.0	1.0	1.0	弃去
青霉素浓度（U/ml）	5	2.5	1.25	0.63	0.31	0.16	0.08	0.04	0.02	0

【结果】　确定无细菌生长的最高药物浓度稀释管，该管的浓度即为该菌对此药物的敏感度，即 MIC。

（二）琼脂稀释法

【原理】　琼脂稀释法敏感实验是将不同剂量的抗菌药物，分别加入溶解并冷却至 45℃的定量琼脂培养基中，混匀，制成无菌平板，即为所含药物浓度递减的培养基。接种幼龄菌于该培养基上，经培养后观察被检菌的生长情况，抑制细菌生长的最低药物浓度为该抗生素对该菌的最低抑菌浓度。

【材料】

1. 菌种　金黄色葡萄球菌菌液（10^8CFU/ml）。

2. 培养基　水解酪蛋白（M-H）琼脂培养基（M-H 肉汤 1000ml，调 pH 至 7.4 后，加入 17g 琼脂，分装后 103.425kPa 高压灭菌 15min 备用）。

3. 抗菌药物原液。

4. 麦克法兰比浊管　校正待检菌浓度用。

5. 其他　无菌培养皿（90mm）、移液器、恒温培养箱等。

【方法】

1. 制备含药琼脂平板：将抗菌药物原液倍比稀释，取无菌培养皿（90mm），分别加各个浓度的抗生素 2ml 于其中，再加入 45℃M-H 琼脂培养基 18ml，充分混匀，冷却凝固（接种前平板必须干燥）。

2. 取已校正浓度的待检菌液（10^8CFU/ml）接种于含药琼脂平板的表面，操作时从抗生素浓度最低的琼脂平皿种起（现多应用多点接种器于水平台上对平板逐个接种，一次可接种 37 株菌），使每滴约 2μl 菌液，每一接种点的液滴直径为 5～8mm，注意勿使移动，待接种点干燥后，再将平板翻转，置于恒温培养箱内 35℃孵育 16～24h 观察结果。

【结果】 不出现菌落的琼脂平板上的最低药物浓度为其最低抑菌浓度。结果可用药物的浓度报告。若超过抑菌终点仍有数个明显菌落，应考虑实验菌的纯度而予以复试，如仅为单个菌落，可予以忽略。在判定时应注意：①薄雾状生长不计入；②菌落＜5 个不计入；③若在数个平板上呈拖尾或跳管生长等现象，应该重做。

【注意事项】 培养基的质量、接种菌量、抗菌药物的配制、实验操作质量、孵育条件、观察结果的时间等因素都会对稀释法的结果有所影响。

三、E 实 验

【原理】 E 实验（E test）是一种定量的抗菌药物药敏测定技术。此实验是稀释法和扩散法原理的结合产物，可用于在琼脂培养基上判定某抗菌药物对微生物的最低抑菌浓度（MIC），用 μg/ml 表示。E 实验能用连续的 MIC 数值直接对抗菌药物的药敏定量。由于 E 实验 MIC 值都来自一个预先制备且连续的抗菌药物浓度梯度，因此它们较常规基于不连续的对倍稀释法所获取的 MIC 值更精确。尽管 E 实验的操作与纸片扩散法相似，但它又不同于常规纸片法，表现在预先形成的稳定的抗菌药物浓度梯度的使用。

E 试条由一个 60mm×5mm 大小的非活性的无孔塑料试条构成。试条的一面标有以 μg/ml 为单位的 MIC 判读刻度。此面柄端的双字母代码用于表示抗菌药物的种类，试条的另一面固定有一个预先制备好的干燥而稳定的指数浓度梯度的抗菌药物，此梯度与反面判读刻度相对应，向下端浓度渐低（图 2-6-1）。根据不同的抗菌药物，其梯度可覆盖一个从 0.002～32μg/ml 或 0.016～256μg/ml 或 0.064～1024μg/ml 的连续浓度范围。这个范围与常规 MIC 法的 15 个对倍稀释浓度相对应。

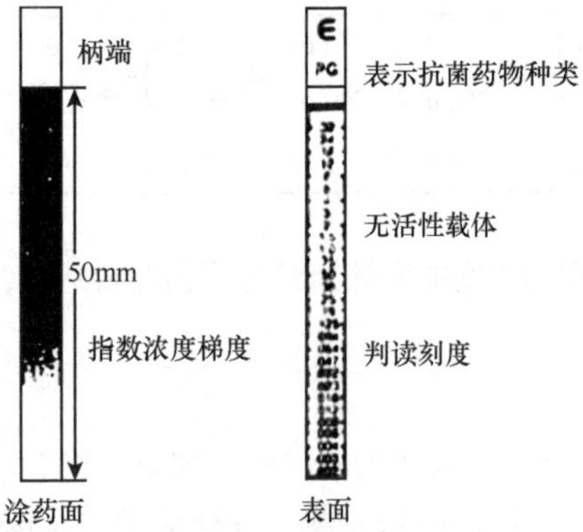

图 2-6-1 E 实验用纸条示意

当 E 试条被放置在一个已接种细菌的琼脂平板上时，其载体上的抗菌药物迅速且有效地释放入琼脂介质，从而在试条下方马上建立了一个抗菌药物浓度的连续指数梯度。经过孵育后，细菌的生长清晰可辨，即可见一个以试条为中心的对称椭圆抑菌圈。椭圆边缘与试条的交界处刻度（以 μg/ml 为单位）即为 MIC 值。

【材料】

1. 接种物的制备 从孵育过夜的琼脂平板挑取一定数量的单个菌落，用无菌生理盐水稀释，使液体乳化并达到正确的接种浊度。需氧菌要用 0.5 号麦克法兰比浊管浊度；厌氧菌在制备过程中极易死亡，要用 1 号麦克法兰比浊管浊度。应定期进行菌落计数以验证实验用的方法能否达到正确的接种物浓度。

2. 培养基 使用恰当琼脂平板，厚度（4±0.5）mm，所需培养基与添加物随受试菌不同各异。

3. 制作用于 E 实验的加样模板 按图 2-6-2A 所示的模板，可将 4～6 个不同药物 E 试条放到 150mm 平板上。只做单一抗菌药物 MIC 测定时，按图 2-6-2B 在 90mm 平板上放 1～2 个 E 试条。对非常敏感菌株，每平板的试条数应相应减少。

4. 其他 无菌拭子、镊子、恒温培养箱等。

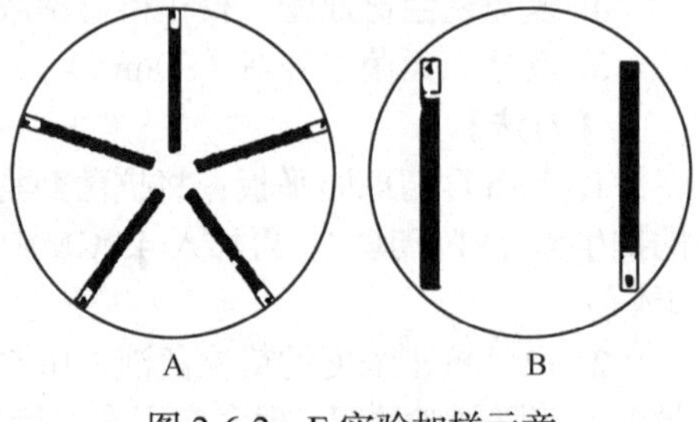

图 2-6-2 E 实验加样示意

【方法】

1. 接种 用无菌拭子蘸取菌悬液后，沿管壁旋转挤压，去除多余菌液，涂布整个琼脂表面3次，每次约旋转平板90℃以确保接种菌量均匀。停放10～15min让琼脂表面菌液吸收，以保证加试条前琼脂表面完全干燥。

2. 加样 要确保加试条前已接种的琼脂平板完全干燥。使用模板垫在平板下以准确定位试条所在平板的位置。用镊子（夹住试条的柄端即标有E的区域）将试条放在已接种细菌的平板表面，记住试条标有MIC刻度面朝上，且浓度最高端要靠近平板边缘，试条全长应与琼脂表面紧密接触。必要时，可用镊子轻压试条以驱赶其下方的气泡，并且总是从浓度最小端向上驱赶气泡。试条下方的小气泡往往不影响实验结果。一旦放好，切勿再移动试条，因为抗菌药物在瞬间已扩散进入琼脂。

3. 孵育 放好试条的平板可立即孵育，孵育温度与环境一定要适于受试菌的生长。

【结果】 达到要求的孵育时间且细菌生长清晰可辨时，即可在椭圆形的抑菌圈与E试条的交界处读取MIC值。当细菌沿整个试条生长即无可见抑菌圈时，MIC应报告为大于读数刻度的最高值。当抑菌椭圆圈伸至试条下方，即环的边缘与试条无交点时，MIC应报告为小于读数刻度的最低值（图2-6-3）。

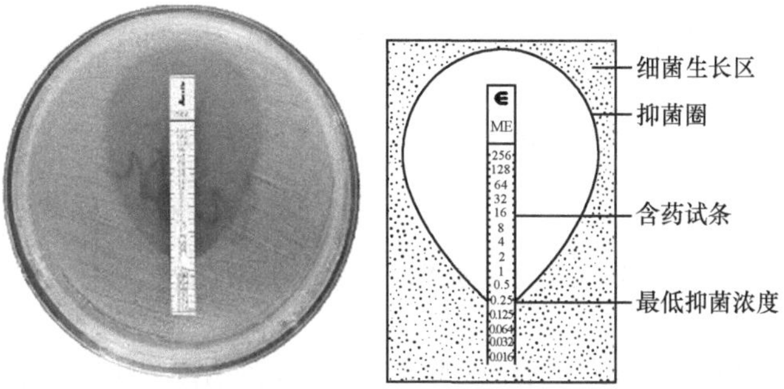

图2-6-3 E实验结果图及判定示意

（莆田学院 伦永志）

实验七 细菌的遗传与变异

细菌在一定的环境条件下，性状相对稳定，能传给后代，维持其种属的生物学性状，称为细菌的遗传性。细菌由于内、外因素影响引起遗传物质变化而导致子代细菌的生物学性状发生改变，称为细菌的变异性。遗传和变异是细菌或其他微生物的基本特性之一。研究细菌的变异性，在诊断、治疗和预防工作中有重要的实践意义。

一、细菌变异现象的观察

细菌变异现象很多，有形态、荚膜、鞭毛、菌落、毒力、耐药性等变异。这些变异有的在短时间内发生；有的则需要经过一个相当长的时期才能形成。

（一）鞭毛变异

【原理】 石炭酸具有表面活性剂和使蛋白质变性的双重作用，当浓度低时，可使细胞浆膜损伤，引起鞭毛发育受阻。以此设计实验，在普通琼脂平板培养基上点种变形杆菌，培养后，变形杆菌可在点种处呈同心轮纹状向外扩散生长，但如果将变形杆菌培养在含有0.1%石炭酸琼脂平板培养基上时，则因鞭毛的生长受阻，失去运动性，不能向周围生长。

【材料】

1. 菌种　普通变形杆菌的琼脂斜面 18～24h 培养物。

2. 培养基　普通培养基平板，0.1%石炭酸琼脂平板培养基。

3. 其他　接种针、酒精灯、恒温培养箱等。

【方法】

1. 分别在普通琼脂平板和 0.1%石炭酸琼脂平板的边缘四端点种变形杆菌，勿将细菌划开。

2. 恒温培养箱 37℃孵育 24h 后观察菌落有无迁徙现象。

【结果判定】　在普通琼脂平板出现迁徙现象，而在 0.1%石炭酸琼脂平板上无迁徙现象。

（二）细菌的 L 型变异

【原理】　在某些理化因素及生物因素（抗生素、抗体、补体、溶菌酶等）作用下，细菌细胞壁肽聚糖结构被直接破坏或合成受到抑制，会形成细胞壁缺损的细菌 L 型。革兰氏阳性菌细胞壁缺失后，原生质仅被一层胞质膜包绕，称为原生质体；革兰氏阴性菌肽聚糖层受损后还有外膜保护，称为原生质球。细菌 L 型因细胞壁缺陷，在低渗环境中，菌体会裂解死亡，但在高渗环境中仍能存活，生长缓慢，形成“油煎蛋”样典型菌落，也可形成颗粒状或丝状菌落。

【材料】

1. 菌种　金黄色葡萄球菌 18～24h 肉汤培养物。

2. 培养基　细菌 L 型平板。

3. 其他　苯唑西林药敏纸片（40μg/片）、镊子、无菌棉签、革兰氏染液、细胞壁染液、酒精灯、恒温培养箱等。

【方法】

1. 用无菌棉签浸入金黄色葡萄球菌肉汤培养物中，蘸取菌液，并将棉签在试管壁上轻轻挤压去除多余的菌液。

2. 用棉签反复交叉密涂于细菌 L 型平板培养基上，以便生长出均匀的菌苔。

3. 用无菌的小镊子取苯唑西林药敏纸片贴于平板表面上，并轻轻按压贴紧。

4. 置于恒温培养箱 37℃培养 2～7 天。

5. 低倍镜下逐日观察纸片周围抑菌圈内有无“油煎蛋”样菌落出现。

6. 挑取细菌 L 型及原菌，分别做革兰氏染色及细胞壁染色对比，油镜下观察细菌形态、染色性及细胞壁的变化。

【结果判定】　低倍镜下逐日观察苯唑西林药敏纸片周围抑菌圈内可出现“油煎蛋”样菌落。革兰氏染色油镜下观察细菌 L 型呈多形态型，如圆球体、长丝体或环形等。细胞壁染色后，镜下可见细胞壁出现不同程度的缺陷。

【注意事项】　低倍镜下观察细菌 L 型菌落时，注意不要让镜头接触菌落，避免污染镜头。

（三）细菌的菌落变异

【原理】　在固体培养基中细菌的菌落可呈现不同的形态，其中一种为光滑型（S 型）菌落，该菌落表面光滑、湿润、边缘整齐；另一种为粗糙型（R 型）菌落，菌落表面粗糙、干燥、边缘不整齐。细菌在人工培养多次传代后，其菌落可能会由 S 型变为 R 型，称之为 S-R 变异。S-R 变异是典型的菌落变异类型，主要是细菌失去脂多糖（LPS）的特异多糖或失去荚膜引起的。大肠埃希氏菌在含 0.1%石炭酸琼脂平板上连续传代培养后，会发生菌落的 S-R 变异。

【材料】

1. 菌种　S 型大肠埃希氏菌 18～24h 肉汤培养物。

2. 培养基　0.1%石炭酸琼脂平板、普通营养琼脂平板。

3. 其他　接种环、酒精灯、恒温培养箱等。

【方法】

1. 将 S 型大肠埃希氏菌划线接种于 0.1%石炭酸琼脂平板上，连续传 6 代，可获得 R 型菌落。

2. 将 S 型和 R 型菌落的大肠埃希氏菌分别划线接种于 2 个普通营养琼脂平板，37℃孵育 24h 后观察菌落特征。

【结果判定】 S 型大肠埃希氏菌在普通营养琼脂平板上菌落为表面光滑、湿润、边缘整齐的 S 型菌落；诱导后的 R 型大肠埃希氏菌在普通营养琼脂平板上菌落为表面粗糙、干燥、边缘不整齐 R 型菌落。

二、转 化 实 验

【原理】 细菌的转化为受体菌直接获取外源基因的过程，是分子生物学研究中非常重要的技术。基因的转化需要一定的条件：①细菌在摄取外源性 DNA 时需处于感受状态，如肺炎链球菌的感受态是在其对数生长期的后期，持续约 40min；②细菌的种类与能否摄入外源性 DNA 有关，大多数细菌不能自然摄入外源性 DNA，大肠埃希氏菌在低温条件下经 Ca^{2+}处理或用电转染法，可改变细胞膜的通透性，使质粒 DNA 分子易于进入细胞内，并随细菌细胞的分裂而复制，使细菌的遗传特性改变。

本实验通过 $CaCl_2$ 溶液对特定的大肠埃希氏菌处理，制备感受态的细菌。当质粒与这些大肠埃希氏菌混合后，质粒黏附在大肠埃希氏菌的表面，在 42℃时，大肠埃希氏菌出现热休克，质粒可通过大肠埃希氏菌细胞膜上形成的空隙进入菌体内。随后，加入卢里亚-贝尔塔尼（LB）培养液，于 37℃振动培养复苏细菌后，涂布于含有该质粒携带抗生素基因的抗生素平板上，敏感菌被抑制，表达质粒编码的抗生素抗性基因的细菌被筛选出来。

【材料】

1. 质粒与菌种 pET32a 质粒、大肠埃希氏菌 DH5α。

2. 培养基 LB 液体培养基、LB 固体培养基。

3. 其他 100mg/ml 氨苄西林（ampicillin）储存液、0.1mol/L $CaCl_2$ 溶液、恒温摇床、台式低温离心机、恒温水浴锅、超净工作台、无菌培养皿、微量移液枪、Ep 管、L 形玻璃管等。

【方法】

1. 感受态细菌的制备

（1）取 3ml 经 37℃4h 振荡培养的大肠埃希氏菌 DH5α LB 液体培养物置于离心管内，4℃ 5000r/min 离心 3min，弃上清。

（2）加入 1ml 冰预冷的 0.1mol/L $CaCl_2$，轻轻悬浮沉淀的菌体，4℃ 5000r/min 离心 3min，弃上清，重复 2 次。

（3）再将沉淀菌体悬浮于 400μl 冰预冷的 0.1mol/L $CaCl_2$ 溶液中，置于 4℃冰箱过夜备用，即为感受态细菌。

2. 质粒的转化

（1）取 50μl 制备好的感受态细菌，于无菌的 Ep 管中，再加入 3μl pET32a 质粒，放在冰上孵育 30min。

（2）将上述 Ep 管放置于 42℃水浴，热激 90s（注意：勿摇动离心管）。取出再冰浴 2～3min。

（3）吸取 500μl 的 LB 液体培养基加入上述 Ep 管中，37℃振荡培养 1h，使细菌复苏。

（4）取已经溶解的 LB 固体培养基 50ml，加入 50μl 氨苄西林（使培养基中氨苄西林终浓度为 100μg/ml），混匀后，倒入 2 个灭菌培养皿中，制成选择性平板。

（5）取 100μl 转化菌液加到选择性平板上，用无菌 L 形玻璃棒涂匀，放在恒温培养箱 37℃培养过夜，观察结果。以没有转化的大肠埃希氏菌 DH5α 作阴性对照。

【结果判定】 转化 pET32a 质粒后的大肠埃希氏菌 DH5α 在含有氨苄西林的 LB 琼脂平板上

生长，有菌落出现。未转化大肠埃希氏菌 DH5α 在含有氨苄西林的 LB 琼脂平板上不生长，无菌落出现。

【注意事项】

1. 在制备感受态及转化实验操作过程中，注意动作要轻柔，因为细菌在高浓度 $CaCl_2$ 溶液中十分脆弱，剧烈操作会损害感受态细菌。

2. 利用氨苄西林抗性筛选转化子时，用转化细胞铺平板的密度要低（90mm 平板上不得超过 10^5 个菌落），同时 37℃培养不应超过 20h，具氨苄西林抗性的转化体可将 β-内酰胺酶分泌到培养基中，迅速灭活菌落周围的抗生素，从而导致对氨苄西林敏感的卫星菌落的出现。

三、R 质粒的接合传递实验

细菌质粒能通过接合传递遗传信息诱发变异。抗生素耐药性有关的 R 质粒在肠道杆菌中广泛存在，可通过菌株之间的接合而传递。

【原理】 R 质粒即抗药质粒，广泛存在于多种革兰氏阳性菌和革兰氏阴性菌中，其介导的耐药性传播在临床上占有非常重要的地位。不同细菌间可通过接合方式传递细菌的耐药性。本实验应用具有氯霉素抗药质粒的痢疾志贺菌作为供体菌，具有利福平抗药质粒并同时对氯霉素敏感的大肠埃希氏菌作为受体菌，通过实验结果发现：由于供体菌与受体菌间的接合，供体菌的氯霉素抗药质粒转给了受体菌，使后者能在 LB 选择培养基上生长出菌落；供体菌和受体菌不经过接合，在选择性培养基上均不呈现菌落。

【材料】

1. 菌种 供体菌为多重耐药的痢疾志贺菌 D15（耐氯霉素、耐链霉素、耐四环素）、受体菌为大肠埃希氏菌 C600（耐利福平）。

2. 培养基 LB 液体培养基、LB 琼脂平板（含 20μg/ml 氯霉素和 100μg/ml 利福平）。

3. 其他 接种环、酒精灯、恒温培养箱等。

【方法】

1. 活化供体菌和受体菌 将供体菌和受体菌分别接种于不含抗生素的 1ml LB 液体培养基中。37℃培养 6h 备用。

2. 接合 分别取已活化的供体菌和受体菌各 20μl，加入 500μl LB 液体培养基中，混匀，37℃接合孵育 3h，得到接合菌。

3. 接合菌的检出 分别取供体菌、受体菌和接合菌 50μl，均匀涂布于含 20μg/ml 氯霉素和 100μg/ml 利福平的 LB 琼脂平板上，然后 37℃培养 18～24h，观察结果。

【结果判定】 在含氯霉素和利福平的 LB 平板上，供体菌和受体菌均不生长，只有接合菌可见菌落生长。

【注意事项】

1. 注意生物安全，防止多重耐药致病菌株的感染和扩散。

2. 先对供体菌和受体菌进行活化，可提高接合效率。

（大连大学 张庆镐 王云华）

实验八 细菌的毒素检测

许多致病性细菌在生长繁殖过程中可产生外毒素；另有革兰氏阴性菌细胞裂解后产生能引起机体发热反应的物质（细胞壁成分）——内毒素。实验室及临床对内毒素、外毒素的检测具有重要意义。

一、细菌外毒素对机体的毒性作用及抗毒素的体内中和作用

外毒素是许多革兰氏阳性细菌和少数革兰氏阴性细菌在生长繁殖过程中产生的。外毒素不耐热，毒性作用强，而且对组织器官有高度的选择性，其作用方式和致病机制复杂多样。细菌外毒素对机体的毒性作用，可被相应抗毒素所中和。对有免疫力或事先给予被动免疫的动物，以同样剂量的毒素注射时，动物不产生中毒症状。而未进行被动免疫的动物可因中毒而死亡。

【原理】 破伤风梭菌产生的外毒素又称破伤风痉挛毒素，是一种神经毒素。该毒素对神经细胞有高度亲和力，能阻止抑制性神经介质 γ 氨基丁酸和甘氨酸的释放，使运动神经元持续性兴奋，骨骼肌发生强直性痉挛而出现牙关紧闭、角弓反张等典型症状，严重时可死亡。

【材料】

1. 小白鼠。

2. 破伤风梭菌培养 48h 的滤液（含外毒素）、破伤风抗毒素、庖肉培养基。

3. 无菌 1ml 注射器、酒精棉球、台式离心机、恒温培养箱等。

【方法】

1. 将破伤风梭菌接种于庖肉培养基，恒温培养箱 37℃培养 48h，吸取上清液，3000r/min 离心 30min，弃去沉渣。临用时按 1∶100 进行稀释。

2. 实验组：取小白鼠 1 只，于一侧后腿肌内注射破伤风梭菌滤液 0.2～1.0ml。

3. 对照组：另取 1 只小白鼠，于一侧肌内注射破伤风抗毒素 100U，30min 后，于另一侧肌内注射 0.2～1.0ml 破伤风梭菌培养滤液。

【结果】 发病小白鼠常表现不活泼、竖毛、肌肉痉挛，注射侧后腿及尾巴强直性痉挛，继而延及全身，动物全身痉挛，于 2～3 天死亡，此为毒力实验阳性。对照组小白鼠仍健康存活。

【注意事项】

1. 破伤风梭菌培养物过滤后需经稀释再注射，否则小鼠很快死亡，无法观察后肢及尾的痉挛。

2. 破伤风梭菌培养液外毒素毒性很强，微量毒素即可引起动物致死或人致病，故用注射器吸取毒液及注射时应仔细操作，避免受伤。

二、内毒素的检测——鲎实验

内毒素是革兰氏阴性细菌细胞壁的脂多糖成分，当细菌死亡裂解后释放出来，内毒素耐热，毒性作用相对外毒素较弱，且致病作用基本相似，可引起发热反应、血压下降、弥散性血管内凝血（DIC）、微循环障碍、休克等。

【原理】 鲎是一种海洋节肢动物，血液中含有一种变形细胞，此细胞的裂解物可与微量细菌内毒素起凝胶反应，即细胞裂解物中的一种酶被内毒素激活，使其裂解物中蛋白质形成凝胶。鲎实验具有快速、简便、灵敏等优点。常用来检测注射制剂、生物制品、脑脊液、血液等标本中的内毒素。鲎实验可测出微量内毒素（0.1～1.0ng/ml）。

【材料】

1. 鲎试剂（即鲎变形细胞裂解物、冻干制品装于安瓿内）。

2. 待测品（血液、细菌培养上清液或注射剂等）。

3. 标准内毒素（大肠埃希氏菌内毒素含量 100ng/ml）、无菌蒸馏水。

4. 无菌吸管、水浴箱等。

【方法】

1. 打开 3 支鲎试剂安瓿，各加入 0.1ml 无菌蒸馏水使之溶解，同时编号①、②、③。

2. 待溶解后于①、②、③安瓿中分别加待测品、标准内毒素、无菌蒸馏水各 0.1ml。

3. 轻轻摇匀后，垂直置于 37℃水浴中，15～30min 后取出观察有无凝固。

【结果判定】

＋＋：形成牢固凝胶，倒持安瓿凝胶不动。

＋：形成凝胶，但不牢固，倒持安瓿凝胶能动。

–：不形成凝胶。

凡结果阳性者表示内毒素阳性。

【注意事项】

1. 进行实验时要同时设置阴性对照和阳性对照。本实验②为阳性对照，③为阴性对照。

2. 鲎实验无特异性，不能区别检出内毒素来自何种革兰氏阴性菌。

（山西医科大学汾阳学院　游荷花）

实验九　API 细菌鉴定系统

API（Analytic Products INC）是细菌数值分类的分析鉴定系统。该系统可鉴定的细菌超过 550 种，是世界范围内应用最广、鉴定细菌种类最多、最受微生物学家推崇的国际标准化产品。

API 20E 是肠杆菌科和其他非苛养革兰氏阴性杆菌的标准鉴定系统，包括 20 个标准化的微型生化测试和鉴定资料库。API 20E 实验条由 20 个含干燥底物的小管所组成，一共是 20 种生化反应，再加上手工操作的氧化酶实验。这些测定管用细菌悬浮液接种培养一定时间后通过代谢作用产生颜色的变化或是加入试剂后变色而观察其结果，根据说明表判读反应，参照分析图索引或使用鉴定软件得到鉴定结果。

【原理】　20 种生化反应原理分别如下。

1. 邻硝基苯-半乳糖苷(ONPG)酶实验　有些细菌可产生 β-半乳糖苷酶，可分解邻硝基苯-β-D-半乳糖苷（ONPG）。ONPG 无色，经 β-半乳糖苷酶水解后，可生成黄色的邻硝基酚。因此变黄为阳性，不变色为阴性。

2. 精氨酸（ADH）双水解酶实验　某些细菌能产生精氨酸水解酶，先水解精氨酸生成瓜氨酸和氨，再水解瓜氨酸生成鸟氨酸、氨和二氧化碳。因此使培养基呈碱性，使酚红指示剂变红，不变色为阴性。用于阴沟肠杆菌（阳性）和产气肠杆菌（阴性）的鉴别（氨基酸分解过程是在厌氧环境中进行的，所以要加盖液体石蜡造成厌氧环境）。

3. 赖氨酸脱羧酶（LDC）实验　某些细菌能产生赖氨酸脱羧酶，可以将赖氨酸脱羧生成胺和二氧化碳，因此使培养基呈碱性，变成紫色（溴甲酚紫指示剂）。用于鉴别产气肠杆菌（阳性）与阴沟肠杆菌（阴性）。

4. 鸟氨酸脱羧酶（ODC）实验　某些细菌产生鸟氨酸脱羧酶，将鸟氨酸脱羧生成胺和二氧化碳，因此使培养基呈碱性，变成紫色（溴甲酚紫指示剂）。用于鉴别阴沟肠杆菌（阳性）和克雷伯菌（阴性）。

5. 柠檬酸盐（CIT）利用实验　当柠檬酸盐作为唯一的碳源，某些细菌能利用此碳源而分解柠檬酸盐产生碳酸盐，而使培养基呈碱性，由浅绿色变成深蓝色。肠杆菌科中：沙门菌属、克雷伯菌属、黏质沙雷菌和液化沙雷菌及某些变形杆菌、枸橼酸杆菌阳性；而埃希氏菌属、志贺菌属、爱德华菌属和耶尔森菌属均为阴性。

6. 硫化氢（H_2S）实验　某些细菌能分解培养基中的含硫氨基酸（如胱氨酸、半胱氨酸）生成硫化氢，遇铅或亚铁离子生成黑色硫化物；或者还原培养基中含硫化合物而产生硫化氢，与二价铁生成黑色的硫化亚铁。若为阴性，则不产生黑色沉淀。肠杆菌科中沙门菌属、爱德华菌属、枸橼酸杆菌属和变形杆菌属细菌，绝大多数硫化氢实验阳性，其他菌属阴性。

7. 脲酶（URE）实验　某些细菌能产生脲酶分解尿素，产生大量的氨使培养基变为碱性，使酚红指示剂变红为阳性，不变为阴性。奇异变形杆菌和普通变形杆菌、雷极普罗威登斯菌和摩根菌为阳性，沙门菌、斯氏普罗威登斯菌和产碱普罗威登斯菌为阴性。

8. 苯丙氨酸脱氨酶（TDA）实验　某些细菌可产生苯丙氨酸脱氨酶，使苯丙氨酸脱去氨基，形成苯丙酮酸和游离的氨，加入三氯化铁试剂与苯丙酮酸螯合后产生绿色反应。因此加入 10%三氯化铁试剂出现绿色为阳性。主要用于鉴定变形杆菌属、摩根菌属和普罗威登菌属细菌，其均为强阳性；肠杆菌科中其他细菌均为阴性。

9. 乙酰甲基甲醇（VP）实验　某些细菌如产气肠杆菌，分解葡萄糖产生丙酮酸，丙酮酸进一步脱羧形成乙酰甲基甲醇。在碱性条件下，乙酰甲基甲醇被氧化成二乙酰，进而与培养基中的精氨酸等含胍基的物质结合形成红色化合物，为实验阳性。

10. 明胶（GEL）液化实验　某些细菌具有明胶酶（亦称类蛋白水解酶），蛋白水解酶的作用是使不能吸收的蛋白质变为可以透入菌体的多肽或氨基酸，这种酶主要为胞外酶，能将明胶先水解为多肽，再进一步水解为氨基酸，失去凝胶性质而液化，让反应孔内的黑色物质扩散，而呈阳性反应。变形杆菌、芽孢杆菌、梭菌等具有很强的胞外酶活性。

11. 吲哚（IND）实验　某些细菌能够分解色氨酸生成吲哚，吲哚与试剂中的对二甲氨基苯甲醛生成玫瑰吲哚，变成红色，为阳性反应。

12. 葡萄糖（GLU）发酵实验　某些细菌发酵葡萄糖，产酸，培养基变黄为阳性反应。

13. 甘露醇（MAN）发酵实验　某些细菌发酵甘露醇，产酸，培养基变黄为阳性反应。

14. 肌醇（INO）发酵实验　某些细菌发酵肌醇，产酸，培养基变黄为阳性反应。

15. 山梨醇（SOR）发酵实验　某些细菌发酵山梨醇，产酸，培养基变黄为阳性反应。

16. 鼠李糖（RHA）实验　某些细菌发酵鼠李糖，产酸，培养基变黄为阳性反应。

17. 蔗糖（SAC）发酵实验　某些细菌发酵蔗糖，产酸，培养基变黄为阳性反应。

18. 密二糖（MEL）发酵实验　某些细菌发酵密二糖，产酸，培养基变黄为阳性反应。

19. 苦杏仁苷（AMY）发酵实验　某些细菌发酵苦杏仁苷，产酸，培养基变黄为阳性反应。

20. 阿拉伯糖（ARA）实验　某些细菌发酵阿拉伯糖，产酸，培养基变黄为阳性反应。

【材料】

1. 菌种　肠杆菌属培养物。

2. 培养基　API M 培养基、API OF 培养基、麦康凯琼脂平板。

3. 试剂　无菌生理盐水、液体石蜡、TDA 试剂、吲哚试剂、VP 试剂 1 号和 2 号、NIT 试剂 1 号和 2 号、锌粉及氧化酶试剂等。

4. 其他　API 20E 实验条、培养盒和盖子、0.5 号麦克法兰比浊管、无菌试管、接种针、接种环、酒精灯、恒温培养箱、API 20E 分析图索引或 APILAB Plus 软件等。

【方法】

1. 实验条的准备　准备一个培养盒，在盒子中加入 5ml 纯水，建立一个湿润的环境。将 API 20E 实验条放入盒子中。

2. 菌液的制备　打开一悬浮基物安瓿或取一个装有无菌生理盐水的试管。用接种针从分离物的平板上挑取单个分纯菌落在生理盐水中混匀，制成一个 0.5 号麦克法兰标准浑浊度的菌悬液。

3. 板条的接种

（1）用吸管将菌悬液充满 CIT、VP 和 GEL 管的管部和杯部（加满）。

（2）其他管仅充满管部（非杯部）。

（3）ADH、LDC、ODC、H_2S 和 URE 管用液体石蜡覆盖以形成厌氧环境。

4. 培养　盖上培养盒，35～37℃孵育 18～24h。

5. 氧化酶实验

（1）在玻片上放上滤纸片。

（2）在滤纸上滴 1 滴生理盐水。

（3）用接种环取一个菌落涂在滤纸上。

（4）加 1 滴氧化酶试剂。

（5）如于 1～2min 呈现深紫色，则为阳性反应。

【结果】

24h 后，参照生化反应表读数，并记录所有自然发生的反应。

1. 如果葡萄糖是阳性和（或）3 个或 3 个以上测定是阳性，加如下试剂观察结果。

TDA 实验：加 1 滴 TDA 试剂，深褐色为阳性反应。

IND 实验：加 1 滴吲哚试剂，反应立即发生，出现粉红色为阳性反应。

VP 实验：加 1 滴 VP 1 号和 1 滴 VP 2 号试剂，至少等待 10min，出现浅粉或红色表示为阳性结果，如浅粉红色在 10～12min 出现判断结果为阴性。

NO_2实验：各加 1 滴 NIT 1 号和 NIT 2 号试剂于葡萄糖管内，待 2～3min 后，出现红色表示阳性。阴性反应（黄色）可能由于被还原至 N_2（有时还有气泡），还需要加 2～3mg 锌粉到该葡萄糖管中，5min 后，如果管保持黄色表示阳性，如果变为粉红色，表明是阴性。

2. 如果葡萄糖是阴性，并且阳性测定的数目少于或等于 2 个，先不加试剂，继续如下几个项目。

（1）接种 2 个 API OF 培养基证实葡萄糖的代谢类型。

（2）划一个麦康凯琼脂平板。

（3）接种 1 个 API M 培养基测定运动性或用显微镜直接观察。

（4）重新培养 24h；如上述加试剂，记录实验条和补充实验的结果于报告单中。

3. 查找结果

（1）把板条中的反应编成数字代码后在 APILAB Plus 软件查出菌种。每 3 个测定为一组，每个以 1、2 和 4 标明，在每组中，阳性反应以相应的数字相加，阴性反应为 0，由 API 20E 的 20 个测定可得一个 7 位数。氧化酶反应构成其第 21 个反应，如阳性则为 4。

（2）有时，7 位数检索编码还不足以区分菌株，需要进行一些补充实验：硝酸盐（NO_3^-）还原到亚硝酸盐（NO_2^-）、亚硝酸盐还原到氮（N_2）、运动性（MOB）、在麦康凯培养基上的生长、葡萄糖氧化型（OF-O）、葡萄糖发酵型（OF-F）实验。

根据相同的原理，将相应的反应编码，则得到一个 9 位数的编码。

举例：5315173-57 为日勾维肠杆菌。

【注意事项】

1. 分离物的平板上挑取单个分纯菌落建议使用新鲜培养基培养。

2. 在使用前，所有附加试剂需达到室温（20～30℃）。

3. 应采用无菌操作方法并防范带传染性物质。

4. 在完成检测、判读后，所有标本、污染物及试条必须高温高压灭菌或在丢弃前浸于消毒水内杀菌。

（山西医科大学汾阳学院　游荷花）

实验十　医院感染监测

医院感染是指各类人群在医院内获得的感染。它是当今医院面临的重要问题，为了减少医院感染的发生，需对医院感染进行监测。内容包括对空气、物体表面、手及消毒液细菌的监测等。

一、空气中细菌监测

空气是一种重要的疾病传播媒介，链球菌、结核分枝杆菌、脑膜炎奈瑟菌等细菌会经飞沫进行传播，容易引发传染病。医院内，患者的排泄物和分泌物，如飞沫、痰液、脓汁和粪便等携带大量的微生物，可严重污染空气，导致医院感染的发生。所以医院应该对空气进行经常性监测，加强消毒和灭菌工作，预防医院感染的发生。

【原理】 医院感染的发生和医院空气质量密切相关，医院空气的微生物含量反映其洁净程度。本实验采用自然沉降法，对空气中细菌进行监测。

【材料】 普通营养琼脂平板、恒温培养箱等。

【方法】

1. 取用普通营养琼脂平板 3～5 个（直径 90mm），在皿底做标记。

布点：面积小于 $30m^2$ 的房间，设一对角线，在线上取 3 点，即中心 1 点，两端在距墙 1m 处各取 1 点；面积大于 $30m^2$ 的房间，设东、南、西、北、中 5 个点，其中东、南、西、北均距墙 1m。

采样高度：与地面垂直高度 80～150cm。

2. 采用自然沉降法收集细菌：将平板打开，平板盖朝下放置在平板旁，分别暴露于空气中 15min，然后盖好，倒置。并注明采样的地点和暴露的时间。

3. 将平板置 37℃恒温培养箱培养，24h 后观察结果，并计算采样平板中的平均菌落数。

【结果】 5min 内在 $100cm^2$ 面积上降落的细菌数，相当于 10L 空气中所含的细菌数。因此，可按下列公式求出每立方米空气中细菌的含量：

$$\text{菌落数}/m^3 = N \times \frac{100}{A} \times \frac{5}{T} \times \frac{1000}{10} = \frac{50\,000N}{AT}$$

其中，A 为平板面积（cm^2）；T 为平板暴露于空气中的时间（min）；N 为平均菌落数（CFU/平皿）。

【注意事项】 采样后必须尽快对样品进行检验，待检时间不得超过 6h，若样品保存于 0～4℃条件下，待检时间不超过 24h。

二、物体表面细菌监测

医院中物体表面是指医院中台面、桌面、门把手、白大衣、床单等物体的表面，需监测其微生物含量。

【原理】 暴露于自然界的不同物体，可由空气流动及人体接触等而受到细菌污染。采集常用的物体标本进行分离培养，可监测细菌数量。

【材料】

1. 培养基 普通琼脂培养基。

2. 试剂与器材 无菌生理盐水、无菌棉签、记号笔、恒温培养箱、采样管等。

【方法】

1. 将 5cm×5cm 的标准灭菌规格板置于被检物体表面，要求采用面积≥$100cm^2$，连续采样 4 个。

2. 用浸有无菌生理盐水采样液的无菌棉签 1 支，在规格板内横竖往返涂抹 5 次，并随之转动拭子，连续采样 1～4 规格面积。

3. 剪去手接触部分，将棉拭子放入装有 10ml 灭菌生理盐水的采样管内。

4. 门把手等小型物体则采用棉拭子直接涂抹物体全部表面的方法采样。

5. 将每个采样管敲打 80 次，混匀，10 倍递减稀释。

6. 对每个稀释度（取 3 个稀释度），分别取 1ml 放灭菌平皿内（每个稀释度倾注 2 块平板），将冷至 40～45℃的营养琼脂作倾注培养。

7. 置于 37℃恒温培养箱培养 24h 观察结果。取菌落数为 30～300 个的平板计数，求出平均菌数，必要时分离致病性微生物。

【结果】

1. 规则物体表面细菌总数计算方法：

$$细菌总数(CFU/cm^2)=\frac{平板上菌落平均数\times采样液稀释倍数}{采样面积(cm^2)}$$

2. 小型物体表面的结果计算方法：

$$细菌总数(CFU/件)=\frac{平板上菌落的平均数\times采样液稀释倍数}{件}$$

【注意事项】

1. 送检时间不得超过 6h，若样品保存于 0～4℃，则不得超过 24h；被采样面积＜$100cm^2$，取全部面积，被采样面积＞$100cm^2$，取 $100cm^2$；若消毒因子为化学消毒剂，采样液中应加入相应中和剂。

2. 实验结果的计算和判读：除强调认真仔细外，还应注意排除污染情况，当一个平皿计数大于 $300CFU/cm^2$ 且分布均匀时，如果要准确计数则需启用更高稀释度样本接种的培养皿，再进行计算。若菌落大于 $300CFU/cm^2$ 且集中于平皿边缘或分布极不均匀时，应考虑有污染，应将标本废弃，重新采样。

三、手细菌监测

医务人员的手也会成为重要的感染媒介，因此，手卫生及监测便成为隔断手传播感染的主要策略。

【材料】

1. 培养基 普通琼脂培养基。

2. 试剂与器材 无菌生理盐水、无菌棉签、记号笔、恒温培养箱、采样管等。

【方法】

1. 被检人五指并拢，用浸有无菌生理盐水的棉签在右手指曲面，从指尖、甲沟至指根处往返涂抹 10 次。

2. 剪去手接触部分，将棉签放入装有 10ml 灭菌生理盐水的采样管内。

3. 将每个采样管敲打 80 次，混匀，10 倍递减稀释。

4. 对每个稀释度（取 3 个稀释度），分别取 1ml 置于灭菌平皿内（每个稀释度倾注 2 块平板），将冷至 40～45℃的营养琼脂作倾注培养。

5. 置于 37℃恒温培养箱培养 24h 观察结果。取菌落数为 30～300 个的平板计数，求出平均菌数，必要时分离致病性微生物。

【结果】

1. 一般以肉眼观察，必要时用放大镜。

2. 菌数/每只手＝平板上菌落平均数×稀释倍数。

3. 每只手应≤300CFU。

【注意事项】

1. 严格按无菌操作，防止污染。

2. 注意菌液的均匀分散。

3. 取样要准确，尽量防止稀释过程中产生的误差。

4. 取样液接种于平皿后，应尽快倾注营养琼脂培养基，避免样液干于平皿上，影响结果的准确性。

四、消毒液细菌监测

为了检验使用中的消毒液与无菌保存液被细菌污染的情况，必须进行此项质控检测。

【材料】

1. 试剂与器材　中和剂（硫代硫酸钠、吐温 80、卵磷脂）、无菌生理盐水、酒精灯、记号笔、恒温培养箱、无菌试管和吸管等。

2. 培养基及其制备

（1）营养肉汤：牛肉膏 5g、蛋白胨 10g、氯化钠 5g、肉汤 1000ml。

（2）营养琼脂：营养肉汤 100ml、琼脂粉 2g，调整 pH7.2～7.4，103.425kPa，121.3℃高压灭菌 20min。

（3）含中和剂的营养肉汤

1）硫代硫酸钠营养肉汤（T）：每 100ml 营养肉汤加硫代硫酸钠 0.1g。

2）吐温 80 营养肉汤（P）：每 100ml 营养肉汤加吐温 80 1g。

3）吐温 80＋硫代硫酸钠营养肉汤（TP）：每 100ml 营养肉汤加吐温 80 3g，加硫代硫酸钠 0.1g。

4）吐温 80＋卵磷脂营养肉汤（LP）：每 100ml 营养肉汤加吐温 80 3g，加卵磷脂 0.3g。

将上述各种中和剂肉汤按 9ml/管分装，103.425kPa 121.3℃高压灭菌 20min 备用。

【方法】

1. 采样　选择待检测的消毒液，混匀，用无菌吸管吸取待检消毒液 3ml，加入无菌试管中。

2. 接种　取 1ml 样品，加入 9ml 含中和剂的营养肉汤中，混匀后中和 10min，取 1ml 置于灭菌平皿内（倾注 2 块平板），将冷至 40～45℃的营养琼脂作倾注培养，边倾注边摇匀，待培养基凝固后，翻转平皿使底朝上并做好标记。

3. 培养　（36±1）℃培养 3 天，计数菌落。

4. 致病菌检测　取中和后的待检消毒剂 1ml 左右，加入到致病菌培养基中，按致病菌的检验程序进行分离与鉴定。

【结果】　肉眼观察菌落生长情况，记录各平板菌落数，按下列公式推算出每毫升消毒液中含有的细菌数：

每毫升消毒液细菌数（CFU/ml）＝平板上菌落平均数×稀释倍数

【注意事项】

1. 操作过程注意无菌操作。

2. 根据消毒液成分确定中和剂，其目的是为了去除消毒剂的残余抑菌作用。若中和剂选择错误，则将严重影响检验结果。常用消毒剂应选用的中和剂见表 2-10-1。

表 2-10-1　化学消毒剂的常用中和剂

消毒剂	相应中和剂	浓度（%）
含氯消毒剂	硫代硫酸钠	0.2～1.0
复合含氯消毒剂	硫代硫酸钠＋吐温 80＋卵磷脂	（0.2～1.0）＋2.0＋0.3
过氧乙酸	硫代硫酸钠	0.1～0.5
过氧化氢	硫代硫酸钠＋吐温 80＋卵磷脂	（0.5～1.0）＋2.0＋0.3
碘酊、碘伏	硫代硫酸钠＋吐温 80	0.5＋2.0
甲醛	双甲酮＋吗啉	1.0＋0.6
戊二醛	甘氨酸＋吐温 80	2.0＋2.0
乙醇	吐温 80＋卵磷脂	3.0＋0.3
氯己定	吐温 80＋卵磷脂	
苯扎溴铵	吐温 80＋卵磷脂	

附：医院环境污染细菌监测的卫生学标准

1. 层流洁净手术室和层流洁净病房：空气中菌落数不超过 10CFU/m^3，物体表面和医务人员手部不超过 5CFU/m^2，而且无致病菌检出为合格。

2. 普通手术室、产房、婴儿室、烧伤病房、重症监护病房、供应室洁净区：空气中菌落数不超过 200CFU/m^3，物体表面和医务人员手部不超过 5CFU/cm^2，而且无致病菌检出为合格。

3. 儿科病房、妇产科检查室、注射室、换药室、治疗室、急诊室、供应室的清洁区、各类普通病房、化验室：空气中菌落数不超过 500CFU/m^3，物体表面和医务人员手部不超过 10CFU/cm^2，而且无致病菌检出为合格。

4. 使用中的消毒液细菌菌落数应≤100CFU/ml，不得检出致病性微生物。无菌器械保存液不得检出任何种类微生物。

（山西医科大学汾阳学院　游荷花）

实验十一　真菌的基本性状

真菌的基本形态有单细胞及多细胞两种，单细胞真菌的结构较为简单，如新生隐球菌，只由母细胞发芽而繁殖；大多数真菌为多细胞，按基本构造分为菌丝和孢子两部分，由于菌种的不同，可出现不同形式的菌丝和孢子。真菌的菌落也与一般细菌不同，真菌的形态结构和菌落的识别对于菌种的分类鉴定有重要意义。

一、真菌的形态结构观察（真菌染色）

【材料】

1. 菌种　浅部真菌（毛癣菌属、小孢子菌属、絮状表皮菌属）斜面培养物，深部真菌（白念珠菌、新生隐球菌）斜面培养物。

2. 标本　皮屑、甲屑、毛发等疑似真菌感染的标本。

3. 试剂　乳酸酚棉蓝染液、墨汁、10%～40%氢氧化钾溶液、革兰氏染液等。

4. 其他　小镊子、载玻片、盖玻片等。

【方法】

1. 革兰氏染色　适用于各种真菌的染色，方法见细菌染色方法。

2. 乳酸酚棉蓝染色　用于各种真菌培养物的染色镜检。取载玻片一片，滴加 1 滴乳酸酚棉蓝染液，将标本加入染液中，加盖玻片（加热或不加热）后镜检，真菌的菌丝和孢子被染成蓝色。

3. 墨汁染色　用于新生隐球菌及其荚膜的镜检。取载玻片一片，滴加 1 滴墨汁，将新生隐球菌或标本与其混匀，加盖玻片后镜检。

4. 不染色标本的检查

（1）标本制作：取少量皮屑、甲屑、毛发等疑似真菌感染的标本于载玻片上，滴加 1 滴 10%～40%氢氧化钾溶液，上覆盖玻片，将载玻片放在火焰上方微加热使组织或角质溶解，但切勿过热以免产生气泡或烤干。也可将盖片稍加按压，使溶解的组织分散并使其透明，吸去周围溢液避免沾污盖玻片。

（2）检查：先用低倍镜检查有无真菌菌丝或孢子，再以高倍镜检查菌丝、孢子的特征。镜检时用稍弱的光线使视野稍暗为宜。

5. 真菌形态结构的观察（示教）

【结果】

1. 白念珠菌革兰氏染色涂片　可见为革兰氏阳性着色的较大圆形菌体，可产生芽生孢子及假菌丝，出芽细胞呈卵圆形，比葡萄球菌大 2～5 倍（图 2-11-1）。

2. 新生隐球菌墨汁染色　可见此菌有明显的荚膜包围在菌体周围，透明发亮。有时可见到发芽的菌体，菌体呈球形，大小不等（图 2-11-2）。

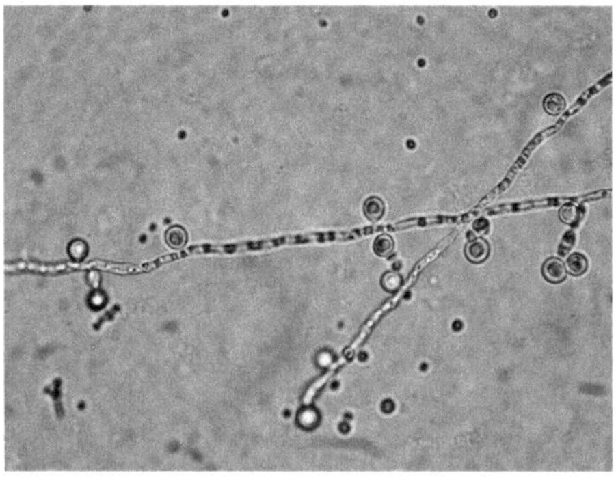

图 2-11-1　白念珠菌

图 2-11-2　新生隐球菌墨汁染色

3. 不染色标本的检查　低倍镜下菌丝呈折光性较强、绿色纤维分枝丝状体；高倍镜下，菌丝呈分隔或呈节孢子，有时菌丝末端有较粗短的关节孢子（图 2-11-3）。

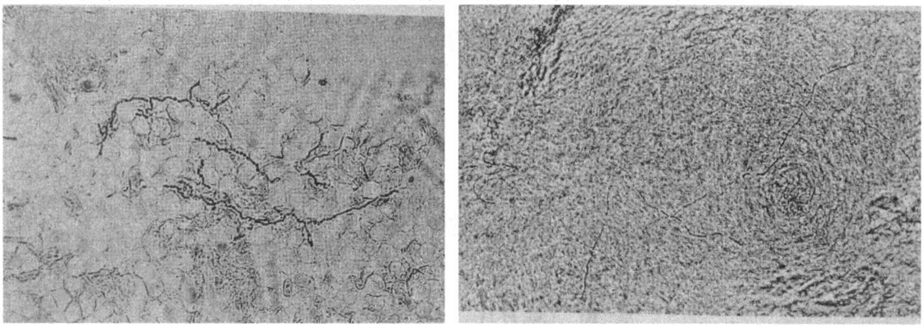

图 2-11-3　皮肤真菌不染色标本

4. 真菌形态结构的观察

（1）毛癣菌属：呈梳状、球拍状、螺旋状或鹿角状菌丝，葡萄串状或梨状小分生孢子，细长薄壁大分生孢子（图 2-11-4）。

（2）小孢子菌属：石膏样小孢子菌可见梭形、薄壁大分生孢子，有小分生孢子和结节状菌丝（图 2-11-5）。犬小孢子菌可见梭形厚壁大分生孢子，小分生孢子稀少（图 2-11-6）。

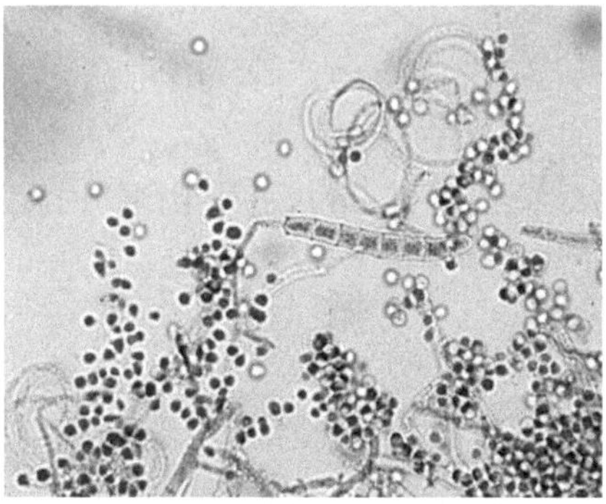

图 2-11-4　毛癣菌属

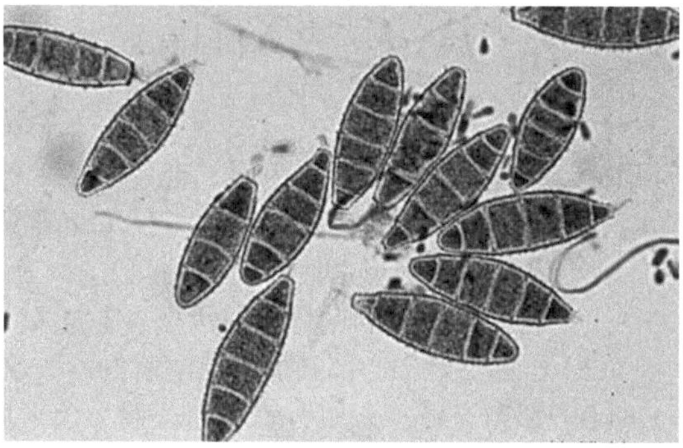

图 2-11-5　石膏样小孢子菌

（3）絮状表皮菌属：呈球拍状、卵圆形或巨大棒状薄壁大分生孢子，无小分生孢子（图 2-11-7）。

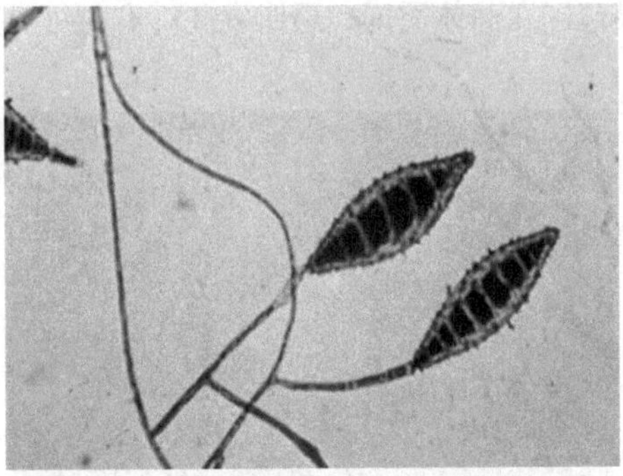

图 2-11-6　犬小孢子菌

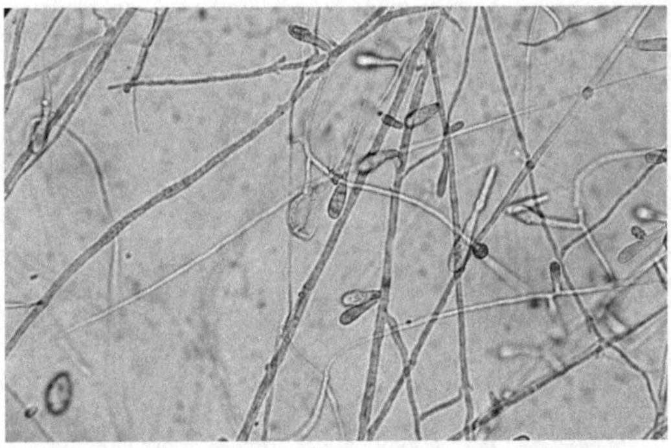

图 2-11-7　絮状表皮癣菌属

【注意事项】　为了使不染色标本涂片保持更长时间，可在氢氧化钾溶液中加入甘油，也可加入蓝色或黑色墨水，使真菌着色，镜下更易于辨认。

二、真菌的培养

真菌的培养方法很多，如试管培养法、大培养法、小培养法等。为观察真菌结构及生长发育，常采用小培养法。真菌小培养的方法很多，如玻片琼脂法、悬滴培养法、郭氏钢圈法、回形针法等。本实验以回形针法为例介绍真菌的小培养法。

【材料】

1. 菌种　浅部真菌（毛癣菌属、小孢子菌属、絮状表皮菌属）斜面培养物、深部真菌（白念珠菌）斜面培养物，皮屑、甲屑、毛发等疑似真菌感染的标本。

2. 培养基　沙氏培养基。

3. 其他　真菌专用的接种针、接种环或接种钩（用铂丝或镍丝制成），微型小铲、刀片、针头、回形针（如图 2-11-8 所示用铁丝或曲别针制成）、载玻片、盖玻片、固体蜡、70%乙醇、无菌生理盐水、酒精灯等。

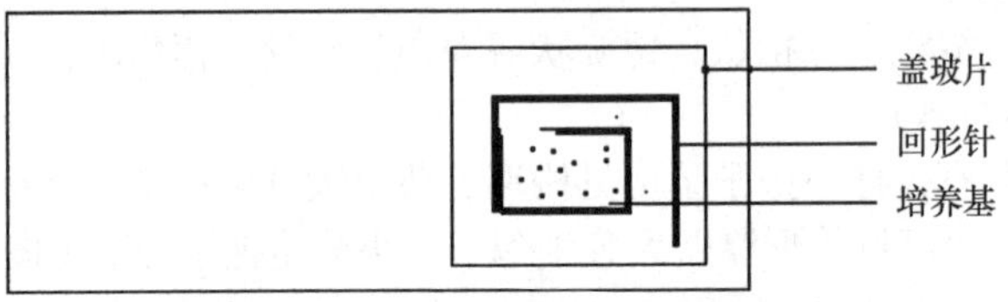

图 2-11-8　真菌小培养法（回形针法）

【方法】

1. 大培养法　将皮屑、甲屑、毛发等标本经 70%乙醇浸泡 2～3min 以杀死杂菌。用无菌生理盐水洗净后接种沙氏培养基，经 25～28℃培养数日至数周，观察菌落。

2. 小培养法（回形针法，图 2-11-8）

（1）将回形针置酒精灯加热灭菌，趁热粘蜡固定于载玻片上。

（2）于回形针中心部滴加预热溶解的沙氏培养基少许，待琼脂凝固后，将菌种接种在培养基上。

（3）上覆盖玻片，用石蜡封固，置无菌平皿内 37°C 或置室温培养。

（4）待生长后，用肉眼观察菌落特征，并可将玻片置于载玻片上，用乳酸酚棉蓝染液染色，置显微镜下观察真菌生长发育及形态、结构特征。先用低倍镜观察，再用高倍镜仔细观察。

【结果】　菌丝和孢子形态见图 2-11-9。

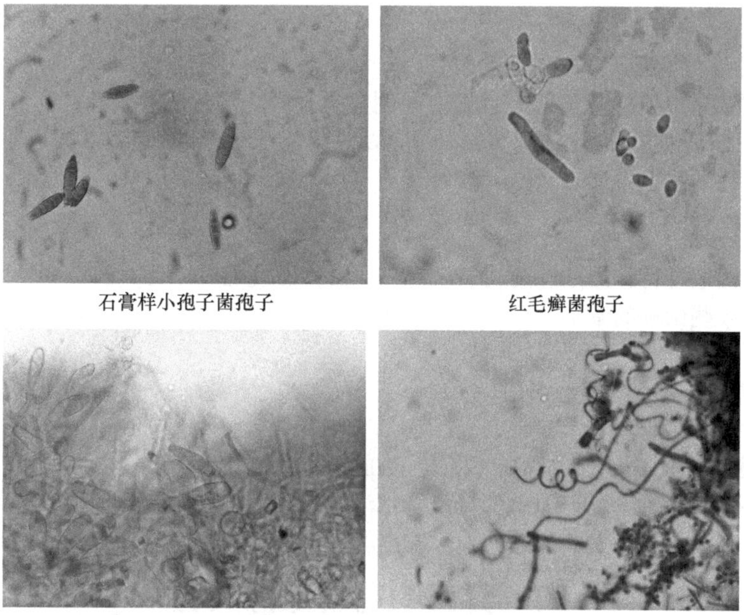

石膏样小孢子菌孢子　红毛癣菌孢子

絮状表皮癣菌孢子和菌丝　须毛癣菌菌丝和孢子

图 2-11-9　菌丝和孢子

三、真菌的生化及鉴定实验

单纯从形态结构方面难以鉴定的真菌，常采用生化实验加以鉴定和鉴别。真菌生化实验很多，主要用于鉴定菌种及某些真菌，特别是酵母菌和酵母样菌。如念珠菌属的一些常见菌种，在鉴别时应用发酵实验及同化实验有很大价值。发酵实验是利用真菌对糖类、醇类及醇苷类的发酵能力，真菌能发酵某种糖，也一定能同化这种糖。

（一）真菌的生化实验

【材料】

1. 菌种　白念珠菌，新生隐球菌。

2. 培养基　真菌用葡萄糖、麦芽糖、蔗糖发酵培养基，简易合成基础培养基，含葡萄糖、麦芽糖滤纸片（将直径 8mm 滤纸片灭菌后，吸入 20%糖溶液，放 37°C 恒温培养箱中烘干备用）。

3. 其他　无菌生理盐水、液体石蜡、固体石蜡、恒温培养箱等。

【方法】

1. 糖发酵实验

（1）分别收集新培养的沙氏琼脂培养基上的白念珠菌和新生隐球菌，用无菌生理盐水制成悬液，离心沉淀，再用无菌生理盐水反复洗涤 2～3 次，以除去菌体上的葡萄糖，最后取菌液接种于糖发酵培养基中。

（2）封蜡：将 1∶2 液体石蜡和固体石蜡混合物在 170℃ 2h 干热灭菌；使用时加热融化，用无菌滴管加入糖发酵管上层，厚度 0.5～1cm。

（3）培养：在 25℃或 37℃中培养 48～72h。

2. 同化碳源实验　将新生隐球菌制成菌悬液（1ml 无菌生理盐水加入 1 接种环菌）混入溶解并冷至 45℃左右的 20ml 简易合成基础培养基中，充分混匀，分装平皿，静止待凝。凝后放于恒温培养箱使培养基表面略干，分别贴上含糖滤纸片，然后放入 25～28℃恒温培养箱中培养 2～7 天。

3. 同化氮源实验或利用硝酸钾实验　方法与同化碳源实验相同，但需要用无氮源培养基，不加糖类，而加入硝酸钾。

【结果】

1. 糖发酵实验 发酵产酸指示剂变黄色，产气时石蜡封柱上移。

2. 同化碳源实验 在含糖滤纸片周围有一明显生长圈为同化实验阳性。

【注意事项】 在进行同化碳源实验时，应以葡萄糖作为对照，培养 24h 后对照部位无明显变化时，可在相应滤纸片上再加一滴糖溶液。

（二）毛发穿孔实验

某些皮肤癣菌通过特殊的菌丝附属器——穿孔器官而使毛发穿孔，而另一些菌种则无此穿孔器官，借此可用于某些菌种的鉴别。

【材料】

1. 菌种 须毛癣菌、红色毛癣菌。

2. 培养基 10%酵母浸膏水溶液。

3. 正常毛发 剪成 1cm 长，高压 121℃、10min 灭菌处理。

【方法】 将灭菌毛发置于 10%酵母浸膏水溶液管内，然后分别接种须毛癣菌和红色毛癣菌。

【结果】 每周检查 1 次，连续 4 次。取出毛发镜下观察，须毛癣菌阳性，红色毛癣菌阴性。

四、真菌的药物敏感实验

真菌的药物敏感实验应根据不同菌种的生长速度和生长特性选用不同方法，对一些生长较快的真菌如念珠菌、隐球菌等可采用琼脂扩散法和液体稀释法；目前也有采用结合琼脂扩散法和稀释法原理设计的 E 实验法。而生长较慢的真菌如铁锈色小孢子菌等则采用琼脂斜面法。琼脂扩散法和液体稀释法及 E 实验法与细菌药物敏感实验相似，故本实验采用琼脂斜面法。

【材料】

1. 菌种 铁锈色小孢子菌。以沙氏液体培养基洗下斜面上的菌种，制成菌悬液。

2. 培养基 沙氏琼脂培养基。

3. 抗菌药物原液的配制 各种抗真菌药物原液配制所需的溶剂、稀释剂及原液浓度见表 2-11-1。

表 2-11-1 抗真菌药物的溶剂、稀释剂及原液浓度

药物	溶剂	稀释剂	原液浓度（μg/ml）
两性霉素 B	蒸馏水	蒸馏水	1000
制霉菌素	浓氨基甲醛	浓氨基甲醛	1000
曲古霉素	少量乙醇或丙酮（1ml）	蒸馏水	1000
克霉唑	95%乙醇	蒸馏水	1000
氟胞嘧啶	1mol/L 盐酸	蒸馏水	1000

【方法】

1. 将沙氏培养基先加热溶解，待冷至 50℃左右加入不同浓度的抗菌药物，混合，使培养基内最终浓度分别为 10μg/ml、1μg/ml、0.1μg/ml，立即混匀，制成斜面。留一管不加抗菌药物作为对照。

2. 接种菌液，管口用橡皮塞塞紧或用石蜡密封，以免干燥。30℃孵育数周。

【结果】 每周观察一次，当对照管生长良好时，即可报告。最低浓度药物管无真菌生长即为最低抑菌浓度。

（大连大学 张小梅）

实验十二　病毒的分离培养

一、病毒的鸡胚培养

【材料】

1. 标本：乙型脑炎病毒液、单纯疱疹病毒液、流感病毒稀释液。
2. 来亨鸡白色受精卵、蛋架、检卵灯。
3. 灭菌的手术刀、镊子、剪刀、平皿、1ml 注射器、6 号针头、12 号针头。
4. 碘酊（或碘伏）、无菌生理盐水、酒精消毒棉球。
5. 小锯条（钢锉）、透明胶纸等。

【方法】

1. 尿囊腔（allantoic cavity）接种法

（1）取 10～11 日龄鸡胚，在检卵灯下画出气室界线，并于胚胎附近大血管处做好标记。

（2）消毒后，用灭菌刀尖打一小孔。

（3）用灭菌注射器吸取流感病毒悬液 0.2ml，刺入 0.5cm 后，进行注射（图 2-12-1）。

（4）以透明胶纸封闭注射孔，蜡笔标记号码。

（5）置 35℃恒温培养箱（孵育箱）中孵育，每日检视鸡胚的死活。如果鸡胚在接种后 24h 内死亡者为非特异性死亡，弃之。

（6）孵育 3 日后取出，放入 4℃冰箱过夜。

（7）次日取出鸡胚，消毒气室部分卵壳，用无菌剪刀去卵壳，用小镊子撕去卵膜。

（8）以无菌毛细吸管吸取尿囊液放于无菌试管中。

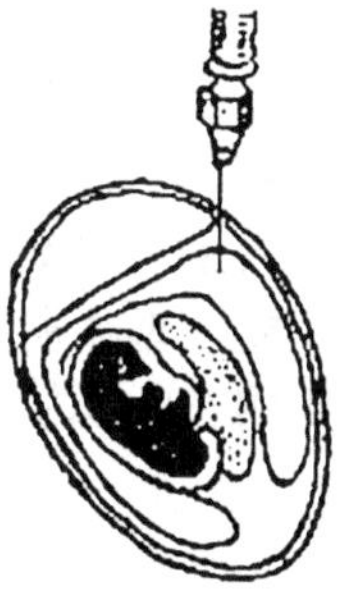

图 2-12-1　鸡胚尿囊腔接种法

2. 卵黄囊（yolk sac）接种法

（1）取 6～8 日龄鸡胚，检卵灯下画出胎位和气室，垂直放于蛋架上，气室端向上。

（2）用碘酊消毒气室中央，刀尖打一小孔。

（3）以 1ml 注射器及 12 号针头吸取乙型脑炎病毒液 0.5ml，自小孔穿入垂直接种于卵黄囊内，深度为 3cm 左右（图 2-12-2）。注入标本 0.2～0.5ml，退出注射器，胶纸封口，37℃孵育，每天检卵并翻动 2 次，弃去 24h 内死亡的非特异鸡胚。

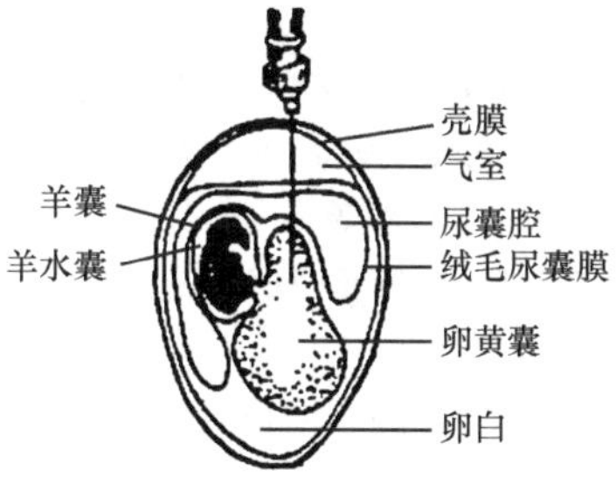

图 2-12-2　鸡胚卵黄囊接种法

（4）取孵育 24h 以上濒死的鸡胚，无菌于气室端开窗，用镊子提起卵黄蒂，挤去卵黄液，用无菌生理盐水洗去卵黄囊上的卵黄液后将卵黄囊置于无菌平皿内，低温保存、备用。

3. 绒毛尿囊膜（allantocherion）接种法

（1）取 12 日龄鸡胚，检卵灯下标记胎位，于附近无大血管处用碘酊消毒。

（2）用小锯条在其部位卵壳上锯 1 个三角形，同时于气室用刀尖锥一小孔。

（3）用针头挑去三角形的卵壳，勿伤及卵壳膜，滴加无菌生理盐水 1 滴于壳膜上。

（4）用吸耳球由气室小孔轻轻吸气，盐水可被吸下，绒毛膜下沉，去壳膜后可见人工气室已形成。

（5）用注射器吸取 0.2～0.5ml 单纯疱疹病毒液滴于绒毛尿囊膜上，胶纸封口（图 2-12-3），37℃孵育 4～5 天后收获。

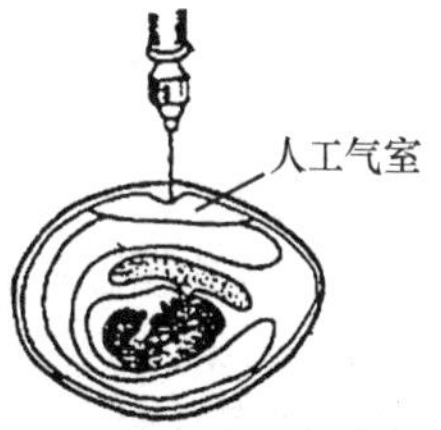

图 2-12-3　鸡胚绒毛尿囊膜接种法

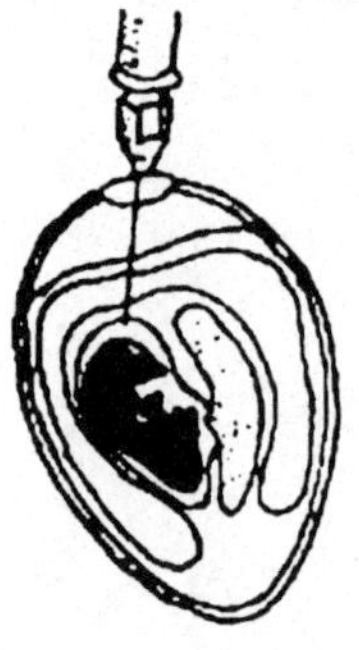

图 2-12-4　鸡胚羊膜腔接种法

（6）收获：剪开气室，观察接种效果，成功则绒毛尿囊膜上可见明显疹斑。用无菌剪刀剪下此膜，置于无菌平皿内低温保存，备用。

4. 羊膜腔（amniotic cavity）接种法

（1）接种：取 12 日鸡胚经照视后，划出气室，并标胚胎位置，在气室端开方形天窗，紧捏无菌镊子，选无大血管处，快速穿刺绒毛尿囊膜，镊子头进入尿囊后，再夹起羊膜，轻轻将其自绒毛尿囊膜破裂处拉出，以 1ml 注射器穿破羊膜，注入病毒液 0.1～0.2ml，用镊子将羊膜轻轻送回原位，用胶纸封闭气室端天窗，置于 37℃孵育（图 2-12-4）。

（2）收获：培养 3～5 天后，即可收获，经消毒人工气室，剪去壳膜及绒毛尿囊膜，吸弃尿囊液，夹起羊膜，用细头毛细吸管穿入羊膜吸取羊水于小瓶中冷藏。

【注意事项】

1. 在鸡胚孵育过程中，应随时注意保持孵育箱中广口容器有足够的水，以保障鸡胚生长所需要的湿度。

2. 鸡胚收获前放冰箱的时间不能过长，否则影响收获，或鸡胚冻成冰块无法收获。

3. 严格无菌操作，以减少污染率，在满足实验目的的前提下，接种方法越简单越好。

4. 接种病毒后的鸡胚，应根据所分离培养病毒繁殖所需要的温度和时间置孵育箱培养，一般温度为 33～37℃。

5. 实验中所有用过的器具均应放入消毒容器中，待实验结束后统一处理，收获病毒液的鸡胚在生物安全柜内装入密封袋，然后进行高压处理。

二、病毒的组织培养

（一）鸡胚单层细胞培养法

【材料】

1. 鸡胚　孵育 9～11 日龄。

2. 水疱性口炎病毒（VSV）液。

3. 解剖器材　无菌小剪刀、镊子。

4. 各种溶液　Hank's 液，0.25%胰蛋白酶液，细胞生长液（0.5%水解乳蛋白 88ml、双抗 1ml、小牛血清 10ml，用 5.6% $NaHCO_3$ 0.8～1ml 调至 pH7.2），细胞维持液（0.5%水解乳蛋白液 95ml、双抗 1ml、小牛血清 3ml，用 5.6% $NaHCO_3$ 0.8～1ml 调至 pH 7.2），台盼蓝染液等。

5. 仪器和器材　离心机、水浴箱、孵育箱、血细胞计数板、小培养瓶、消毒棉球等。

【方法】

1. 取 9～11 日龄鸡胚以碘酊将卵壳消毒后，无菌操作取出鸡胚放于平皿内，去除头、爪、内脏及骨骼，用 Hank's 液洗涤三次除去残存血液。

2. 将组织块移入链霉素小瓶内，用无菌剪刀将鸡胚剪碎成 0.5～1mm^3 的小块，用含有双抗的 Hank's 液洗涤三次。

3. 消化：加入 5 倍量的 0.25%胰蛋白酶液（每一鸡胚加胰酶 10～15ml），塞好瓶口，置 37℃水浴箱消化 15～30min，弃去胰酶，用冷 Hank's 液洗涤一次，以除去剩余的胰酶（如用冷消化法，则需置 4℃冰箱过夜，以代替 37℃的处理）。

4. 分散细胞：加入 2ml 生长液，用毛细管反复吹打（30～50 次）使细胞分散，加适量生长液以稀释细胞悬液。

5. 细胞计数：吸取 0.1ml 细胞悬液加 0.8ml Hank's 液及 0.1ml（0.4%）台盼蓝染液，混匀后，滴入血细胞计数板内，按白细胞计数法数出四角的 4 个大方格内活细胞数（未染色），用下列公式可计算每毫升细胞数。

$$每毫升细胞数=\frac{4个大方格细胞总数}{4}\times 10\,000\times 稀释倍数$$

6. 细胞分装与培养：将细胞悬液分至 4 个小培养瓶中（每瓶 1.5ml），或根据细胞计数结果，用细胞生长液将细胞稀释成每毫升 30 万～50 万细胞，每个培养瓶内各分装 1ml。盖好瓶塞，平放至孵育箱中 37℃培养。一般 4h 内可使细胞贴管，24～48h 后在显微镜下观察，可见到生长成片的单层鸡胚成纤维细胞。

7. 接种病毒：取已长成单层的细胞两瓶，弃去培养液并用 Hank' s 液洗涤一次，取一瓶细胞接种 1ml VSV 液，另一瓶不接种病毒，只加入维持液 1.5ml 作对照，将两瓶置 37℃孵育箱中培养 1h 取出，实验瓶弃去病毒液，补加 1.5ml 维持液，两瓶细胞均置 37℃孵育箱中培养 24h。

8. 观察细胞病变（CPE）：用低倍镜观察细胞。实验瓶中细胞圆缩、堆聚及脱落（与不加病毒的对照瓶比较观察）。

【结果判定】 纵观整个单层细胞，病变程度用"＋"号表示，结果判定如下：

－：表示无细胞变化。

＋：表示 25%的细胞病变。

＋＋：表示 25%～50%的细胞病变。

＋＋＋：表示 50%～75%的细胞病变。

＋＋＋＋：表示 75%～100%的细胞病变。

（二）Hela 细胞的传代培养法

【材料】

1. 细胞　Hela 细胞株。

2. 培养基　1640 培养基（含 10%小牛血清）。

3. 试剂　胰蛋白酶-EDTA 消化液、Hank' s 液。

4. 仪器和器材　倒置显微镜、恒温培养箱、培养瓶、吸管、废液缸、血细胞计数板、离心机、水浴箱、消毒棉球等。

【方法】

1. 吸除 Hela 细胞株培养瓶内旧培养液。

2. 向瓶内加入胰蛋白酶-EDTA 消化液少许，以能覆满瓶底为限。

3. 置恒温培养箱中 2～5min，当发现细胞质回缩，细胞间隙增大后，立即终止消化。

4. 吸除消化液，向瓶内注入 Hank' s 液数毫升，轻轻转动培养瓶，把残余消化液冲掉。注意加 Hank' s 液冲洗细胞时，动作要轻，以免把已松动的细胞冲掉流失，如用胰蛋白酶液单独消化，吸除胰蛋白酶液后，可不用 Hank' s 液冲洗，直接加入培养液。

5. 用吸管吸取营养液轻轻反复吹打瓶壁细胞，使之从瓶壁脱离形成细胞悬液。

6. 计数板计数后，把细胞悬液分成等份分装入数个培养瓶中，置 37℃恒温培养箱中培养 24h。

【结果判定】 24h 后对细胞的生长情况进行观察记录，当细胞长成单层细胞即可用于接种或冻存。

【注意事项】

1. 操作前要洗手，进入超净台后手要用 75%乙醇或 0.2%苯扎溴铵（新洁尔灭）擦拭。试剂瓶口也要擦拭。

2. 点燃酒精灯，操作在火焰附近进行，耐热物品要经常在火焰上烧灼，金属器械烧灼时间不能太长，以免退火，且冷却后才能夹取组织，吸取过营养液的用具不能再烧灼，以免烧焦形成炭膜。

3. 操作动作要准确敏捷，但又不能太快，以防空气流动，增加污染机会。

4. 不能用手触及消毒器皿的工作部分，工作台面上用品要布局合理。

5. 瓶子开口后要尽量保持 45° 斜位。

6. 吸溶液的吸管等不能混用。

三、病毒的动物接种

【材料】

1. 3 周龄小白鼠。

2. 脑炎病毒悬液、鼠肺适应株流感病毒悬液。

3. 器材 1ml 注射器、针头、碘酊和酒精消毒棉球、无菌毛细管及无菌小试管、麻醉乙醚、棉球及动物罐等。

【方法】

1. 小白鼠脑内接种

（1）以左手将小白鼠的头部和体部固定于台面。

（2）用碘酊、酒精消毒头部右侧眼、耳之间的部位。

（3）以 1ml 的注射器抽取乙型脑炎病毒悬液，用无菌干棉球放于针头处，以防病毒液溅出，于小白鼠头部与耳跟连线的中点略偏耳的方向刺入，进入颅腔即可（进针 2～3mm，通过硬脑膜后阻力突然消失），且不可插入过深，注入量为 0.02～0.03ml。

2. 小白鼠滴鼻接种

（1）将小鼠 1 只放入带盖小容器中，内有蘸饱和乙醚的棉球，将小鼠进行全身麻醉，注意麻醉的深度不宜过深或过浅，太深时易致麻醉死亡或非特异性吸入肺炎；太浅则易在滴鼻时打喷嚏，影响接种效果。

（2）用无菌毛细滴管吸取少许鼠肺适应株流感病毒悬液，连同毛细滴管插在无菌小试管内备用。

（3）用左手取出小白鼠握在掌中，拇指及食指抓住其耳部使其头部朝前并呈仰卧位置，右手将事先吸有病毒悬液的滴管靠近动物鼻尖，使其液滴随动物呼吸时带入，一般滴入 0.03～0.05ml，不宜过多。

（4）小白鼠苏醒后放入饲养笼中逐日观察。

【结果判定】 接种后每日观察两次，一般在 3～4 天后开始发病，食欲减退、活动迟钝、耸肩、震颤、卷曲、尾强直，逐渐导致麻痹、瘫痪而死亡。

【注意事项】

1. 注射完毕，将用过物品一并煮沸，消毒处理。

2. 针头放入锐器盒内。

3. 小白鼠滴鼻接种应用于一般嗜肺性病毒的培养，但不宜用于病毒分离。因健康动物肺内也常有潜在病毒，易造成混淆。

（大连大学　白　婷）

实验十三　球　　菌

一、葡萄球菌属

【材料】

1. 菌种 金黄色葡萄球菌、表皮葡萄球菌、腐生葡萄球菌。

2. 培养基 普通琼脂平板、血琼脂平板、M-H 琼脂平板、甘露醇发酵管、甲苯胺蓝核酸琼脂等。

3. 试剂　革兰氏染色液、3%过氧化氢（H_2O_2）、新鲜的 EDTA 抗凝兔血浆、抗肠毒素血清、致敏胶乳试剂等。

4. 其他　新生霉素纸片、生理盐水、载玻片、试管、聚苯乙烯酶标板、恒温培养箱等。

【方法】

1. 形态及染色性检查　挑取新鲜培养的待检菌分别做涂片，经革兰氏染色后，显微镜油镜下观察，记录细菌的染色性、大小、形态和排列特征。

2. 培养及菌落观察　将实验菌株分别接种在普通琼脂平板和血琼脂平板上，35℃培养 18～24h 后观察菌落，记录菌落大小、形态、颜色、表面、边缘、湿润程度、气味、透明度等特征。在血琼脂平板上除观察上述内容外，尚需观察菌落周围有无溶血环及溶血特点（α 溶血或 β 溶血）。

3. 生化反应

（1）触酶实验：取 1～2 接种环 3% H_2O_2 于洁净玻片上，然后挑取固体培养基上待检的各种葡萄球菌菌落研入其中并混匀，30s 内观察实验结果。

（2）血浆凝固酶实验

1）玻片法：取未稀释的 EDTA 抗凝兔血浆和生理盐水各 1 滴，分别放于洁净的载玻片上，挑取待检菌分别与生理盐水和血浆混匀，使之成浓的菌悬液，5～10s 观察结果。也可在洁净的玻片两端分别滴 1 滴生理盐水，用接种环挑取待检菌制成浓的菌悬液，然后在其中一侧加入新鲜的 EDTA 抗凝兔血浆，5～10s 观察结果。

2）试管法：取 3 支 10mm×100mm 试管，各加 1∶4 稀释的新鲜的 EDTA 抗凝兔血浆 0.5ml，在其中一支加待检菌的肉汤培养物 0.5ml，另两支分别加凝固酶阳性和阴性菌株肉汤培养物 0.5ml 作为对照。35℃水浴 3～4h 后观察结果。

（3）甘露醇发酵实验：将待检菌接种于甘露醇发酵管，35℃普通培养 18～24h 后观察结果。

（4）新生霉素敏感实验：取相当于 0.5 号麦克法兰浊度的待检菌均匀涂布于 M-H 琼脂平板上，再贴上新生霉素（5μg/片）纸片，35℃培养 16～20h，观察抑菌圈大小。实验时应以金黄色葡萄球菌 ATCC 25923 作为阳性对照，以确认纸片是否失效。

（5）耐热核酸酶实验：原理为致病性葡萄球菌产生一种耐热的 DNA 酶，能分解 DNA，而非致病的表皮葡萄球菌和腐生葡萄球菌，虽也能产生 DNA 酶，但均不耐热。因此，测定耐热 DNA 酶可作为鉴定致病性葡萄球菌的一个指标。

实验方法包括以下几种。①玻片法：取溶解的甲苯胺蓝核酸琼脂 3ml 均匀铺在载玻片上，待琼脂凝固后打上 6～8 个直径 2～5mm 的小孔，各孔分别加 1 滴经沸水浴 3min 处理过的待检葡萄球菌和阳性、阴性对照葡萄球菌培养物，35℃培养 3h，观察有无粉红色圈及其大小。②划线刺种法：将葡萄球菌 24h 肉汤培养物沸水浴处理 15min，用接种环划线刺种于甲苯胺蓝核酸琼脂平板上，35℃培养 24h，观察刺种线周围有无淡粉红色出现。③平板法：在有金黄色葡萄球菌菌落的平板上，选择实验菌落并标记，置 60℃干燥热力灭菌器 2h，取出后每个平板倾注 10ml 溶解的甲苯胺蓝核酸琼脂，37℃培养 3h，观察待检菌菌落周围颜色变化。

4. 肠毒素测定

（1）ELISA 法：将金黄色葡萄球菌抗肠毒素血清用 0.1mol/L pH9.5 碳酸盐缓冲液稀释成 5μg/ml，取 200μl 加入聚苯乙烯酶标板每孔中，37℃孵育 30min 后，用 0.02mol/L pH7.2 吐温 20 缓冲液（洗涤液）洗涤 5 次。再加入待测标本 200μl，37℃孵育 60min 后，同上洗涤。每孔加入酶标抗体 200μl，37℃培养 30min 后，同上洗涤。加入酶反应底物，37℃培养 30min 后，加入 2mol/L 硫酸 50μl。置于酶标仪上读取 OD 值。

（2）琼脂扩散法：于载玻片倾注溶解的 10g/L 盐水琼脂，凝固后在中间打一孔，滴入抗肠毒素血清，周围打 4 个孔，分别滴入标准肠毒素（阳性对照）、液体培养基（阴性对照）及待检标本培养物经处理后的上清液，然后放于湿盒中，室温 1～3 天后观察结果。

【结果】

1. 形态、染色性检查　镜检可见细菌呈革兰氏阳性菌球形、葡萄状排列。

2. 培养及菌落观察　葡萄球菌在血琼脂平板上可见中等大小、圆形、表面光滑、边缘整齐、不透明、产脂溶性色素的单个菌落，金黄色葡萄球菌菌落呈金黄色，表皮葡萄球菌菌落多呈白色，腐生葡萄球菌菌落多呈白色，少数呈柠檬色。在血琼脂平板上，金黄色葡萄球菌菌落周围有明显的溶血环，而表皮葡萄球菌无溶血环（但少数新分离的白色葡萄球菌可有微溶血现象）。在普通琼脂平板上的菌落，除不能观察溶血现象外，其他特点与血琼脂平板上菌落基本相同。

3. 生化反应

（1）触酶实验：加入待检菌的 3% H_2O_2 中有气泡出现即为实验阳性，无气泡则为阴性。

（2）血浆凝固酶实验

1）玻片法：如滴加血浆一侧出现明显的凝聚颗粒，细菌聚集成团块，无法混匀，生理盐水一侧无凝聚颗粒，为实验阳性。若血浆不凝固，细菌在血浆中呈均匀的混悬液，则为实验阴性。此法用于测定结合凝固酶。

2）试管法：若试管内血浆呈胶冻状，此为实验阳性；若试管内血浆仍能流动，则为实验阴性。此法用于测定游离凝固酶。

（3）甘露醇发酵实验：培养基浑浊、由紫色变为黄色为甘露醇发酵实验阳性，仍为紫色者为阴性。金黄色葡萄球菌甘露醇发酵实验为阳性，表皮葡萄球菌和腐生葡萄球菌为阴性。

（4）新生霉素敏感实验：抑菌圈直径＜12mm 为耐药，＞12mm 为敏感。腐生葡萄球菌新生霉素耐药而其他大部分凝固酶阴性葡萄球菌和金黄色葡萄球菌对新生霉素敏感。

（5）耐热核酸酶实验

1）玻片法：孔外出现粉红色圈者为阳性。

2）划线刺种法：在刺种线周围出现淡粉色者为阳性。

3）平板法：产生耐热 DNA 酶的金黄色葡萄球菌周围呈粉红色圈。

金黄色葡萄球菌耐热核酸酶阳性，表皮葡萄球菌和腐生葡萄球菌耐热核酸酶阴性。

4. 肠毒素测定

（1）酶联免疫吸附测定（ELISA）：测定孔与阴性孔的 OD 比值≥2 为阳性，＜2 为阴性。

（2）琼脂扩散法：在阳性对照和阴性对照结果正确的前提下，若待检标本有明显白色沉淀线，即为阳性。

【注意事项】

1. 血浆凝固酶实验最好不用柠檬酸盐抗凝的血浆，因为部分能利用柠檬酸盐的细菌会产生假阳性结果。

2. 血浆凝固酶实验玻片法应在 10s 内观察结果，超过 10s 可出现假阳性。

3. 血浆凝固酶实验玻片法和试管法两者皆阴性者才报告血浆凝固酶阴性葡萄球菌。

4. 有些细菌产生纤溶酶能使试管法血浆凝固酶实验阳性的血浆凝块溶解，导致假阴性，因此试管法血浆凝固酶实验阳性结果必须在 4h 内观察。

5. 生长在高盐培养基上的菌落可出现自凝。

二、链 球 菌 属

【材料】

1. 菌种　化脓性链球菌、草绿色溶血链球菌、肺炎链球菌、牛链球菌、无乳链球菌、β-溶血的金黄色葡萄球菌及 A（或 D）、B 群链球菌标准菌株。

2. 培养基　血琼脂平板、血清肉汤培养液、菊糖发酵培养基、马尿酸钠培养基（马尿酸钠 10g、肉浸液 100ml）。

3. 试剂 革兰氏染色液、苯丙氨酸脱氨酶试剂、100g/L 去氧胆酸钠溶液、20g/L 去氧胆酸钠溶液、三氯化铁试剂（12g $FeCl_3 \cdot 6H_2O$ 溶于 100ml 2% HCl 溶液中）、链球菌分群胶乳试剂盒、肺炎链球菌胶乳凝集试剂盒、亚甲蓝溶液等。

4. 其他 杆菌肽纸片、Optochin 纸片、无菌生理盐水、血清、胶乳反应板、小试管、注射器、剪刀等。

【操作方法】

1. 形态及染色性检查 挑取新鲜培养的单个菌落涂片，革兰氏染色后用显微镜油镜观察，记录细菌染色性、大小、形态、排列特征。

2. 培养及菌落观察 将待检链球菌接种在血琼脂平板上，35℃或 5% CO_2 环境培养 18～24h 后观察菌落，记录菌落大小、形态、表面、边缘、湿润程度、气味、透明及颜色、菌落周围有无溶血环（α 溶血或 β 溶血）等。接种肺炎链球菌的血琼脂平板培养 2～3 天后，观察菌落中心有无凹陷呈“脐窝状”。

3. 生化反应

（1）触酶实验：参见葡萄球菌的触酶检测。

（2）杆菌肽敏感实验：挑取 2～3 个待检链球菌菌落，密集涂布于血琼脂平板上，用镊子将杆菌肽纸片（0.04U/片）贴于血琼脂平板上，35℃培养 18～24h 后观察结果。

（3）CAMP 实验：在血琼脂平板上，用 β-溶血的金黄色葡萄球菌划种一条横线，再将被检菌距上述接种线 3～4mm 处成直角接种一短线，35℃培养 18～24h 后观察结果。同时接种阳性对照（B 群链球菌）和阴性对照（A 群或 D 群链球菌）菌株。

（4）马尿酸钠水解实验（三氯化铁法）：取待检纯培养物接种于马尿酸钠培养基，37℃培养 48h，取出 3000r/min 离心 30min，取上清液 0.8ml 于试管中并加入 $FeCl_3$ 试剂 0.2ml，立即混匀，10～15min 观察结果。

（5）Optochin 敏感实验：挑取 2～3 个待检菌落密集划线接种于血琼脂平板，用镊子贴放 Optochin 纸片（5μg/片）于平板上，35℃ 5%CO_2 培养 18～24h，观察抑菌圈大小。

（6）胆汁溶菌实验：①平板法。在血琼脂平板上选择培养 18～24h 的单个草绿色溶血的菌落，在菌落上加 1 滴 100g/L 去氧胆酸盐溶液，35℃大气环境培养 30min 后观察结果。②试管法。将 A 群链球菌和肺炎链球菌血清肉汤培养液 1ml 分别加入 2 支试管，再于各管中加入 20g/L 去氧胆酸钠溶液 0.1ml，摇匀后置 35℃水浴 30min 后观察结果。

（7）菊糖发酵实验：将待检菌接种于菊糖血清培养基，37℃培养 24～48h，观察生长现象。

4. 血清学实验

（1）链球菌快速分群胶乳凝集实验：挑取 2～3 个待检菌落转种于含有 0.4ml 提取酶的试管中，并使其呈乳化均匀的菌悬液，置 35℃水浴 10～15min，待用。在卡片的相应区域各加 1 滴 A、B、C、D、F、G 群抗体致敏胶乳液，再分别加入提取酶处理后的菌悬液各 1 滴，混匀，轻轻摇动卡片，观察结果。

（2）肺炎链球菌胶乳凝集实验：在两片干燥、洁净的玻片上各加 1 滴生理盐水并加入待检菌，研磨以得到乳化的菌悬液；在一片玻片上滴加 1 滴抗肺炎链球菌胶乳液，在另一玻片上滴加一滴质控胶乳液；使用一次性搅拌棒充分混匀。轻轻摇动玻片，最多不超过 2min，读取结果。

【结果】

1. 形态及染色性检查 链球菌为革兰氏阳性球菌，呈圆形或卵圆形、成双或成链状排列，链的长度因菌种和培养基而有明显差异，一般在液体培养基中易形成长链。肺炎链球菌为矛头状、成双排列、有荚膜的革兰氏阳性球菌。

2. 培养及菌落观察 常见链球菌在血琼脂平板上的菌落特征见表 2-13-1。

表 2-13-1 常见链球菌在 5%血琼脂平板上的菌落特征

菌名	菌落特征
A 群 β 溶血链球菌	菌落灰白色、透明或半透明、无光泽或有光泽，菌落周围有较大的 β 溶血环
B 群 β 溶血链球菌	菌落较 A 群 β 溶血链球菌大，平坦、有光泽、半透明或不透明，菌落周围有狭窄的 β 溶血环，有些菌株无溶血环
C 群 β 溶血链球菌	菌落灰白色、闪亮，周围有较宽的 β 溶血环
F 群 β 溶血链球菌	菌落灰白色、小、无光泽，周围有狭窄或较宽的 β 溶血环
G 群 β 溶血链球菌	菌落灰白色、无光泽，菌落周围有较宽的 β 溶血环
肺炎链球菌	菌落较小、灰色、闪亮、α 溶血，培养时间稍久后菌落中间出现“脐窝”状凹陷，有荚膜菌株的菌落呈黏液状
草绿色溶血链球菌群	菌落中等偏小，灰色、圆屋顶样凸起、光滑无光泽、α 溶血或不溶血

3. 生化反应

（1）触酶实验：链球菌属触酶实验阴性。

（2）杆菌肽敏感实验：在杆菌肽纸片周围出现抑菌圈直径大于 10mm 为敏感，小于 10mm 为耐药。

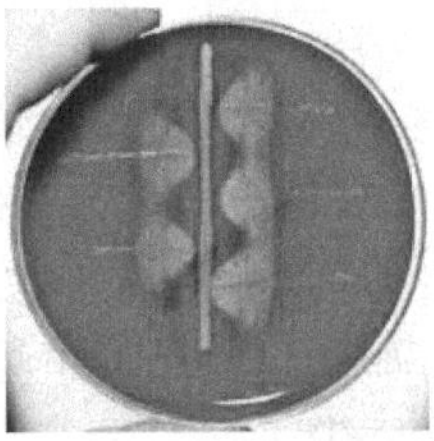

图 2-13-1 CAMP 实验结果

（3）CAMP 实验：在两种细菌划线交界处出现箭头状透明溶血区为阳性。

B 群链球菌阳性，其他链球菌阴性（图 2-13-1）。

（4）马尿酸钠水解实验（三氯化铁法）：培养物上清液与 $FeCl_3$ 试剂结合后出现恒定沉淀物为阳性。如虽有沉淀物，轻摇后即溶解为阴性。

（5）Optochin 敏感实验：抑菌圈直径≥14mm 为敏感，肺炎链球菌敏感，无抑菌圈出现为耐药；抑菌圈直径＜14mm 时，参照胆汁溶菌或其他实验结果判断是肺炎链球菌还是草绿色链球菌。

（6）胆汁溶菌实验：平板法以菌落消失为阳性，菌落不消失为阴性。试管法若液体由浑浊变透明为阳性，菌悬液仍然浑浊为阴性。肺炎链球菌为阳性，其他 α 溶血性链球菌为阴性。

（7）菊糖发酵实验：肺炎链球菌分解菊糖产酸，指示剂变色。

4. 血清学实验

（1）链球菌快速分群胶乳凝集实验：在 2～10min 发生胶乳凝集，为阳性。待检菌可与相应群抗体致敏的胶乳颗粒发生凝集，表明该菌为相应血清群的链球菌。

（2）肺炎链球菌胶乳凝集实验：2min 内待检菌与抗肺炎链球菌胶乳发生反应，产生清晰可见的凝集，而不与质控胶乳发生凝集；阴性结果是指与两个试剂均不产生凝集。

【注意事项】

1. 杆菌肽敏感实验 涂布接种待检菌时，接种量应大，以免出现假阳性；放置杆菌肽纸片后应用镊子在纸片表面轻按，使纸片同血平板表面紧密接触。

2. CAMP 实验 所用葡萄球菌必须是 β 溶血的金黄色葡萄球菌。

3. Optochin 敏感实验 草绿色链球菌偶尔会出现对 Optochin 敏感，应联合使用多种方法进行鉴定；肺炎链球菌在大气环境中培养时，会生长不良而出现较大的抑菌圈。在 CO_2 环境下培养，可缩小抑菌圈。

4. 胆汁溶菌实验 观察平板法结果时，应注意区别被检菌落是真正溶解还是被试剂冲走移位。①实验温度以 37℃最适宜，过高或过低都会减慢溶菌速度。②菌悬液应保持中性（pH 7.0），过酸可使去氧胆酸钠形成沉淀，影响实验的准确性。

5. 血清学实验

（1）链球菌快速分群胶乳凝集实验：①待检菌必须为纯培养物；②若所有的胶乳试剂都出现凝集，必须重做实验；③自凝菌株不能用这个实验分群；④如果待检菌的菌量不够，可能出现假阴性结果；⑤非溶血菌株可以与 A、B、C、F 或 G 群胶乳液反应，需用生化方法进行鉴定；⑥ α 溶血或非溶血性菌株的血清学实验不明显，需要进行生化实验以确定分离株是肠球菌还是非肠球菌；⑦一些 D 群链球菌也可以和 G 群胶乳液发生凝集反应。

（2）肺炎链球菌胶乳凝集实验：使用前应将试剂盒放置到室温（18～25℃），使用时混匀胶乳试剂，并去除滴瓶中泡沫。

三、抗链球菌溶血素 O 实验

抗链球菌溶血素 O（anti-streptolysin O，ASO）抗体检测是临床检验的常规项目，目前常用的检测方法有溶血抑制法、胶乳凝集法、酶联免疫法、免疫透射比浊法和免疫散射比浊法。胶乳凝集法方法简单、快速，使用较广泛，免疫透射比浊法和免疫散射比浊法试剂比较稳定，操作可自动化，使用越来越广泛。现介绍胶乳法和免疫比浊法。

（一）胶乳凝集法

【原理】 ASO 高滴度的患者血清被适量的溶血素中和掉正常水平的抗体后还有多余的 ASO，这些多余的抗体与 ASO 胶乳试剂反应，出现清晰、均匀的凝集颗粒。ASO 胶乳试剂系羧化聚苯乙烯胶乳与溶血素 O 共价交联的产物。

【材料】

1. 血清标本，阳性、阴性对照血清。

2. 生理盐水、溶血素 O 溶液、ASO 胶乳试剂。

3. 微量反应板、滴管或移液器等。

【方法】

1. 血清标本用生理盐水 1∶15 稀释，56℃ 30min 灭活。

2. 在反应板各孔中分别滴加稀释灭活血清 1 滴（50μl）及阳性、阴性对照血清 1 滴，再各滴加溶血素 O 溶液一滴，轻摇 1min，使其混匀，均匀分布于孔内。

3. 滴加 ASO 胶乳试剂 1 滴，轻摇 3min（室温 18～20℃），观察结果。

【结果】 有清晰凝集者为阳性，不凝集者为阴性，阴性者 ASO≤250IU/ml。阳性者的 1∶15 稀释血清，进一步作 1∶30、1∶60 稀释，再重复 2、3 步骤，出现凝集的血清稀释度和 ASO 滴度间关系见表 2-13-2。

表 2-13-2 出现的凝集的血清稀释度和 ASO 滴度间关系

稀释度	ASO（IU/ml）
1∶15	400
1∶30	800
1∶60	1600

【注意事项】

1. ASO 胶乳加入后，轻摇至本说明指定的时间应立即记录结果，超过规定时间再出现的凝集不列为阳性。

2. 溶血、脂血、高胆红素血症、高胆固醇血症、类风湿因子及标本被细菌污染都不会影响本实验结果。

3. 胶乳试剂不可冻存，宜放入4℃冰箱，有效期为1年，用前应摇匀。

4. 室温低于10℃，在胶乳试剂加入后应延长1min，室温升高至10℃，反应时间缩短1min。

5. 实验用滴管口径应一致，以保证液滴大小一致。

（二）免疫比浊法

【原理】 ASO与血清标本中抗体形成抗原抗体复合物，导致溶液中悬浮颗粒散射光增强，通过检测散射光增强率判断血清中抗体量。

【材料】 免疫散射比浊法试剂盒、血清标本、贝克曼IMMAGE\IMMAGE800等。

【方法】 按说明书操作。

【结果】 仪器自动判读。

【注意事项】

1. 样品试管应盖好盖子直立存放，采集后2h内将血清与细胞分离。

2. 若样品不能在8h内被分析，应将其保存于2～8℃，若样品不能在72h内被分析，应将其保存于−20～−15℃，冷冻样品只可解冻一次。

四、奈 瑟 菌 属

【材料】

1. 菌种 淋病奈瑟菌、脑膜炎奈瑟菌。

2. 培养基 巧克力琼脂平板、血琼脂平板、葡萄糖发酵管、麦芽糖发酵管、蔗糖发酵管、硝酸盐培养基、DNA琼脂平板。

3. 试剂 革兰氏染色液、氧化酶试剂、硝酸盐还原试剂、1mol/L盐酸等。

【方法】

1. 形态及染色性检查 取待检菌菌落涂片，进行革兰氏染色，镜下观察细菌染色性及形态特征。

2. 培养及菌落观察 将淋病奈瑟菌和脑膜炎奈瑟菌接种在血琼脂平板和巧克力琼脂平板上，置35℃、5%CO_2培养箱（保持一定的湿度）中培养48～72h，观察、记录细菌生长情况及菌落形态特征。

3. 生化反应 挑取可疑菌落做氧化酶实验、硝酸盐实验及葡萄糖、麦芽糖和蔗糖发酵实验。

【结果】

1. 形态及染色性检查 淋病奈瑟菌和脑膜炎奈瑟菌均为革兰氏阴性球菌，菌体呈肾形或咖啡豆形，成双排列、凹面相对。标本直接涂片时菌体多位于吞噬细胞内，少数未被吞噬的细菌可在吞噬细胞外，慢性淋菌性尿道炎患者也有不少细菌在吞噬细胞外。

2. 培养及菌落观察

（1）脑膜炎奈瑟菌在巧克力琼脂平板上，菌落呈圆形凸起，光滑、湿润、透明或半透明、无色或灰白色、边缘整齐，直径为2～3mm似露滴状。在血琼脂平板上不溶血、24h后产生自溶酶。

（2）淋病奈瑟菌在巧克力琼脂平板上35℃培养24～48h后，菌落呈圆形凸起，为无色或灰白色、不透明，直径0.5～1.0mm的光滑型小菌落。经传代培养后，菌落增大并变扁平；在血平板上生长不良。

3. 生化反应 结果见表2-13-3。

表 2-13-3 淋病奈瑟菌和脑膜炎奈瑟菌主要生化反应

菌种	氧化酶	葡萄糖	麦芽糖	蔗糖	硝酸盐还原	DNA 酶
脑膜炎奈瑟菌	+	+	+	–	–	–
淋病奈瑟菌	+	+	–	–	–	–

【注意事项】

1. 奈瑟菌属细菌抵抗力不强，运送标本时需要保温，最好床边接种。

2. 污染的标本如尿道分泌物等需要用选择性培养基进行分离培养。

（北华大学 王艾琳）

实验十四 肠杆菌科

肠杆菌科细菌是一大群生物性状相似的革兰氏阴性无芽孢杆菌，常寄居在人和动物的肠道，与人类关系密切。其中多数为肠道正常菌群，在一定条件下才会致病，故称为条件致病菌。肠杆菌科细菌种类繁多，根据生化反应、抗原构造、核酸杂交和序列分析，与医学有关的肠杆菌有 10 个菌属，包括 25 个菌种。

肠杆菌科细菌为革兰氏阴性杆菌，表现为两端钝圆，无芽孢；多数细菌周身有鞭毛，能运动，个别细菌有荚膜；多数细菌有菌毛；需氧和兼性厌氧菌，营养要求不高等共同特点。但它们在培养特性、生化反应、抗原构造及毒力等方面各具特征，识别这些特征是鉴定肠杆菌科各属种的重要依据。

一、埃希氏菌属的培养和鉴定

埃希氏菌属（*Escherichia*）有 5 个种，其中大肠埃希氏菌（*E. coli*）最常见，是寄生于人和动物肠道内的正常菌群，正常情况下不致病，但有些菌株具有致病性，如肠产毒性大肠埃希氏菌、肠侵袭性大肠埃希氏菌、肠致病性大肠埃希氏菌、肠出血性大肠埃希氏菌和肠聚集性大肠埃希氏菌，可引起成人和儿童腹泻。大肠埃希氏菌也作为饮用水的卫生细菌学检验指标之一。

【原理】 肠道细菌种类繁多，通常用选择培养基来分离培养致病菌。选择培养基除了含有细菌生长所需的营养物质以外，还含有抑制剂和指示剂，可以选择性地抑制非肠道细菌生长，而不抑制沙门菌和志贺菌等肠道致病菌的生长。肠道标本分离一般选用一个强选择培养基和一个弱选择培养基，强选择培养基有沙门-志贺氏（SS）、赫克通肠道菌（HE）和木糖赖氨酸脱氧胆酸盐（XLD）琼脂等，弱选择培养基有麦康凯（MAC）琼脂、中国蓝琼脂和伊红-亚甲蓝（EMB）琼脂等，如表 2-14-1 所示。

表 2-14-1 常见肠道选择培养基的选择原理

培养基	抑制剂	鉴别底物	指示剂	发酵乳糖细菌菌落颜色	不发酵乳糖细菌菌落颜色
SS	胆盐、枸橼酸钠、煌绿	乳糖	中性红	红色	无色
HE	混合胆盐、硫代硫酸钠、枸橼酸铁铵	乳糖、蔗糖、水杨素	溴麝香草酚蓝和酸性品红	橙黄	蓝绿
MAC	胆盐	乳糖	中性红	红色	无色

续表

培养基	抑制剂	鉴别底物	指示剂	发酵乳糖细菌菌落颜色	不发酵乳糖细菌菌落颜色
中国蓝	玫瑰红酸	乳糖	中国蓝、玫瑰红酸	蓝色	红色
EMB	伊红、亚甲蓝	乳糖	伊红、亚甲蓝	紫黑色具有金属光泽	无色

【材料】

1. 菌种 大肠埃希氏菌（*E. coli*）。

2. 培养基 SS 琼脂平板、中国蓝琼脂平板、EMB 琼脂平板、克氏双糖铁培养基（KIA）、尿素培养基、葡萄糖蛋白胨水、枸橼酸盐培养基、硝酸盐培养基。

3. 试剂 氧化酶试剂或试片、甲基红试剂、400g/L KOH 溶液、3%H_2O_2溶液、生理盐水、革兰氏染色液等。

4. 其他 无菌滴管、载玻片等。

【方法】

1. 形态及染色性检查 挑取新鲜培养的待检菌分别做涂片，革兰氏染色后，显微镜油镜下观察，记录细菌的染色性、大小、形态特征。

2. 菌落观察 取大肠埃希氏菌接种于 SS 琼脂平板、中国蓝琼脂平板或 EMB 琼脂平板上，经 37℃孵育 18～24h 后观察结果。

3. 生化反应

（1）氧化酶实验：取氧化酶纸片，刮取 KIA 上的较大菌落，观察纸片的颜色变化，如氧化酶试剂为盐酸二甲基对苯二胺盐酸盐，变为紫红色为阳性；如氧化酶试剂为盐酸四甲基对苯二胺盐酸盐，变为蓝紫色为阳性，不变色为阴性。

（2）初步鉴定实验：将大肠埃希氏菌分别接种在 KIA、尿素培养基、葡萄糖蛋白胨水管、硝酸盐培养基及枸橼酸盐培养基中，经 35℃孵育 18～24h 后，加入相应试剂，观察结果。同时做触酶实验。

【结果】

1. 形态、染色性检查 革兰氏染色阴性、杆状、两端钝圆，呈单个分散存在。

2. 菌落观察 本菌能分解乳糖，在 SS 琼脂平板上形成红色、圆形、凸起、边缘整齐的菌落；在中国蓝琼脂平板上形成蓝色、凸起、较大的菌落；在 EMB 琼脂平板上，由于本菌分解乳糖产酸，在酸性条件下，伊红与亚甲蓝结合，形成紫黑色具有金属光泽、大而隆起、不透明的菌落。

3. 大肠埃希氏菌氧化酶实验为阴性。

4. 大肠埃希氏菌生化反应：触酶（＋）、氧化酶（–）、KIA/MIU 为 AA＋–/＋＋–、IMViC 为＋＋––。引起肠内感染的大肠埃希氏菌多为发酵或迟缓发酵乳糖，生化反应和临床表现与志贺菌属感染非常相似。

【注意事项】 在进行氧化酶和触酶实验时，不宜选取 SS 琼脂平板等选择培养基上的菌落，SS 琼脂平板中的成分可使滤纸变为紫红色，应在普通平板或 KIA 上取菌。

二、志贺菌属的培养和鉴定

志贺菌属的细菌统称为痢疾杆菌，是肠杆菌科中最常见的病原菌，可引起人类细菌性痢疾和急性肠胃炎。根据 O 抗原可分为 4 群四十余种血清型，即痢疾志贺菌、福氏志贺菌、鲍氏志贺菌和宋内志贺菌 4 群。

【原理】 肠道细菌鉴别培养基：克氏双糖铁培养基。克氏双糖铁培养基中含有葡萄糖、乳糖、蛋白胨、硫代硫酸钠、硫酸亚铁及酚红指示剂等成分。葡萄糖和乳糖的比例为 1∶10。当细菌分解葡萄糖产酸时，培养基的高层由红色变为黄色，斜面产生的酸少，在有 O_2 的情况下氧化，生成 CO_2 和 H_2O，失去改变局部酸碱度的作用，所以培养基斜面部分不变色，仍为红色。当细菌分解乳糖时，产生的酸较多，故培养基斜面和高层都由红色变为黄色。硫酸亚铁用于检测细菌能否分解蛋白胨中含硫氨基酸生成 H_2S，如有 H_2S 产生，则与硫酸亚铁反应，生成黑色 FeS。硫代硫酸钠是一种还原剂，防止培养基中氧化物与 H_2S 作用而影响 FeS 生成。当细菌分解糖产酸并产气时，培养基中有气泡或裂隙出现。

MIU（动力、吲哚、脲酶）复合实验：培养基为含有尿素、蛋白胨成分的半固体培养基，指示剂为酚红。具有色氨酸酶的细菌能分解蛋白胨中的色氨酸产生吲哚，加入吲哚试剂后，培养基上层显红色（玫瑰吲哚）；具有脲酶的细菌能分解尿素产生氨，使整个培养基变为碱性，呈红色；有动力的细菌在培养基中沿穿刺线扩散生长。

【材料】

1. 菌种　福氏志贺菌。

2. 培养基　SS 琼脂平板、中国蓝琼脂平板、EMB 琼脂平板、克氏双糖铁培养基（KIA）、尿素培养基等。

3. 试剂　氧化酶试剂或试片、吲哚试剂、志贺菌诊断血清等。

【方法】

1. 形态及染色性检查　方法同大肠埃希氏菌。

2. 菌落观察　方法同大肠埃希氏菌。

3. 生化反应

（1）氧化酶实验：方法同大肠埃希氏菌。

（2）初步鉴定实验：挑取志贺菌单个菌落分别接种在 KIA、尿素培养基和硝酸盐培养基上，经 37℃孵育 18～24h，同时做触酶实验。

4. 血清学实验　凡生化反应符合志贺菌属者均需做血清学实验。取 1 环志贺菌四种多价血清于载玻片一端，再取少许待测菌与之混合，同时在玻片另一端取待测菌与生理盐水混合作对照。对照呈均匀浑浊，待测菌侧数分钟内出现肉眼可见的颗粒状凝集物即为阳性。若待测菌与志贺菌四种多价血清玻片凝集实验阳性，再与群、型因子血清做凝集实验，确定型与亚型。

【结果】

1. 形态、染色性检查　被检菌涂片革兰氏染色阴性、杆状、菌体短小，散在分布。

2. 菌落观察　由于志贺菌不能分解乳糖，宋内志贺菌某些菌株可迟缓发酵乳糖，在 SS 和 MAC 培养基上形成无色透明的、中等大小的菌落。除宋内志贺菌菌落外，均为光滑型菌落。

3. 氧化酶实验　阴性。

4. 生化反应　结果见表 2-14-2。

表 2-14-2　志贺菌基本生化反应

KIA				MIU			氧化酶	触酶	硝酸盐
斜面	底层	H_2S	产气	动力	吲哚	脲酶			还原
K	A	−	−/+	−	−/+	−	−	+	+

【注意事项】　同埃希氏菌属的培养和鉴定。

三、沙门菌属的培养和鉴定

沙门菌属（*Salmonella*）是一大群寄生于人类和动物肠道的革兰氏阴性杆菌，其生化反应和抗原构造相似，种类繁多，对人致病的包括伤寒沙门菌、甲型副伤寒沙门菌、乙型副伤寒沙门菌、鼠伤寒沙门菌和猪霍乱沙门菌等，主要引起人类肠热症、胃肠炎（食物中毒）或败血症。

【原理】 根据沙门菌属的形态特点、培养特征及生化反应等进行鉴定，并采用玻片凝集实验进行分群分型鉴定。

【材料】

1. 菌种 伤寒沙门菌、甲型副伤寒沙门菌、乙型副伤寒沙门菌。

2. 培养基 SS 琼脂平板、MAC 琼脂平板、克氏双糖铁培养基（KIA）、尿素培养基。

3. 试剂 氧化酶试剂和试片、吲哚试剂、沙门菌 A～E 多价诊断血清、单价 O 诊断血清、第 1 相因子血清、第 2 相因子血清、生理盐水等。

【方法】

1. 形态及染色性检查 方法同大肠埃希氏菌。

2. 菌落观察 方法同大肠埃希氏菌。

3. 生化反应

（1）氧化酶实验：方法同大肠埃希氏菌。

（2）初步鉴定实验：挑取志贺菌单个菌落分别接种在 KIA、尿素培养基上，经 37℃孵育 18～24h，观察结果。

4. 血清学实验

（1）定属：若生化反应及形态学检查疑为沙门菌，可选用沙门菌的多价诊断血清进行玻片凝集，同时设定生理盐水作对照。若对照均匀浑浊，实验菌数分钟内出现肉眼可见的颗粒状凝聚物，即为阳性，可确定为沙门菌属。

（2）定组：将待测菌与沙门菌单价因子 O 血清做凝集实验，确定该菌株属于哪一组，一般先选用本地区检出率最高菌型的相应血清做玻片凝集。

（3）定型：先用第 1 相因子血清（a，b，c，d，…）检查第 1 相 H 抗原，若发生凝集，再选第 2 相 H 抗原，最后确定该菌种属于哪一型沙门菌。

【结果】

1. 形态观察 被检菌涂片为革兰氏阴性杆菌，菌体短小、单个存在。

2. 菌落观察 取伤寒沙门菌接种于 SS 琼脂平板和 MAC 琼脂平板上，37℃孵育 18～24h 后观察结果。由于伤寒菌不能分解乳糖，所以会在 SS 和 MAC 平板上形成无色半透明、光滑、湿润、凸起的小菌落。

3. 氧化酶实验为阴性。

4. 生化反应 结果见表 2-14-3。

表 2-14-3 沙门菌基本生化反应

菌种	KIA			MIU			氧化酶
	斜面	底层	H_2S	动力	吲哚	脲酶	
伤寒沙门菌	+	–	–/+	+	–	–/+	–
甲型副伤寒	⊕	–	–	+	–	–	–
乙型副伤寒	⊕	–	+	+	–	–	–

注：“⊕”表示分解糖，产酸、产气；“+”表示分解糖，只产酸，不产气；“–”表示不分解糖。

【注意事项】 同埃希氏菌属的培养和鉴定。

四、肥达（Widal）实验

【原理】 人感染伤寒或副伤寒沙门菌后，经过一定的时间，血清内出现特异性抗体，此种抗体能与这些细菌结合，出现肉眼可见的凝集现象。本实验就是以伤寒沙门菌 O、H 抗原和甲型副伤寒沙门菌 H 抗原、乙型副伤寒沙门菌 H 抗原与患者血清做试管定量凝集实验，以测定患者血清中相应抗体的存在，作为伤寒、副伤寒的辅助诊断。

【材料】

1. 可疑伤寒或副伤寒患者血清（做 1∶10 稀释）。

2. 诊断菌液　伤寒沙门菌 O 及 H 抗原菌液、甲型副伤寒沙门菌 H 抗原菌液（PA）、肖氏沙门菌 H 抗原菌液（PB）。

3. 其他　生理盐水、小试管、1ml 吸管等。

【方法】

1. 取 32 支洁净的小试管，分 4 排放于试管架上，每排 8 支。用吸管吸取生理盐水，分装于小试管中，每管 0.5ml。

2. 用 1ml 吸管吸取 1∶10 的患者血清 0.5ml 加入第 1 排第 1 管内，在管内连续吹吸 3 次，使血清与生理盐水充分混合，然后吸出 0.5ml 放入第 2 管，同样吹吸混匀，吸出 0.5ml 放入第 3 管，如此稀释到第 7 管，自第 7 管吸出 0.5ml 弃去。此时自第 1～7 管的血清稀释倍数为 1∶20～1∶1280，第 8 管不加血清作为对照管。

3. 第 2、3、4 排试管用同样的方法将患者血清做稀释。

4. 加入诊断菌液：第 1 排各管加入伤寒沙门菌 O 抗原菌液 0.5ml；第 2 排各管中加入伤寒沙门菌 H 抗原菌液 0.5ml；第 3 排各管加入甲型副伤寒沙门菌 H 抗原菌液 0.5ml；第 4 排各管中加入肖氏沙门菌 H 抗原菌液 0.5ml。加入诊断菌液时每排从第 8 管开始向前依次加入。以一种诊断菌液特例见表 2-14-4。

表 2-14-4　肥达反应操作

样品	试管号							
	1	2	3	4	5	6	7	8（对照）
生理盐水	0.5	0.5	0.5	0.5	0.5	0.5	0.5	0.5
1∶10 患者血清	0.5	0.5	0.5	0.5	0.5	0.5	0.5	弃 0.5
诊断菌液（4 种）	0.5	0.5	0.5	0.5	0.5	0.5	0.5	0.5
血清最终稀释度	1∶40	1∶80	1∶160	1∶320	1∶640	1∶1280	1∶2560	□

5. 振荡混匀，置 37℃恒温培养箱中 18～24h，取出观察并记录结果。

【结果判定】

1. 先观察生理盐水对照管，对照管无凝集产生时，再依次观察实验管，否则可能为菌液自凝引起。

2. 先勿摇动试管，以免凝块摇散。观察试管上清液和管底细菌凝集的特点，然后轻摇试管使凝聚物从管底升起，按液体的浑浊度、凝集块的大小记录凝集程度。

3. 自第 1 管开始观察，凝集程度以“＋”号的多少表示。

＋＋＋＋：最强凝集。上层液体澄清透明，菌体全部凝集于管底者。

＋＋＋：强凝集。上层液体较透明，菌体大部分凝集于管底者。

＋＋：中度凝集。上层液体稍浑浊，管底出现明显凝集。

＋：弱凝集。上层液体较浑浊，管底可见细小凝集块者。

−：不凝集。液体浑浊，无凝集，与对照管相同。

4. 效价判定：以使凝集呈“＋＋”反应的血清最高稀释度为其凝集效价。

【注意事项】

1. 需要在病程的不同阶段重复实验，如果凝集效价随病程的延长逐渐上升才有诊断意义。

2. 判断肥达反应实验结果应考虑当地人群的正常凝集效价，凝集效价大于正常效价才有意义。

3. 因伤寒患者的 H 凝集素在血内保持时间较久，而 O 凝集素较短，所以曾接种过伤寒菌苗者，O 凝集价在诊断上较重要。

4. 患者以往是否有过伤寒或副伤寒病史，采血的时间等不同都会影响肥达反应的实验结果，还应考虑有 10%的患者，肥达实验始终为阴性。

五、变形杆菌属的培养和鉴定

【原理】 变形杆菌属包括普通变形杆菌、奇异变形杆菌和产黏变形杆菌等主要 3 个种。它们都是常见的周围环境和肠道寄居的正常菌群，亦是医院感染的常见机会致病菌。

【材料】

1. 菌种 普通变形杆菌。

2. 培养基 SS 琼脂平板、血琼脂平板、克氏双糖铁培养基（KIA）、尿素培养基。

3. 试剂 氧化酶试剂或试片。

【方法】

1. 形态观察与菌落观察 方法同大肠埃希氏菌。

2. 生化反应

（1）氧化酶实验：方法同大肠埃希氏菌。

（2）鉴定实验：挑取单个菌落分别接种在 KIA，尿素培养基，经 37℃孵育 18～24h。

【结果】

1. 形态观察 被检菌涂片为革兰氏阴性杆菌，散在排列。

2. 菌落观察 普通变形杆菌在血琼脂平板上生长呈迁徙生长现象（迁徙现象），形成以菌落接种部位为中心的厚薄交替、同心圆形的层层波状菌苔，无单个菌落，有溶血现象。SS 琼脂平板上为半透明菌落，无扩散生长，菌落中心为黑褐色。

3. 结果见表 2-14-5。

表 2-14-5　变形杆菌基本生化反应

KIA			动力	明胶液化	脲酶	迁徙生长
葡萄糖	乳糖	H_2S				
+	−	+	+	+	+	+

【注意事项】 同埃希氏菌属的培养和鉴定。

六、克雷伯菌属的培养和鉴定

克雷伯菌属存在于人类肠道、呼吸道及水和谷物中，是目前除大肠埃希氏菌外在医源性感染中最重要的条件致病菌。克雷伯菌属包括 5 个种，其中对人类致病的是肺炎克雷伯菌，其包括 3 个亚种。

【原理】 对于克雷伯菌属可根据其形态特点、培养特征及生化反应等进行鉴定，其 IMViC 的实验结果多为−−++，是与埃希氏菌属的主要区别。

【材料】

1. 菌种 肺炎克雷伯菌。

2. 培养基 MAC 琼脂平板、血琼脂平板、克氏双糖铁培养基（KIA）、尿素培养基、蛋白胨水培养基、枸橼酸盐培养基。

【方法】

1. 形态观察与菌落观察 方法同大肠埃希氏菌。

2. 生化反应 将肺炎克雷伯菌接种于 KIA、尿素培养基、半固体、蛋白胨水培养基、枸橼酸盐培养基中，经 37℃孵育 18～24h，观察结果。

【结果】

1. 形态观察 被检菌涂片为革兰氏阴性短杆或球杆菌，有荚膜，散在排列。

2. 菌落观察 肺炎克雷伯菌在血琼脂平板上形成圆形、凸起、灰白色、带有光亮的大菌落，呈黏液性，菌落易于融合，用接种环挑之可拉丝。在 MAC 琼脂平板上分解乳糖产酸，形成红色、凸起、光亮、较大肠埃希氏菌大的黏液性菌落。

3. 鉴定结果见表 2-14-6。

表 2-14-6 肺炎克雷伯菌基本生化反应

KIA			MIC			枸橼酸盐
葡萄糖	乳糖	H_2S	动力	脲酶	吲哚	
+	+	–	–	+	–	+

【注意事项】 同埃希氏菌属的培养和鉴定。

（吉林医药学院 孙艳美）

实验十五 弧菌属与螺杆菌属

一、霍乱弧菌

霍乱弧菌是引起霍乱的致病菌，霍乱是一种烈性的消化道传染病。其流行迅速，发病率及死亡率都较高，主要发生在夏季。早期诊断尤为重要。

霍乱弧菌的检验流程见图 2-15-1。

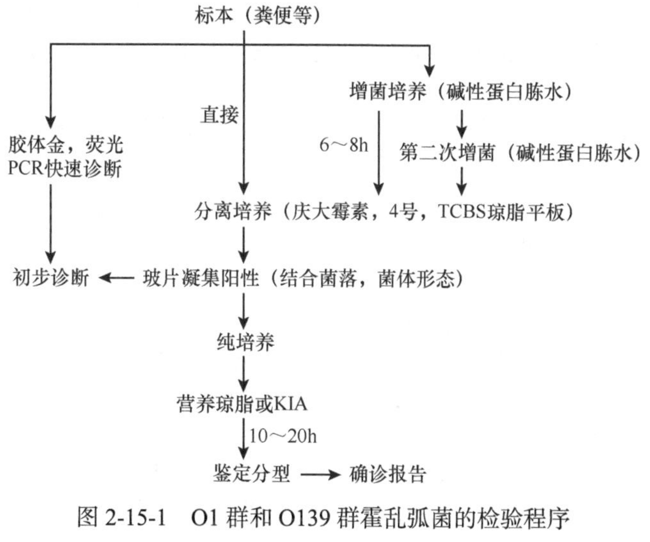

图 2-15-1 O1 群和 O139 群霍乱弧菌的检验程序

【材料】

1. 培养基 碱性蛋白胨水、硝酸盐蛋白胨水、TCBS 琼脂平板、4 号或庆大霉素琼脂平板、普通琼脂平板、Cary-Blair 运送培养基等。

2. 试剂 O/129 磷酸盐药敏纸片，拉丝实验用试剂（0.5%去氧胆酸钠水溶液）、氧化酶试剂（或试纸片）、生理盐水等。

3. 诊断血清 霍乱弧菌多价免疫血清（O1 群霍乱诊断血清、稻叶型霍乱血清、小川型霍乱血清、O139 群霍乱血清）。

4. 快诊试剂 O1 群霍乱胶体金快速检测卡、O139 群霍乱弧菌胶体金快速检测卡。

【采样与保存运送】

1. 采集患者自然排出的新鲜粪便，水样便采取 1～3ml，成形便采取指甲大小的粪量，亦可用直肠棉拭子或采便管由肛门插入直肠内 3～5cm 处采取，采集后的样品应尽快挑取接种于碱性蛋白胨水（pH8.6～9.2），同时划线分离选择性培养基（庆大霉素/4 号/TCBS 琼脂平板），如不能在 6h 内送达实验室检测的样品，应插入 Cary-Blair 运送培养基（或文腊二氏保存液）中送检。标本与保存液比例约为 1∶5。

2. 外环境样本可采取患者的污染衣物、剩饭菜、可疑食品、抹布、污水、坑塘水、井水、公厕粪便、苍蝇等；按 1∶10 比例置入碱性蛋白胨水增菌液中，迅速送往实验室。

【方法】

1. 快速诊断 快速检测并不能替代常规检测的进行，只作为辅助检测的一种手段。

（1）直接镜检：为争取最快速度做出诊断，采取患者“米泔水”样大便或呕吐物，制作悬滴标本，镜下观察其运动形态，悬滴法镜检（最好用暗视野）。

（2）早期玻片凝集实验：分别取 1 滴霍乱弧菌多价免疫血清和生理盐水滴加在玻片的左、右两个区域内。用接种环挑取适量的霍乱菌菌落分别加于生理盐水与免疫血清中并混匀，2～3min 后，观察是否有凝集发生。

（3）胶体金快速检测卡：挑取待测粪便标本 0.5g 加入内含 1ml 稀释液瓶中，用滴管反复吹打 5 次以上，拧紧瓶盖备用。从密封袋内取出霍乱弧菌胶体金快速检测卡，在非样本端标记样本号。将检测卡直接插入稀释液瓶内，或将试剂卡平置于台面，用滴管吸取瓶内样本液，滴加 4 滴（约 150μl）于卡的样本孔内，从插入或滴加样本开始计时，让样本液通过毛细作用扩散至检测区，10～15min 观察结果，15min 后无效。

2. 分离培养及生化反应

（1）分离培养：将可疑带菌材料接种至碱性蛋白胨水培养基上进行增殖培养。经 37℃孵育 6～8h 后观察表面生长现象，取菌液接种于 TCBS 琼脂平板上，置 37℃恒温培养箱中，培养 18～24h 后，观察菌落特征。

（2）糖发酵实验：将待检菌接种至蔗糖、麦芽糖，甘露醇及阿拉伯糖胶发酵管，37℃培养 24h 后观察结果。

（3）霍乱红实验：将待检菌接种于硝酸盐蛋白胨水中，37℃培养 24h 后，在培养物中滴加数滴浓硫酸，摇匀，观察颜色是否有变化。

3. 初步鉴定实验

（1）氧化酶实验：在非选择性或非鉴别性培养基如营养琼脂的新鲜培养物上滴加氧化酶试剂 1 滴，并使其流开，或将菌落用竹签或牙签挑至滴有试剂的滤纸上。

（2）拉丝实验：在玻片上加一滴试剂，取一接种环被检菌的新鲜琼脂培养物在试剂旁边研磨均匀，再与试剂混合制成浓厚悬液。

（3）O/129（二氨基二异丙基蝶啶）敏感实验：用接种环或灭菌棉拭子在含 0.5%氯化钠的普通琼脂平板上均匀涂抹待检菌，放上 10μg、150μg O/129 磷酸盐药敏纸片各一片，37℃培养过夜。

【结果】

1. 直接镜检 可观察到细菌运动高度活泼，呈穿梭样、流星样运动。

2. 早期玻片凝集实验 生理盐水侧不出现凝集，实验侧出现凝集为阳性，两侧均不出现凝集为阴性。

3. 胶体金快速检测卡 产生两条玫瑰红色带，则为阳性结果，表明标本内含有 O1 群霍乱弧菌抗原（蓝色卡）或 O139 群霍乱弧菌抗原（黄色卡）。若检测区内仅有一条玫瑰红色带出现，为阴性结果，表明样品内无霍乱弧菌或含量过低。

4. 分离培养 在碱性蛋白胨水增菌培养 6～8h 后形成薄的菌膜。培养后，可在 TCBS 琼脂平板上见到圆形、直径约 2mm、微凸、表面光滑、浸润整齐的菌落，并因分解蔗糖呈黄色。

5. 氧化酶实验 在 1min 内出现粉红-紫红-紫蓝色（有的最后呈黑紫色），为氧化酶阳性。肠杆菌科细菌多不变色或变成粉红色后很快褪色，为氧化酶阴性。

6. 拉丝实验 阳性者很快（30s 内）由混变清并变得很黏稠，再用接种环挑取时，可以拉出细丝。阴性者呈均匀悬液状态，与蒸馏水对照相同。古典型、埃尔托型和 O139 群霍乱弧菌均阳性。

7. O/129（二氨基二异丙基蝶啶）敏感实验 凡药敏纸片周围出现抑菌圈者为敏感。古典型、埃尔托型霍乱弧菌二者均敏感；O139 群霍乱弧菌均不敏感。

8. 糖发酵实验 蔗糖＋、麦芽糖＋、甘露醇＋、阿拉伯糖–。

9. 霍乱红实验 数分钟后培养物呈红色，即为霍乱红实验阳性。

【注意事项】

1. 粪便、肛拭子、呕吐物的标本采集要在使用抗生素之前。

2. 氧化酶实验时避开含铁物质（如接种环）。不能直接取产酸培养基上的菌落，不能取含还原剂的培养基及含亚碲酸盐培养基上的菌落（亚碲酸盐培养基可抑制氧化酶），以免出现假阳性和假阴性结果。

3. 出现可疑阳性结果时，必须及时规范报送上级主管部门。

4. 本实验必须在生物安全 2 级实验室操作，并做好个人防护。整个培养流程产生的实验培养废弃物均应进行高压灭菌消毒。

二、副溶血性弧菌

副溶血性弧菌存在于海底沉积物和鱼类、贝壳等海产品中，可引起食物中毒。

【方法】

1. 直接镜检 挑取适量的粪便直接涂片，革兰氏染色后观察其形态特征。

2. 分离培养 将可疑带菌材料接种至 TCBS 琼脂平板，35℃培养 24h 后观察菌落生长情况。

3. 嗜盐性实验 取副溶血性弧菌接种于无盐蛋白胨水和含 6%NaCl 的蛋白胨水中，置 37℃培养 6～12h，观察结果。

4. 神奈川实验 将副溶血性弧菌接种于我妻氏血琼脂平板中央成直径为 1cm 的涂面，置 37℃培养 26～48h 后进行观察。

5. 糖发酵实验 将待检菌接种至蔗糖、麦芽糖、甘露醇及水杨苷发酵管，37℃培养 24h 后观察结果。

【结果】

1. 直接镜检 可见革兰氏阴性菌，呈弧状、杆状、丝状等多形态。

2. 分离培养 培养后，可在 TCBS 琼脂平板上观察到圆形、边缘整齐、浸润、绿色、中心较深的菌落。

3. 嗜盐性实验 可观察到在无盐蛋白胨水培养液中无菌落生长，在含 6%NaCl 的蛋白胨水中有茂盛生长的菌落。

4. 神奈川实验 阳性株在涂面周围可观察到完全透明的溶血环，称神奈川实验阳性。

5. 糖发酵实验 蔗糖–、麦芽糖＋、甘露醇＋、水杨苷–。

【注意事项】 神奈川实验判断其是否发生溶血反应是鉴别致病株与非致病株的一项重要指标。

三、幽门螺杆菌

幽门螺杆菌（*Hp*）属于多种消化道疾病的常见致病菌，如慢性胃炎、胃黏膜病变、消化性溃疡等。

【方法】

1. 细菌培养法　将胃黏膜组织充分研磨后接种于培养基中，培养条件为 37℃微氧环境（含 5% O_2、15% CO_2、85% N_2），培养 3～5 天。

2. 快速脲酶法　将胃镜活检黏膜样本置于检测液中，在室温条件下，静置数分钟后，采用目测法加衬白纸观察结果。

【结果】

1. 细菌培养法　观察有无针尖样、0.1～1mm 透明或半透明湿润菌落形成。

2. 快速脲酶法　*Hp* 所产生的脲酶具有很高的酶活性，脲酶能水解尿素，生成氨和二氧化碳，氨能在 *Hp* 菌体周围形成一层保护性“氨云”，使局部的 pH 升高。在酸性条件下，pH 指示剂酚红呈黄褐色，若试剂颜色由黄褐色变为红色或紫红色，判为阳性，若试剂颜色不变则为阴性。若检测液颜色为浅红色至玫瑰红色，则为阳性，表明胃部有因 *Hp* 导致的病变；若无显色反应，仍为黄褐色，则说明无 *Hp* 感染。

【注意事项】

1. 胃镜检查时，要用活检钳在患者胃窦部距幽门 3cm 处及胃体中部前壁各取一块；细菌培养法是以主要细菌培养为基础的组织学检查，需要通过内镜获得胃黏膜组织，为一种侵入性检查，被认为是诊断 *Hp* 的金标准。

2. 1 个月内使用过 *Hp* 敏感药物或检查前 5 天内有消化道出血，会使检查敏感性降低。

3. 组织需新鲜送检。

（中国医科大学　郑兰艳）

实验十六　厌氧芽孢梭菌

【原理】　厌氧菌（anaerobic bacteria）是一群在有氧环境中不能生长或生长不良而在无氧环境中生长更好的细菌，广泛分布于土壤、沼泽、湖泊、海洋河流的沉渣，食物、人和动物的体表和腔道，是人体皮肤和黏膜正常菌群的主要组成部分，同时也是内源性细菌感染的常见病原菌。厌氧芽孢梭菌是临床分离厌氧菌中唯一有芽孢的菌属，临床常见的厌氧芽孢梭菌包括破伤风梭菌、产气荚膜梭菌、肉毒梭菌和艰难梭菌。

【材料】

1. 标本　破伤风梭菌、产气荚膜梭菌、肉毒梭菌庖肉培养物。

2. 培养基　庖肉培养基、血琼脂平板、卵黄琼脂平板、溴甲酚紫牛乳培养基。

3. 试剂　焦性没食子酸、50%Na_2CO_3、革兰氏染液、芽孢染液、凡士林等。

4. 仪器　显微镜、恒温培养箱、生物安全柜。

5. 其他　厌氧袋、厌氧缸、固体石蜡、脱脂棉等。

【方法】

1. 形态观察　无菌挑取破伤风梭菌、产气荚膜梭菌、肉毒梭菌庖肉培养物涂片、固定，进行革兰氏染色、芽孢染色。观察各菌的形态、染色性及芽孢特点。

2. 培养特性　厌氧芽孢梭菌属专性厌氧菌，常用焦性没食子酸法、庖肉培养基、厌氧袋、厌氧缸等法进行厌氧培养。

（1）焦性没食子酸法：将包有 0.2g 焦性没食子酸的 5 分硬币大小脱脂棉，置于平皿盖上，用吸管加入 50% Na_2CO_3 0.4ml（或 20% NaOH 0.2ml），立即将接种细菌的血琼脂平板覆盖其上，迅速用熔化石蜡将平皿四周封闭。于 35℃孵育 24h，观察结果。

（2）庖肉培养法：培养基中的肉渣含有不饱和脂肪酸和谷胱甘肽，能吸收培养基中氧，使氧化还原电势下降，加之培养基表面用凡士林封闭，利于厌氧菌生长。接种时先于火焰上加热熔化凡士林，分别接种细菌，置 80～85℃水浴 10min，再于 37℃孵育 2～4 天，观察结果。

3. 生化反应　在鉴定上有价值的生化实验有明胶水解、牛乳分解和糖类分解实验。卵黄琼脂平板在鉴定中有一定的价值，可观察卵磷脂酶实验，对鉴定产气荚膜梭菌是较重要的。

（1）“汹涌发酵”实验：用灭菌接种环（或吸管）取产气荚膜梭菌庖肉培养物，接种于溴甲酚紫牛乳培养基，置 37℃孵育 24～48h，观察结果。一般于培养 6～12h 后即可发生反应，可作为鉴定本菌的特征之一。

（2）卵磷脂酶实验和奈格尔（Nagler）实验：将卵黄琼脂平板分成两个区，其中一半均匀涂上卵磷脂酶抗血清，置 37℃待干后，先将待检细菌接种于未涂抗血清的一半，再接种于已涂过抗血清的一半，置 37℃厌氧培养 24～48h，观察结果。

4. 动物实验

（1）破伤风梭菌的动物实验：破伤风梭菌培养液 0.1ml 注射小白鼠左后肢肌肉内，逐日观察发病情况。

（2）产气荚膜梭菌的动物实验：将产气荚膜梭菌培养液 0.5ml 注射入小白鼠腹腔，5min 后断颈处死，置 37℃孵育 5～8h，观察小白鼠腹部膨胀气肿现象，然后解剖小白鼠，观察各脏器尤其是肝脏的变化。

【结果】

1. 形态与染色特点

（1）破伤风梭菌：革兰氏染色阳性细长杆菌，散在排列。芽孢染色，菌体呈细长杆状，染色蓝绿色，芽孢圆形，染成红色，位于菌体顶端，使细菌呈“鼓槌”状。

（2）产气荚膜梭菌：革兰氏染色阳性粗大杆菌，两端钝圆，单个或成双排列。芽孢呈椭圆形，直径小于菌体，位于菌体中央或次极端，但体内标本不易看到芽孢，只能见到四周有明显的荚膜。

（3）肉毒梭菌：革兰氏染色阳性较粗大杆菌，菌体直或稍弯，两端钝圆，单个或成双排列。芽孢椭圆形，直径大于菌体，位于菌体次极端，使细菌呈汤匙或网球拍状。

2. 菌落观察

（1）焦性没食子酸法

1）破伤风梭菌在血琼脂平板上呈扩散、迁徙生长，边缘不整齐，用低倍镜观察有卷发状突起，或纤细的细丝形成，如羽毛状。

2）产气荚膜梭菌在血琼脂平板上生成圆形、凸起、光滑、半透明、边缘整齐的菌落，多数菌株在菌落周围出现双层溶血环，内层完全溶血，外层不完全溶血。

3）肉毒梭菌在血琼脂平板上生成灰白色、弥散而不规则、半透明的较大菌落，有 β 溶血环。

（2）庖肉培养法

1）破伤风梭菌在庖肉培养基中生长良好，肉渣不被分解，但放置数周后可轻微变黑。

2）产气荚膜梭菌在庖肉培养基中经数小时孵育后即明显生长，产生大量气体，肉渣颗粒变粉红色，但不被分解。

3）肉毒梭菌在庖肉培养基中生长旺盛，呈均匀浑浊，产生少量气体，能消化肉渣，使之变黑，有腐败恶臭。

3. 生化反应　三种菌的生化特性见表 2-16-1。

表 2-16-1 厌氧芽孢梭菌主要的生化反应结果

菌种	明胶	牛乳	葡萄糖	麦芽糖	乳糖	蔗糖	卵磷脂酶	脂酶
破伤风梭菌	+	–	–	–	–	–	–	–
产气荚膜梭菌	+	+	⊕	⊕	⊕	⊕	+	–
肉毒梭菌	+	+	+	+/–	–	–	–	+

（1）“汹涌发酵”实验：产气荚膜梭菌能迅速分解乳糖产酸，凝固酪蛋白，并产生大量气体，将凝固的酪蛋白冲散呈海绵状碎块，并将培养基表面的凡士林冲至试管塞处，这种现象称为“汹涌发酵”。

产气荚膜梭菌一般于孵育 6h 后可出现“汹涌发酵”现象。破伤风梭菌和肉毒梭菌无此现象。

（2）卵磷脂酶实验和奈格尔实验：产气荚膜梭菌能产生卵磷脂酶，在卵黄琼脂平板上，能将培养基中可溶性的磷脂酰胆碱分解为磷酸胆碱和不溶性的二酯酰甘油酯，后者在菌落周围形成不透明区，此即卵磷脂酶实验阳性。此反应可被相应的抗血清抑制，如果在接种细菌前先于平板上涂布抗卵磷脂酶抗体血清，则菌落周围不形成不透明区，称为奈格尔实验阳性，这两个实验可确证该菌产生卵磷脂酶。

结果在未涂抗血清的一半平板，细菌周围形成较大不透明区，卵磷脂酶实验为阳性；在涂抗血清的一侧，细菌周围无不透明区，表示卵磷脂酶的作用已被抗体中和，为奈格尔实验阳性；反之，表示该菌不产生卵磷脂酶。产气荚膜梭菌卵磷脂酶实验阳性，破伤风梭菌和肉毒梭菌为阴性。

4. 动物实验

（1）破伤风梭菌的动物实验：发病的小白鼠尾部强直，注射侧肢体麻痹，强直性痉挛，于 1～3 天死亡。

（2）产气荚膜梭菌的动物实验：结果见小鼠腹部隆起，剖检时腹部放出大量气体，恶臭，各脏器均肿胀，并有许多气泡，尤以肝脏为甚，称泡沫肝。取内脏组织印片，革兰氏染色、镜检，可见革兰氏阳性粗大杆菌，外围负染透明的荚膜。

【注意事项】

1. 一些厌氧芽孢梭菌常被染成革兰氏阴性，导致鉴定错误，应注意鉴别。必要时可用氢氧化钾拉丝实验协助判断。

2. 厌氧芽孢梭菌对外界抵抗力很强，要严格无菌操作。废弃的标本和污染物等必须经高压灭菌或焚烧后方能弃掉。

3. 厌氧芽孢梭菌的某些菌种在有氧条件下亦可生长，易与需氧芽孢杆菌或兼性厌氧菌混淆，但厌氧芽孢梭菌仅在厌氧条件下产生芽孢，菌落比有氧环境下更大，触酶阴性，可与之鉴别。

（莆田学院 孙 杰）

实验十七 分枝杆菌属

分枝杆菌属（*Mycobacterium*）的细菌是一类细长略弯曲、有分枝生长趋势的杆菌。因其细胞壁含有大量脂质，一般不易着色，若经加温或因延长染色时间而着色后又能抵抗盐酸乙醇溶液的脱色，故又称抗酸杆菌。抗酸特性依赖于细菌细胞壁脂质外膜的完整性。分枝菌属主要致病菌有结核分枝杆菌、非结核分枝杆菌与麻风分枝杆菌。

一、结核分枝杆菌

结核分枝杆菌（*M. tuberculosis*）是引起结核病的病原体，形态检测有诊断价值；专性需氧生长，但营养要求高而且生长缓慢，目前在临床实验室多用聚合酶链反应（PCR）技术鉴定结核分枝杆菌 DNA，可进行快速诊断。结核分枝杆菌的培养基分为选择性培养基和非选择性培养基。前者加入抗生素来抑制杂菌和真菌的污染。目前培养结核分枝杆菌有以下三种类型：①半合成琼脂培养基，如米氏（Middlebrook）7H10 和米氏 7H11。这种培养基含有特定的盐、维生素、辅助因子、油酸、白蛋白、触酶、甘油、葡萄糖和孔雀绿。半合成琼脂培养基适用于结核分枝杆菌菌落特征观察和药物敏感实验。②浓缩蛋培养基，如罗氏（Lowenstein-Jensen）培养基。这种类型培养基包含特定的盐、甘油、有机复合物（如鸡蛋或蛋黄、马铃薯粉等）和孔雀绿。其中孔雀绿起到抑制杂菌生长的作用。少量的接种标本 3～6 周就可以分离生长。③肉汤培养基，如米氏 7H9 或米氏 7H12。肉汤培养基适用于小剂量结核分枝杆菌的扩增。结核分枝杆菌是专性需氧，从许多简单碳复合物氧化过程中获取能量。5%～10%CO_2能促进其生长。

【材料】

1. 标本　开放性肺结核患者痰标本（或卡介苗）、堪萨斯分枝杆菌。

2. 培养基　罗氏培养基、TCH（含噻吩-2-羧酸肼）培养基、苏通琼脂培养基。

3. 试剂　0.067mol/L pH 7.0 PBS、30%H_2O_2液、10%吐温 80 液、0.2%亚碲酸钾液、抗酸染液等。

4. 仪器　显微镜、恒温培养箱、生物安全柜等。

【方法】

1. 形态观察　用接种环取脓性或干酪样痰标本涂片，干燥，固定，进行抗酸染色，显微镜下观察。

2. 培养特性　标本经去污染和集菌处理后，取 0.1ml 接种于罗氏培养基，将接种过的斜面来回晃动，使菌液均匀铺于斜面上，斜面朝上置于 37℃恒温培养箱内培养。接种后 3 日观察，此后，每周观察 1 次。

3. 生化反应

（1）耐热触酶实验：取 3～4 周龄的结核分枝杆菌菌落 5～10 个，加入含有 1ml PBS（0.067mmol/L）的小试管中制成菌悬液，于 68℃水浴加热 20min，取出冷却至室温，沿管壁缓缓滴入 30% H_2O_2和 10%吐温 80 等量混合液 0.5ml（临用前配制），观察结果。以堪萨斯分枝杆菌作阳性对照，并做试剂空白对照。

（2）亚碲酸钾还原实验：取 3～4 周龄的分枝杆菌菌落若干个，制备成 1mg/ml 的菌液，取 0.1ml 接种于苏通琼脂培养基，37℃培养 7 天，加入 0.2%亚碲酸钾液 2 滴，37℃继续培养 3 天，观察结果。

【结果判定】

1. 形态与染色特点　菌体细长，稍弯曲，两端钝圆，革兰氏染色不易着色，抗酸染色呈红色，标本中细胞和其他细菌染成蓝色，结核分枝杆菌有时呈“V”“Y”“人”字形排列，菌量多时可排列为束状或集聚成团。

2. 菌落观察　结核分枝杆菌生长缓慢，在罗氏培养基上培养 2～6 周方出现肉眼可见的菌落，典型菌落表面粗糙、不透明、边缘不规则，呈乳白色或米黄色，外观干燥、粗糙颗粒状，结节状或菜花样。液体培养基中生长较为迅速，1～2 周即可生长，常形成表面菌膜或沉入管底。

3. 生化反应

（1）耐热触酶实验：液面出现气泡者为阳性，20min 内不出现气泡者为阴性。结核分枝杆菌加热后触酶活性钝化，加 H_2O_2后不能释放氧气产生气泡，非结核分枝杆菌（堪萨斯分枝杆菌）为阳性。

（2）亚碲酸钾还原实验：试管底部有黑色或深棕色沉淀物为阳性，反之为阴性。结核分枝杆菌多为阴性，胞内分枝杆菌为阳性。

二、痰标本的浓缩集菌与抗酸染色

【材料】

1. 标本 开放性肺结核患者痰标本。

2. 试剂 *N*-乙酰半胱氨酸、5g/L NaOH 液、0.067mol/L pH 7.0 PBS、抗酸染液等。

3. 仪器 显微镜、离心机、生物安全柜等。

【方法】

1. 痰标本的浓缩集菌 结核患者痰标本和其他含有杂菌标本都必须先去除杂菌污染。首先用*N*-乙酰半胱氨酸液化标本，与1～2倍量的5g/L NaOH液混匀以杀死杂菌和真菌。PBS中和标本后，3000r/min离心30min，弃上清，取沉淀物培养或涂片染色。

2. 抗酸染色（Ziehl-Neelsen法）

（1）初染：将已固定的涂片置于染色架上或用染色夹子夹好，滴加石炭酸品红染液，并于载玻片下方以弱火焰徐徐加热至有蒸汽出现（切勿煮沸和煮干），随时补充染液以防煮干，持续5min，充分冷却后水洗。

（2）脱色：用3%盐酸乙醇液脱色，直至涂片无红色脱落为止，水洗。

（3）复染：用吕氏亚甲蓝染液复染1min，水洗，晾干或印干（用滤纸印干，在此时只能用1次），用油镜检查并记录结果。

【结果判定】

标本中的细胞和其他细菌染成蓝色，抗酸杆菌为红色、较细长或略弯曲，有时可呈分枝状的杆菌，若发现即可报告“找到抗酸杆菌”，油镜下所见结果按下列标准报告。

－：仔细观察300个视野（观察时间不少于5min）未发现抗酸杆菌。

直接报告菌数：300个视野内发现1～8条抗酸杆菌。

＋：100个视野内发现3～9条抗酸杆菌。

＋＋：10个视野内发现1～9条抗酸杆菌。

＋＋＋：每个视野内发现1～9条抗酸杆菌。

＋＋＋＋：每个视野内发现10条以上抗酸杆菌。

以上报告方式只适于直接涂片镜检，对集菌涂片应按“发现抗酸杆菌”或“未发现抗酸杆菌”进行报告。

【注意事项】

1. 结核分枝杆菌的相关操作均要在生物安全柜中进行。

2. 废弃标本、实验操作相关污染物均须经高压蒸汽灭菌后方能丢弃或清洗。

（莆田学院 孙 杰）

实验十八 其 他 细 菌

一、嗜血杆菌属

嗜血杆菌属（*Haemophilus*）是一大群无动力、无芽孢、呈球杆状、杆状或长丝状等多形性的革兰氏阴性小杆菌。本菌属的细菌在人工培养时需要从新鲜血液中获得X和V两种生长因子而得名。流感嗜血杆菌为本菌属的代表菌，常引起各种化脓性感染。

【材料】

1. 菌种 流感嗜血杆菌培养物、金黄色葡萄球菌培养物。

2. 培养基 血琼脂平板、巧克力琼脂平板及含有X因子、V因子蛋白胨水培养基。

3. 诊断血清 流感嗜血杆菌抗血清（A～F）。

4. 仪器 显微镜、CO_2培养箱等。

5. 其他 革兰氏染液、亚甲蓝溶液等。

【方法】

1. 形态观察 取流感嗜血杆菌涂片，革兰氏染色，显微镜下观察。

2. 培养特性 将细菌分区划线接种于血琼脂平板、巧克力琼脂平板，置35℃、5%～10% CO_2培养箱中培养18～24h，观察不同平板上的菌落特征及色素产生情况。

（1）"卫星"实验：将流感嗜血杆菌密集接种于血琼脂平板上，再将金黄色葡萄球菌点种其上2～4处，37℃培养24h后，观察平板上菌落的生长情况。

（2）X、V因子需要实验：取4管5ml蛋白胨水，将制备好的X、V因子各加入一管，再将两种因子合并加入一管，留一管阴性对照，然后将待检菌接种各管内，于35℃培养18～24h，观察结果。

3. 生化反应 进行氧化酶、触酶实验，并接种各种生化培养基中，35℃培养18～24h，观察结果。

4. 血清学实验 用已知A～F血清型的标准血清与待检菌进行玻片凝集或荚膜肿胀实验。

【结果】

1. 形态与染色特点 革兰氏阴性小杆菌、球杆菌，可呈多形性。无动力，无芽孢，黏液型菌株，有荚膜。

2. 菌落观察 在巧克力琼脂平板上18～24h培养后形成微小、圆形、透明似露滴样菌落，48h后呈灰白色，菌落增大到直径1～1.5mm，继续培养至72h，菌落直径可达3～4mm，菌落中心凹陷呈脐窝状。血琼脂平板上形成极小菌落，圆形、透明、不溶血。

（1）"卫星"实验：邻近金黄色葡萄球菌菌落处的流感嗜血杆菌菌落较大，较远处渐小，即为"卫星"实验阳性。

（2）X、V因子需要实验：流感嗜血杆菌只在含有两种因子的试管生长。

3. 生化反应 流感嗜血杆菌氧化酶实验阳性，触酶实验多阳性。可分解葡萄糖产酸不产气，不分解乳糖和甘露醇，有荚膜的菌株产生吲哚，根据吲哚、脲酶及鸟氨酸脱羧酶实验，将本菌分为8个生物型。

【注意事项】

1. 流感嗜血杆菌不耐干燥，检验时取新鲜标本，保持标本湿润。

2. 流感嗜血杆菌抵抗力弱，人工培养基上易死亡，每隔4～5天应移种一次。也可将流感嗜血杆菌制成冻干粉，放置于–70℃下保存。

二、军 团 菌 属

军团菌属（*Legionella*）中的嗜肺军团菌可引起暴发性流行性呼吸道疾病的病原菌，为革兰氏阴性杆菌，细胞内寄生。

【材料】

1. 菌种 嗜肺军团菌4～10天培养物。

2. 培养基 BCYE平板（缓冲液碳粉、酵母浸膏、半胱氨酸、硝酸铁培养基）、F-G平板（费-高改良M-H培养基）、血琼脂平板、巧克力琼脂平板及各种生化反应培养基。

3. 试剂 相应生化试剂、革兰氏染液、鞭毛染液等。

4. 诊断菌液 军团菌标准菌株可溶性抗原、军团菌致敏红细胞、FITC标记的抗军团菌多价或相应单价抗体等。

5. 仪器 显微镜、恒温培养箱、生物安全柜等。

【方法】

1. 形态观察

（1）革兰氏染色：取嗜肺军团菌培养物直接涂片，革兰氏染色，用沙黄作革兰氏复染剂常不着色，可改用石炭酸品红作复染剂，镜下观察。

（2）直接荧光抗体染色：涂片干燥后，滴加 FITC 标记的抗军团菌多价或相应单价抗体染色，荧光显微镜下观察。

2. 培养特性 将待检菌接种于 BCYE 平板、F-G 平板、血琼脂平板和巧克力琼脂平板上，置 35℃，2.5%CO_2，需氧高湿度环境下培养 3～7 天。如果在 48h 内出现菌落或在这些培养基上均生长，则不是军团菌。如果仅在 BCYE 平板或 F-G 平板上生长，另外两种平板上不生长，而且至少在 72h 以后出现菌落，则可能为军团菌。

3. 生化反应 进行氧化酶、触酶实验，并接种于各种生化培养基中，35℃ 2.5%CO_2 培养后，观察结果。

4. 血清学实验

（1）微量凝集实验：首先将军团菌标准株接种于 BCYE 平板或其他专用培养基上，置 35℃，2.5%CO_2，需氧，高湿度环境下培养 3～4 天，用 0.01mol/L pH 7.4 PBS 洗下菌苔，沸水浴 1h 杀菌。2000r/min 离心 10min，弃去上清液。用含 0.5%甲醛的 PBS 配成悬液，使其在 420nm 波长，光径 1cm 时吸光度为 0.65，即为诊断菌液。在微量血凝反应板上，将待测患者血清用 0.01mol/L pH 7.4 PBS 做双倍连续稀释，每孔 25μl，然后各孔加入诊断菌液 25μl，混匀 1min，置湿盒室温过夜。

（2）间接血凝实验：将军团菌标准株接种 BCYE 平板或其他专用培养基上，置 35℃，2.5%CO_2 环境下培养 3～4 天，用 0.01mol/L pH 7.4 PBS 洗下菌苔，沸水浴 1h 杀菌，4℃冷浸 7～10 天，2000r/min 离心 15min，上清液即为可溶性抗原，加入 NaN_3（1.0g/L），4℃保存。

取甲醛、丙酮醛双醛醛化绵羊血细胞 0.1ml，1500r/min 离心 5min，弃上清，加入最适稀释度可溶性抗原（经预试选取出现特异凝集的最高稀释度，用 0.01mol/L pH 7.4 PBS 稀释）1ml，37℃水浴 1h 致敏，用 PBS 洗 3 次后，用含 1.0g/L 明胶、0.4g/L 牛血清白蛋白、0.5%羊红细胞的 0.11mol/L pH7.2 PBS 稀释液配成 0.7%悬液，即为致敏红细胞。

在微量血凝反应板上，将待测患者血清用 PBS 做双倍连续稀释，每孔 25μl，各孔补加 PBS 稀释液 25μl，振荡器混匀下每孔滴加致敏红细胞 25μl，混匀 1min，湿盒室温 2h 后判读结果。

【结果】

1. 形态与染色特点

（1）革兰氏染色：幼龄菌为革兰氏阴性短小杆菌，菌体呈杆状，有时为线状。

（2）荧光染色：荧光显微镜下可见细菌有强烈黄绿色荧光。

2. 菌落观察 在 BCYE 平板上 4～5 天可形成针尖大小的菌落，继续培养数日后菌落直径可增大至 4～5mm。菌落灰白色、圆形、湿润、有光泽、碎玻璃样。菌落较为黏着，并有特有的酸臭味。在 F-G 平板上培养 10 天可见生长，并可产生棕色色素。

3. 生化反应 触酶、氧化酶、β-内酰胺酶及马尿酸水解实验均阳性，不分解糖类产酸，脲酶及硝酸盐还原实验阴性。

4. 血清学实验 目视判定结果，以 50%（＋＋）凝集为终点，引起 50%凝集的血清最高稀释度的倒数为其效价。

三、棒状杆菌属

棒状杆菌属（*Corynebacterium*）包括 16 个菌种，多数为条件致病菌，主要的人类致病菌为白喉棒状杆菌（*C. diphtheriae*）。本菌属的特点是菌体大小长短不一，常一端或两端膨大呈棒状，故名棒状杆菌属。涂片镜下菌体多呈平行或锐角度排列。用苯胺染料染色能出现深染颗粒，即异染颗粒（metachromatic granule）。

【材料】

1. 菌种　白喉棒状杆菌产毒株（ATCC13812）培养物。

2. 培养基　吕氏凝固血清培养基、亚碲酸钾血琼脂培养基、血琼脂平板、Elek 氏琼脂平板。

3. 仪器　显微镜、恒温培养箱、生物安全柜。

4. 其他　无菌马（兔）血清、白喉抗毒素、阿氏（Albert）染液、滤纸条等。

【方法】

1. 形态观察　取白喉棒状杆菌吕氏凝固血清培养基 10～18h 培养物，制成两张涂片，干燥、固定，分别进行革兰氏染色和阿氏染色，镜下观察。

2. 培养特性　将标本分别接种于血琼脂平板、亚碲酸钾血琼脂培养基、吕氏凝固血清培养基，35℃培养 18～24h 后观察。

3. 生化反应　将白喉棒状杆菌接种于糖发酵培养基（葡萄糖、麦芽糖、蔗糖）及明胶、硝酸盐、尿素培养基等，35℃培养 18～24h 后观察。

4. 毒力实验　具体操作见“五、白喉毒素毒力实验”。

【结果】

1. 形态与染色特点　典型白喉棒状杆菌为革兰氏阳性杆菌，着色不均匀，菌体细长微弯曲，一端或两端膨大呈棒状，常以锐角簇状聚集而呈“X、Y、W、V”等字母形状或呈栅栏状排列。经阿氏染色，菌体呈蓝绿色，异染颗粒呈蓝黑色，位于菌体的一端或两端。

2. 菌落观察

（1）在吕氏凝固血清培养基斜面上，白喉棒状杆菌比其他呼吸道细菌生长迅速。10～18h 后可见丰富、细小、灰白色、有光泽的菌落。此时进行阿氏染色，观察镜下菌体排列特征及异染颗粒会非常显著。

（2）在含有 0.03%～0.04%亚碲酸钾血琼脂平板上，亚碲酸盐能抑制杂菌的生长，并且由于白喉棒状杆菌能吸收亚碲酸盐使其还原为元素碲，在平板上可见直径约 1mm、圆形、凸起、光滑湿润、呈黑色或灰黑色的菌落。在亚碲酸盐平板上培养 36～48h 后，菌落生长良好有利于白喉棒状杆菌的特征鉴定。

（3）在血琼脂平板培养物，白喉棒状杆菌可形成细小的、直径 1mm 左右、颗粒状、灰白色不透明、带有不规则边缘的菌落，可见狭窄溶血环。

3. 生化反应　白喉棒状杆菌能发酵葡萄糖、麦芽糖、果糖，产酸不产气；不发酵乳糖、甘露醇、木糖，一般不分解蔗糖。能还原硝酸盐，触酶实验阳性。不产生吲哚，不液化明胶，不分解尿素，氧化酶实验阴性。

4. 毒力实验　结果判读见“五、白喉毒素毒力实验”。

【注意事项】

1. 白喉棒状杆菌的异染颗粒检查，应用吕氏凝固血清培养基斜面 12～18h 培养物，此时镜下细菌形态和异染颗粒非常典型，而陈旧培养基上的培养物镜下细菌形态和异染颗粒不明显。

2. 白喉棒状杆菌的毒力实验，需用新分离的菌株，同时要有标准菌株对照。

四、异染颗粒染色

【材料】

1. 菌种　白喉棒状杆菌产毒株（ATCC13812）培养物。

2. 试剂　吕氏凝固血清培养基、阿氏染液等。

3. 仪器　显微镜。

【方法】　取白喉棒状杆菌吕氏凝固血清斜面 10～18h 培养物，制成涂片，干燥、固定，进行阿氏染色，步骤如下。

1. 阿氏染液（甲液）染色 5min，水洗。

2. 阿氏染液（乙液）染色 1min，水洗。

3. 滤纸印干后油镜下检查。

【结果】 经阿氏染色，白喉棒状杆菌菌体呈蓝绿色，异染颗粒呈蓝黑色，位于菌体的一端或两端。

五、白喉毒素毒力实验

白喉棒状杆菌样的培养物必须进行毒力实验。有毒株可以产生白喉外毒素，利用白喉抗毒素可与其特异性结合，中和白喉外毒素毒性的特点来进行白喉棒状杆菌的毒力实验。通常有以下三种方法：动物实验、细菌培养法和细胞共培养法。

【材料】

1. 菌种 白喉棒状杆菌产毒株（ATCC13812）培养物。

2. 培养基 吕氏凝固血清培养基、Elek 氏琼脂平板。

3. 其他 豚鼠、白喉抗毒素、无菌马（或兔）血清等。

【方法】

1. 动物实验 取吕氏凝固血清培养基上的 12～18h 培养物，用无菌水充分悬浊，取 4ml 菌悬液皮下注射豚鼠，设实验组和保护组两组。其中保护组预先 2h 先行注射 1000～2000U 的白喉抗毒素。

2. Elek 氏琼脂平板毒力实验 是一种体外的毒力测定方法。通过观察白喉抗毒素与白喉外毒素的双向琼脂扩散现象来判断所培养的白喉棒状杆菌的产毒性。

（1）将 Elek 氏琼脂 10ml 加热熔化，待冷至 50～55℃，加入无菌马（或兔）血清 2ml，立刻混匀，并倾注平板。

（2）待琼脂凝固，放入浸有白喉抗毒素（1000U/ml）60mm×15mm 的滤纸一条，将平皿置于 37℃恒温培养箱 45min，烘干表面水分。

（3）将实验菌株划线接种，接种的菌量宜多，37℃培养 24h、48h、72h，观察结果。

3. 细胞共培养法 白喉棒状杆菌的毒力也可以通过与细胞共培养来证实。在长满单层细胞培养物的平皿覆盖琼脂，然后将白喉棒状杆菌接种在琼脂表面。

【结果】

1. 动物实验 如果实验用菌具有产生白喉毒素的能力，则实验组在 2～3 天后就会死亡，而保护组不会死亡。

2. Elek 氏琼脂平板毒力实验 注意观察在接种线两侧距滤纸条约 1cm 处有无与接种线成 45° 的白色沉淀线出现。有沉淀线者，白喉棒状杆菌毒力实验阳性，该菌株产生白喉外毒素；无沉淀线者，白喉棒状杆菌毒力实验阴性，该菌株不产生白喉外毒素，结果见图 2-18-1。

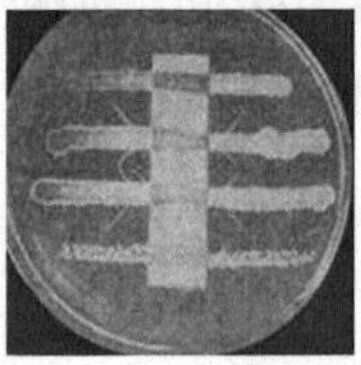

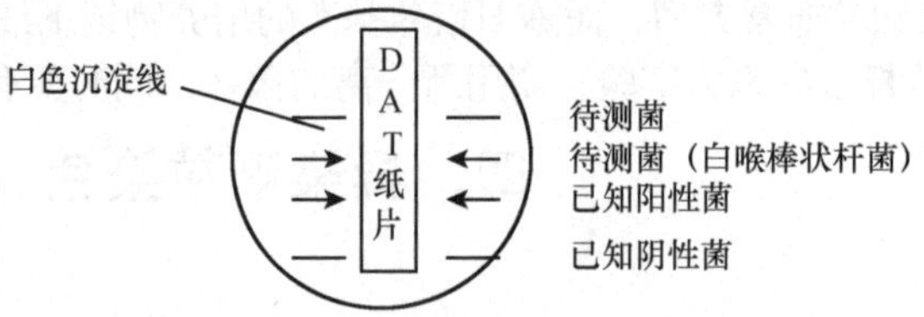

图 2-18-1 Elek 氏琼脂平板毒力实验结果及加样示意

3. 细胞共培养法 如果实验用菌具有毒力，则产生的白喉毒素就会扩散到琼脂下面杀死细胞。毒力实验阳性，反之毒力实验阴性。

六、芽孢杆菌属

炭疽芽孢杆菌（*Bacillus anthracis*）和蜡样芽孢杆菌（*Bacillus cereus*）是革兰氏阳性芽孢杆菌属的两个重要成员，其中炭疽芽孢杆菌是人类和动物炭疽病的病原菌，蜡样芽孢杆菌可引起食物中毒。由于炭疽芽孢杆菌是生化武器中主要菌种，故在本文中对炭疽芽孢杆菌仅介绍其菌落特征和镜下形态。

【材料】

1. 菌种　蜡样芽孢杆菌。

2. 培养基　普通琼脂平板。

3. 其他　炭疽芽孢杆菌示教片、革兰氏染液等。

【方法】

1. 形态观察　将蜡样芽孢杆菌培养物涂片，革兰氏染色，镜检。

2. 培养特性　取蜡样芽孢杆菌接种于普通琼脂平板，35℃培养 18～24h，观察结果。

【结果】

1. 形态与染色特点

（1）炭疽芽孢杆菌为革兰氏阳性粗大杆菌，两端截平，长链排列成竹节状。芽孢椭圆形，位于菌体中央，不使菌体膨大。

（2）蜡样芽孢杆菌为革兰氏阳性粗大杆菌，正直或微弯，末端稍圆钝。芽孢呈椭圆形，位于菌体中央或近端，菌体不膨胀。

2. 菌落观察　蜡样芽孢杆菌在普通琼脂平板中呈圆形、凸起、乳白色浑浊、边缘不整齐的大菌落，形成的菌落往往沿划线道蔓延扩展，呈片状生长，对光观察，似白蜡状。在肉汤培养基中呈均匀浑浊状生长，管底有容易散开的沉淀物，表面有菌膜。

【注意事项】

1. 炭疽芽孢杆菌可经多种途径感染人类，检验须在专用实验室或指定区域进行，严防实验室感染。

2. 实验完毕后，标本必须经高压蒸汽灭菌处理。

七、假单胞菌属

假单胞菌属（*Pseudomonas*）为直或微弯的革兰氏阴性杆菌，较细长，散在排列，无芽孢、无荚膜。多数在菌体一端有一至数根鞭毛，运动活泼。专性需氧，对温度适应范围广，最适生长温度为 35～37℃，少数种能在 4℃或 42℃生长。无特殊营养要求，在普通培养基上均能生长，多数能在 EMB、麦康凯及无机盐基础培养基（MBM）上生长，许多种不能在 SS 培养基上生长。本菌属多数细菌可产生各种水溶性色素，如绿脓素、红脓素、青脓素及黑脓素等。本菌属能氧化葡萄糖产酸、不产气，触酶和氧化酶实验（除少数菌种外）阳性。吲哚、甲基化、V-P 试剂均为阴性。其中，铜绿假单胞菌（*P. aeruginosa*）是假单胞属中最常见的菌种，也为该菌属的代表菌种。

【材料】

1. 菌种　铜绿假单胞菌斜面或平板培养物。

2. 培养基　普通营养琼脂平板、血琼脂平板、SS 琼脂平板、麦康凯琼脂平板及其他生化培养基。

3. 试剂　革兰氏染液、鞭毛染液、各种相关生化试剂。

4. 其他　恒温培养箱、显微镜、生物安全柜等。

【方法】

1. 形态观察　取铜绿假单胞菌斜面培养物，涂片，干燥后，经革兰氏染色、鞭毛染液染色后镜检。

2. 培养特性 将细菌分区划线接种在营养琼脂平板、血琼脂平板、麦康凯琼脂平板、SS 琼脂平板，35℃培养 18～24h，观察不同平板上菌落特征、色素。

3. 生化反应 取细菌进行氧化酶、触酶实验，并将其接种到各种生化培养基中，置于 35℃培养 18～24h，观察结果。

【结果】

1. 形态与染色特点 直接涂片镜检为革兰氏阴性杆菌，菌体长短不一，常呈多形性。培养后取血琼脂平板上菌落涂片为革兰氏阴性杆菌；动力观察：运动活跃；鞭毛染色：一端 1～3 根鞭毛。

2. 菌落观察 普通琼脂平板上形成圆形、大小不一、边缘不整齐、扁平、光滑湿润而常呈融合状态的菌落，琼脂被染成蓝绿色或黄绿色。血琼脂平板上形成大而扁平、湿润、有金属光泽、有生姜味的灰绿色或蓝绿色菌落，并形成透明溶血环。麦康凯琼脂平板上可形成微小、半透明菌落，48h 后菌落中心常呈棕绿色。SS 琼脂平板上形成类似沙门菌的乳糖不发酵菌落，稍久，菌落中央也呈棕绿色。

3. 生化反应 铜绿假单胞菌的最后鉴定，主要根据生化反应特征进行鉴定，见表 2-18-1。

表 2-18-1 铜绿假单胞菌与嗜麦芽窄食单胞菌的主要生化反应

菌种	KIA				MIU			O/F			氧化酶	精氨酸双水解酶	赖氨酸脱羧酶	色素
	底层	斜面	产气	H_2S	动力	吲哚	脲酶	葡萄糖	麦芽糖	木糖				
铜绿假单胞菌	–	–	–	–	+	–	±	O	–	O	+	+	–	+
嗜麦芽窄食单胞菌	–	–	–	–	+	–	–	O	O	–	–	–	+	–

注：O 为氧化型；F 为发酵型。

八、不动杆菌属

不动杆菌属（*Acinetobacter*）为一群不发酵糖类，氧化酶实验阴性，为不能运动的革兰氏阴性杆菌。其无芽孢、无鞭毛、专性需氧，临床标本中常分离到的菌种有醋酸钙不动杆菌、洛菲不动杆菌、鲍曼不动杆菌、溶血不动杆菌等。

【材料】

1. 菌种 鲍曼不动杆菌。

2. 培养基 血琼脂平板、麦康凯琼脂平板及其他生化培养基。

3. 试剂 革兰氏染液及各种相关生化试剂。

4. 仪器 显微镜、恒温培养箱等。

【方法】

1. 形态观察 细菌直接涂片进行革兰氏染色，干燥后镜检。

2. 培养特性 将细菌分区划线接种于血琼脂平板、麦康凯琼脂平板，35℃培养 18～24h，观察结果。

3. 生化反应 取细菌进行氧化酶、触酶实验，并将其接种到各种生化培养管中，35℃培养 18～24h，观察结果。

【结果】

1. 形态与染色特点 可见革兰氏阴性粗短的球杆菌，成双排列，易被误认为奈瑟菌，本菌难以脱色，部分可染成紫色，造成革兰氏染色假阳性，无鞭毛、无芽孢。

2. 菌落观察　在血平板上形成直径 2～3mm、灰白色、凸起、湿润、乳酪样菌落，一般不产生色素，在麦康凯琼脂平板上形成较大、圆形、无色或粉红色菌落。

3. 生化反应　触酶实验阳性，氧化酶实验阴性，精氨酸双水解酶实验阳性，利用枸橼酸盐，氧化分解葡萄糖，不分解麦芽糖，赖氨酸脱羧酶实验阳性，硝酸盐还原实验阴性。

【注意事项】

1. 鲍曼不动杆菌进行革兰氏染色时不易被脱色，易染成革兰氏阳性，常被误认为革兰氏阳性球菌。

2. 鲍曼不动杆菌在 41℃和 44℃生长，可据此与属内其他细菌鉴别。

（莆田学院　孙　杰）

实验十九　其他原核细胞型微生物

一、放　线　菌

放线菌是一群呈分枝状、丝状生长的原核细胞型微生物。因在固体培养基上菌落呈放线状生长而得名。自然界中分布广泛，对人类致病的主要有放线菌属和诺卡菌属。前者为厌氧或微需氧，抗酸染色阴性，多引起内源性感染；后者为需氧菌，抗酸染色弱阳性，常引起外源性感染。实验室检查最简单易行的方法是在患者病灶组织或脓样物质中查找硫磺样颗粒。

【材料】

1. 患者痰液、脓液、窦道敷料、硫磺样颗粒。

2. 试剂　革兰氏染色液。

3. 其他　无菌平皿、试管、载玻片、盖玻片、放大镜、显微镜等。

【方法】

1. 将患者窦道敷料放置于无菌平皿内，肉眼查找硫磺样颗粒。

2. 将脓液或痰液放入大试管，滚动试管直至标本在管壁形成薄膜，用放大镜查找硫磺样颗粒。观察硫磺样颗粒的形状、颜色、大小。

3. 将查找到的硫磺样颗粒置于载玻片上，覆以盖玻片并轻压，以高倍镜直接观察菌丝形态、排列。

4. 将硫磺样颗粒涂片固定后，进行革兰氏染色观察，在显微镜油镜下观察菌丝形态、排列及染色性。

【结果】　肉眼观察硫磺样颗粒为黄色小颗粒；显微镜下，硫磺样颗粒呈菊花状，由中央和周围两部分构成，中央为分枝的菌丝交织组成，革兰氏染色后呈阳性；周围是呈放射状排列的棒状体，革兰氏染色为阴性。

二、螺　旋　体

螺旋体（spirochete）是一类细长、柔软、弯曲呈螺旋状、运动较活泼的原核细胞型微生物。根据螺旋体螺旋数目、大小与规则程度分为三个属：钩端螺旋体（螺旋细密而规则，一端或两端弯曲成钩状），密螺旋体（螺旋多而规则，菌体直，两端尖）和疏螺旋体（有 3～10 个稀疏而不规则的螺旋，呈波状）。螺旋体广泛分布于自然界，对人致病的螺旋体主要有钩端螺旋体（钩体）、梅毒螺旋体、回归热螺旋体与伯氏疏螺旋体。临床上应用最广的螺旋体检查方法为形态学和血清学实验。因多数病原性螺旋体菌体折光性强，故常用暗视野显微镜观察；又因革兰氏染色不易着色，故常用镀银染色法或吉姆萨染色法进行形态观察。

【材料】

1. 菌种　标准株活钩端螺旋体培养物。

2. 试剂　钩端螺旋体病患者血清、生理盐水等。

3. 其他　钩端螺旋体示教片、梅毒螺旋体镀银染色示教片、载玻片、盖玻片、毛细滴管、微孔板、暗视野显微镜等。

【方法】

1. 暗视野显微镜下动力检查（压滴法）：用毛细滴管取钩端螺旋体纯培养物 1～2 滴，滴于载玻片上，用盖玻片轻压，于暗视野显微镜下观察。

2. 钩端螺旋体显微镜凝集实验

（1）原理：钩端螺旋体与同型免疫血清会发生菌体凝集反应，镜下可见数根钩端螺旋体的一端钩集在一起，另一端散开，形如蜘蛛状。若血清中有补体存在，则在菌体凝集后数分钟内可发生菌体溶解，菌体被破坏后呈残絮状、蝌蚪状、颗粒状，而且菌体的凝集和溶解程度与血清的稀释倍数有关。

（2）微孔板法。①稀释血清：用生理盐水将患者血清稀释为 1∶50、1∶100、1∶150、1∶200、1∶400 或更高稀释度，每孔分别加入 0.1ml 不同稀释度血清，对照孔加 0.1ml 生理盐水。②加抗原：于每个稀释度血清孔和对照孔内加入等量抗原，即活钩端螺旋体培养液 0.1ml，轻摇混匀后置于 28～30℃恒温培养箱中 2h，然后从每孔中取出 1 滴滴于载玻片上，覆盖盖玻片，于暗视野显微镜下观察并判定结果。

【结果】

1. 形态特征　①钩端螺旋体经镀银染色后，镜下可见淡黄褐色背景下，钩端螺旋体呈棕褐色，常点状连接成 S 形或 C 形，螺旋体一端或两端呈钩状弯出（图 2-19-1）；②梅毒螺旋体镀银染色后小而纤细，有 8～14 个规则弯曲紧密的螺旋，菌体直硬、两端尖（图 2-19-2）。

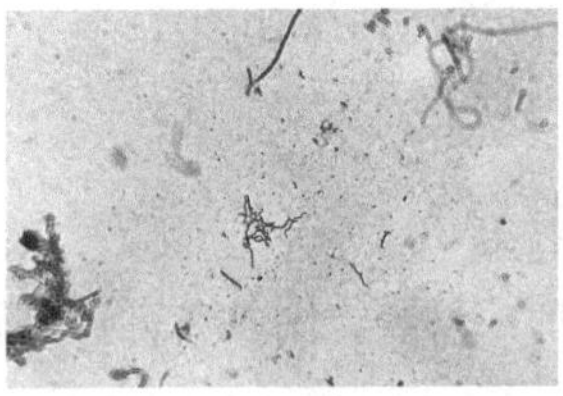

图 2-19-1　钩端螺旋体镀银染色

图 2-19-2　梅毒螺旋体镀银染色

2. 暗视野镜检　在高倍镜或油镜下可见，在黑暗的背景下钩端螺旋体因折光性强而形成一串微细珠粒，呈白色并闪烁发光，一端或两端弯曲成钩状，有时菌体屈曲呈 S 形或 C 形，以长轴为中心，作回旋运动，运动活泼，可见翻转、滚动等运动。

3. 钩端螺旋体显微镜凝集实验结果判定　若待检血清中有某型钩端螺旋体抗体存在，则在相应抗原孔中见到钩端螺旋体凝集成团，呈小蜘蛛样，如螺旋体数显著减少，菌体残缺不全，表示菌体溶解。在暗视野显微镜下以钩端螺旋体凝集和游离情况来判定结果。几乎全部菌体均呈蝌蚪状或折光率高的团块，或大小不等的残片，仅有极少数游离钩端螺旋体判为（＋＋＋＋），75%以上菌体凝集或溶解为（＋＋＋），50%以上菌体凝集或溶解为（＋＋），25%以上菌体凝集为（＋），全部菌体正常，同生理盐水对照相同为“–”。以出现（＋＋）的最高血清稀释度为血清效价。一般血清效价达 1∶300 以上才有诊断意义，或双份血清效价增高 4 倍以上，则可确诊钩端螺旋体病。

【注意事项】

1. 压滴制片时注意避免产生气泡。

2. 钩端螺旋体的液体培养物要求含菌量多、无自凝现象、运动活泼，用毛细吸管吸取反应物时，应从血清低浓度到高浓度。

3. 显微镜凝集实验时，患者血清要以 56℃、30min 灭活补体后再进行凝集实验。

三、梅毒螺旋体的血清学实验

梅毒螺旋体所引起的梅毒是一种危害严重的性传播疾病，人是唯一传染源。当人体感染梅毒螺旋体后4～10周，血清中除产生抗梅毒螺旋体抗原的特异性抗体外，还产生一种非特异性抗体——反应素。这些抗体均可用免疫学方法进行检测。根据检测所用抗原不同，梅毒血清学实验分为两大类：非密螺旋体抗原血清实验（筛选实验）和密螺旋体抗原血清实验（确证实验）。前者包括性病研究实验室（VDRL）实验、快速血浆反应素（RPR）实验及甲苯胺红不加热血清实验（TRUST）等；后者包括梅毒螺旋体抗体明胶颗粒凝集（TPPA）实验、ELISA、快速免疫层析和荧光密螺旋体抗体吸收（FTA-ABS）实验等。WHO 推荐用 VDRL、RPR 法对血清进行过筛实验，出现阳性者用 FTA-ABS、FTA-ABS 双染色（FTA-ABS-DS）、梅毒螺旋体抗体微量血凝（MHA-TP）实验、TPPA 和 ELISA 等方法做确证实验。

【原理】 当人体感染梅毒螺旋体后，刺激机体产生抗梅毒螺旋体抗原的特异性抗体和非特异性抗体—— 反应素。二者可分别与梅毒螺旋体抗原和牛心肌脂质发生特异性结合。

1. 筛选实验采用牛心肌的心脂质作为抗原，该抗原以胆固醇为载体包被心脂质构成 VDRL 抗原微粒，并且可预先将 VDRL 与活性炭颗粒或甲苯胺红相吸附作为指示物，阳性反应则可形成肉眼可识别的黑色或红色凝集物，不发生凝集为阴性反应。用活性炭颗粒作指示剂的称为 RPR 实验，用甲苯胺红作指示剂的称为 TRUST。由于反应素在非梅毒患者血清中也有出现，如风疹、水痘、类风湿关节炎、疟疾患者等，故该实验检测反应素敏感性高、特异性较低，适用对大量标本的筛检，凡最终被判阳性的标本必须进行确证实验。

2. 确证实验使用梅毒螺旋体作为抗原，与待检血清中特异性抗体发生特异性结合反应，阳性可确诊梅毒。

【材料】

1. 梅毒患者血清、Nichols 株梅毒螺旋体抗原悬液、待测血清。

2. 试剂 FTA-ABS 试剂盒、RPR 试剂盒、TRUST 试剂盒、TPPA 试剂盒等。

3. 其他 载玻片等。

【方法】

1. 筛选实验

（1）RPR 实验：所用 RPR 抗原是吸附于未经处理的活性炭颗粒的类脂质抗原，与一滴血清在 RPR 卡片的圆圈中混合，如出现间接凝集说明为阳性血清。此法快速、简便，不需显微镜，适于大量筛选实验。操作按试剂盒说明书操作如下：

1）分别吸取阴性、阳性对照和待检血清（不需灭活）各 1 滴（50μl）加到反应卡的 3 个圆圈内并铺匀。

2）轻轻摇匀抗原，在每份血清上用专用滴管针头垂直滴加抗原 1 滴于各血清圈内。

3）摇动卡片 8min，速度约 100r/min，立即用肉眼观察结果。

（2）TRUST：采用 VDRL 抗原混悬于含有特制的甲苯胺红溶液中，与血清中反应素反应，出现肉眼可见的凝集为阳性。操作步骤同（1）。

2. 确证实验

（1）TPPA：采用超声裂解梅毒螺旋体 Nichols 株为抗原，将其包被在人工载体明胶粒子上，致敏明胶颗粒与人血清或血浆中的梅毒螺旋体抗体结合，产生肉眼可见凝集反应。由此可以检测出血清中的梅毒螺旋体抗体，并且可用来测定抗体效价。操作步骤如下。

1）加入样品稀释液：吸取血清稀释液 100μl 加入第 1 孔，再分别取 25μl 血清稀释液加入第 2～6 孔中。

2）血清稀释：吸取待检血清 25μl 加入第 1 孔，混匀后吸取 25μl 到第 2 孔，重复其稀释步骤至第 6 孔时，混匀后弃去 25μl 液体。

3）加入明胶颗粒：混匀细胞工作液，第 2 孔加 25μl 未致敏颗粒;第 3、4、5、6 孔加 25μl 致敏颗粒。

4）将反应板于微量振荡器上振荡 30s，置湿盒内，15～25℃孵育 2h 观察结果。

5）取对照用阳性血清，操作同上。

（2）FTA-ABS：具高度特异性和敏感性，在 I 期梅毒的最初几天就可测出特异性抗体，尤其适用于早期梅毒的诊断。操作步骤如下：

1）抗原片制备：取 Nichols 株梅毒螺旋体抗原悬液，在玻片上涂数个直径约为 5mm 菌膜，干燥后用甲醛固定。

2）待检血清预处理：待检血清置于 56℃、30min 灭活后，取 50μl 灭活血清与 200μl 吸附剂（非致病梅毒螺旋体 Reiter 株）混匀，在 37℃孵育 30min，除去非特异性抗体。

3）荧光显色：用 PBS 对处理后的待检血清做 1∶20～1∶320 的倍比稀释，稀释后的血清分别滴加在抗原菌膜上，置湿盒内在 37℃孵育 30min，用 PBS 冲洗，将玻片置于 PBS 中浸洗 3 次，每次 5min，取出干燥。在抗原菌膜上滴加荧光素标记的羊抗人 IgG 抗体，置湿盒内在 37℃孵育 30min 后，再用 PBS 按前法洗片，待玻片干燥后用甘油缓冲液封片。

4）荧光显微镜观察凝集现象并记录结果。

【结果】

1. RPR 实验结果判定　在 RPR 白色纸卡片上阴性标本反应圈中不出现黑色炭颗粒凝集，阳性标本反应圈中可出现明显黑色炭颗粒凝集或絮片状凝集，如图 2-19-3 所示。为更好地区别弱阳性与阴性结果，将纸卡片与水平面成 30°倾斜做旋转，使血清与抗原在圆圈内转动，根据颗粒或絮状的大小，记录（＋＋＋＋）或（–）结果。

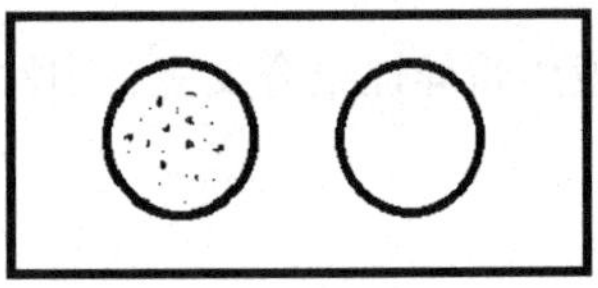

图 2-19-3　RPR 实验

左：阳性；右：阴性

2. TRUST 结果判断　阴性呈粉红均匀分散的沉淀物，阳性出现粉红色凝集块，根据凝集程度记录（＋）～（＋＋＋＋）。此法也可进行半定量实验。

3. TPPA 结果判定　阳性（＋＋）～（＋＋＋＋）：颗粒凝集覆盖整个孔底，多边形膜状，边缘粗糙；阳性（＋）：颗粒凝集呈多边形粗糙大环状；可疑（±）：颗粒浓集呈边缘光滑小环状；阴性（–）：颗粒聚集在孔底中央、光亮、边缘光滑。定量实验以出现阳性反应（＋）的最高稀释度作为最终滴度。

4. FTA-ABS 结果判定　在荧光显微镜下判定结果：阳性结果参照阳性标准血清的荧光强度判定，半数视野（10 条左右）出现荧光，则为（＋＋），多半视野（15 条左右）呈荧光则为（＋＋＋），全部视野（约 20 条）出现强荧光则为（＋＋＋＋）。“可疑”结果参照非特异性血清的荧光强度判定为（＋＋）或（＋），阴性结果参照阴性对照血清判定为（–）或（＋）。

【注意事项】

1. 试剂盒使用前应平衡至室温再进行操作。

2. 结果观察完毕前不要振摇反应板或反应管。

3. TPPA 反应 U 形板可重复使用，但重复次数不宜超过 3 次；致敏粒子和非致敏粒子滴加前应充分摇匀。

4. FTA-ABS 和 TPPA 实验中，每次实验均应设阳性、阴性及非特异性血清对照，凡出现（＋＋）～（＋＋＋＋）者可确诊，并以此为参照做出待检标本的判定。

四、支　原　体

支原体（mycoplasma）是一类无细胞壁、形态多样、能通过滤菌器、可在无生命培养基中生长繁殖的最小的原核细胞型微生物。其营养要求高于一般细菌，除基本营养物质外还需加入 10%～

20%人或动物血清以提供支原体所需的胆固醇。革兰氏染色不易着色，故常用吉姆萨染色法将其染成紫色。支原体种类较多，但多数对人体无致病性，致病性支原体主要为肺炎支原体、人型支原体、解脲支原体、生殖器支原体和穿透支原体。实验室通过形态检查、分离培养、生化反应、生长抑制实验及代谢抑制实验等鉴定，也可用检测核酸、抗原等方法进行快速鉴定。

【材料】

1. 菌种　肺炎支原体培养物。

2. 培养基　肺炎支原体培养基（SP-4）。

3. 试剂　吉姆萨染色液等。

4. 其他　肺炎支原体吉姆萨染色示教片等。

【方法】

1. 形态观察　显微镜油镜下观察肺炎支原体吉姆萨染色示教片。

2. 培养　将肺炎支原体接种于 SP-4 培养基，置于 CO_2 浓度为 5%培养箱中 37℃培养 2～3 天。每天在低倍镜下观察菌落生长现象。

3. 菌落染色镜检

（1）通过低倍镜观察接种肺炎支原体的 SP-4 培养基，用灭菌刀片切取带一个菌落的琼脂块，使菌落面朝下置于载玻片上。

（2）将载玻片放入 80～85℃的水中，见琼脂发白脱落后取出玻片。

（3）自然干燥后进行吉姆萨染色（染液做 1∶20 稀释，需染 3h 以上），然后显微镜下观察。

【结果】

1. 形态观察　镜下可见肺炎支原体多呈现球形小颗粒和较短的丝状体。

2. 培养　肺炎支原体在固体培养基上生长较慢，形成微小密集的菌落，菌落直径 10～100μm。

3. 菌落镜检　经吉姆萨染色，菌落被染成淡紫色，中央深、四周较浅，形状似油煎蛋样（图 2-19-4）。

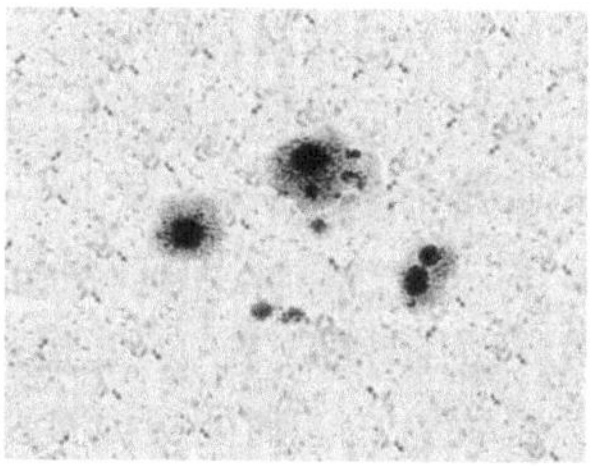

图 2-19-4　肺炎支原体（油煎蛋样菌落）

【注意事项】

1. 支原体进行接种时用力要轻柔（培养基的琼脂含量较低），避免划破培养基或在平板平面留下明显划痕而影响观察。

2. 应在较暗的视野下观察支原体菌落。

五、肺炎支原体冷凝集实验

肺炎支原体是人类支原体肺炎的病原体，支原体肺炎的病理改变以间质性肺炎为主，有时并发支气管肺炎，称为原发性非典型性肺炎。原发性非典型性肺炎患者血清中可产生冷凝集素。冷凝集素是患者血清中的一类大分子球蛋白性的自身抗体，在 4℃下，一般可与 O 型人红细胞或患者自身红细胞直接发生非特异性凝集，称为冷凝集实验，抗体于患病一周时达到高峰。此方法简便，可用于支原体肺炎的辅助诊断，但反应具有可逆性，若将已凝集的红细胞放回 37℃时，凝集现象即消失。

【材料】

1. 支原体肺炎患者血清、抗凝 O 型血或患者自身血。

2. 试剂　无菌生理盐水等。

3. 其他　无菌小试管、无菌吸管等。

【方法】

1. 2%人红细胞悬液制备：取抗凝 O 型血或患者自身血 1～2ml，加适量无菌生理盐水稀释成

2%悬液备用。

2. 在试管架上排列 10 支小试管，分别做好标记，每管各加生理盐水 0.5ml。

3. 于第 1 管内加入 0.5ml 患者血清，混匀后，吸出 0.5ml 加入第 2 管内，依次连续稀释至第 9 管，混匀后弃去 0.5ml。第 10 管作为对照，不加患者血清（表 2-19-1）。

4. 每管内分别加入 0.5ml 的 2%红细胞悬液，振荡混匀后，置冰箱内 2～4h 或过夜后观察结果。

表 2-19-1　肺炎支原体冷凝集实验

样品	试管号									
	1	2	3	4	5	6	7	8	9	10
生理盐水（ml）	0.5	0.5	0.5	0.5	0.5	0.5	0.5	0.5	0.5	0.5
患者血清（ml）	0.5	→ 0.5	→ 0.5	→ 0.5	→ 0.5	→ 0.5	→ 0.5	→ 0.5	→ 0.5	→ 弃 0.5
2%红细胞悬液（ml）	0.5	0.5	0.5	0.5	0.5	0.5	0.5	0.5	0.5	0.5
血清最终稀释度	1∶4	1∶8	1∶16	1∶32	1∶64	1∶128	1∶256	1∶521	1∶1024	对照

【结果】　观察各试管底部的凝集物，并记录凝集效价。以出现凝集的血清最高稀释度为该血清的凝集效价，凝集效价≥1∶64 或双份血清呈 4 倍以上升高有诊断价值。

【注意事项】

1. 制备患者血清时，切勿将血液放在冰箱内，在冬季室温低于 20℃，可将标本置于 37℃孵育析出血清，随即分离进行实验。

2. 冷凝集是可逆的，在较高的室温下，凝集现象可迅速消失，因此从冰箱内取出后必须立即观察结果，以免造成假阴性。

3. 取出时尽量避免震动，先观察管底红细胞沉淀的形状，再轻摇试管，如有明显的凝集现象，记录凝集效价。

4. 对照管内的红细胞轻摇后应完全分开，无凝集现象，否则应重新实验。

5. 若为阳性结果，最好将试管再放入 37℃水浴箱内 5～30min，重新观察一次，如红细胞完全分散，凝块消失，则证实为真正的冷凝集现象，否则可能为其他凝集所致，不作阳性报告。

6. 该实验的阳性率仅为 50%，且为非特异性反应，故只能作辅助诊断。

六、衣　原　体

衣原体（chlamydia）是一类严格真核细胞内寄生，具有独特发育周期，并能通过细菌滤器的原核细胞型微生物，现归属于广义细菌。衣原体属中按照抗原结构和 DNA 同源性的特点，分为沙眼衣原体（*C.trachomatis*）、肺炎衣原体（*C.pneumoniae*）、鹦鹉热衣原体（*C.psittaci*）和兽类衣原体（*C.Pecorum*）4 个种。衣原体可引起人类沙眼、包涵体结膜炎、泌尿生殖道和呼吸道感染，其中最为常见的是沙眼衣原体和肺炎衣原体。

临床标本可经吉姆萨染色直接显微镜检查，用免疫荧光法、酶免疫法、胶体金法检测抗原，用探针法、PCR 法检测核酸。细胞培养法是检测沙眼衣原体的金标准方法。

【材料】

1. 沙眼衣原体感染标本吉姆萨染色片、复方碘溶液染色片。

2. 其他　显微镜、香柏油等。

【方法】　将标本片置于油镜下，观察衣原体包涵体存在的位置、颜色和形态。

【结果】　沙眼衣原体包涵体存在于宿主细胞质内，由密集的颗粒组成，吉姆萨染色呈深紫色，多为散在型或帽型，也可见到桑椹型或填塞型，占据细胞质的大部分，常使细胞核偏位。散在型包涵体由始体组成，圆形或卵圆形，散在于细胞质内，一个上皮细胞可含 1～3 个或更多；帽型包涵体多数由始体连续排列而成，形似舌帽或瓜皮帽，大小不一，紧扣在细胞核上或稍有间隙；桑椹型包涵体由始体和原体堆积而成，呈圆形或卵圆形，形似桑椹，较大，单独或一面依附于细胞核上；填塞型包涵体绝大多数由原体堆积而成，常把整个细胞填满，将细胞核挤成梭形或其他形状，为巨大包涵体。在显微镜下观察碘染色示教片，上皮细胞内包涵体呈褐色斑块，其他结构不着色，这是因为沙眼衣原体包涵体基质内含有糖原，与碘液结合可呈棕褐色。

七、直接免疫荧光法检测沙眼衣原体

直接免疫荧光法检测沙眼衣原体是将 15 种血清型沙眼衣原体的主要外膜蛋白（MOMP）制成单克隆抗体，并用异硫氰酸荧光素做标记，检测标本中的衣原体抗原。若荧光抗体与上皮细胞内的衣原体抗原结合，则可在荧光显微镜下呈现绿色荧光。

【材料】

1. 患者标本或沙眼衣原体感染的鸡胚卵黄囊。

2. 沙眼衣原体诊断试剂盒，主要包括以下成分：

（1）沙眼衣原体抗体，为用荧光标记的小鼠抗人衣原体单克隆抗体。

（2）复溶稀释剂，为含 0.1%叠氮钠的去离子水，供复溶抗体使用。每瓶冻干抗体中加入 2.09ml 稀释剂。

（3）沙眼衣原体阳性对照片，含有经过固定的哺乳动物细胞、原体和始体。它们的形态近似于阳性标本。

（4）阴性对照片 5 片，哺乳动物细胞片。

（5）封固液为 pH9.4 的含有磷酸盐缓冲液、甘油和一种减慢照相脱色试剂的混合物。于 2～8℃保存。

3. 酒精消毒棉球、棉拭子、荧光显微镜等。

【方法】

1. 取材 以酒精消毒棉球对取材部位进行消毒后，用棉拭子擦拭局部黏膜以获取足够量的上皮细胞。

2. 制备涂片 将涂有标本的棉拭子一面涂于玻片凹孔的上半部，旋转 180°后，将另一面涂于下半部，使整个凹孔内都涂满标本。空气中充分晾干涂片，滴加丙酮 0.5ml 固定 10min，待全部挥发。为确保染色结果，涂片应在室温（20℃）或 28℃条件下保存和运送，并在收集后 7 天内染色，如不能染色，应固定后于–20℃保存。

3. 抗体结合反应 取 30μl 沙眼衣原体试剂滴于每张涂片和对照片上，覆盖整个凹孔，在湿盒中作用 15min。孵育后，用去离子水或蒸馏水缓慢冲洗玻片，将未结合的荧光抗体洗掉。

4. 观察 多余的水分用吸水纸吸干，在空气中干燥。滴封固液于凹片中央后盖上盖玻片，消除气泡。用荧光显微镜检查，激发光波长 490nm，平均发射波长 520nm。400～500 倍筛查，600～1000 倍确证。

【结果】 阳性标本可见细胞质内出现中等到强亮度的绿色荧光，为针头样大小的圆形或卵圆形散在或堆积于细胞核旁的原体。高倍镜下，原体表现为均匀的荧光，大小约为细胞的 1/100，两端呈圆形。阴性对照在细胞中无荧光出现，对原体形状掌握不准时必须用阳性对照片作对比观察。如对照结果符合，标本中出现 10 个以上上述圆形或卵圆形荧光时，可确认为衣原体感染标本。

【注意事项】

1. 所取标本应至少含有 1000 个以上的上皮细胞。

2. 涂片时勿在玻片上反复涂抹棉拭子。

3. 注意抗体结合反应时不能使试剂在玻片上干燥，否则将出现非特异结合的荧光。

八、立克次体

立克次体是一类以节肢动物为传播媒介、严格细胞内寄生的革兰氏阴性原核细胞型微生物。目前发现对人类有致病作用者主要包括 3 个属，即立克次体科的立克次体属（*Rickettsia*）、东方体属（*Orientia*）及无形体科的埃立克体属（*Ehrlichia*），其中常见的立克次体主要有普氏立克次体、莫氏立克次体和恙虫病立克次体，它们分别引起的立克次体病称为流行性斑疹伤寒、地方性斑疹伤寒和恙虫病，这也是我国较常见的立克次体病。由于不同立克次体的节肢动物传播媒介的地理分布不同，各种立克次体病的流行也有明显的地区性，属于自然疫源性疾病。

立克次体革兰氏染色阴性，但一般不易着色，因此常用吉姆萨或麦氏染色，分别将立克次体染成紫色（或蓝色）和红色。在感染细胞内，不同立克次体在细胞内的分布不同，可用于对不同立克次体的初步鉴别。

【材料】

1. 斑疹伤寒或恙虫病立克次体感染的小白鼠腹腔渗出液涂片。

2. 试剂 吉姆萨染液、甲醇、蒸馏水等。

3. 其他 显微镜、载玻片、盖玻片等。

【方法】

1. 用甲醇将制备好的立克次体涂片固定 5min。

2. 取 1～2 滴吉姆萨染液加入到 1ml 蒸馏水中，配成新鲜稀释的吉姆萨染液，然后将染液滴加至标本上，染色 30～40min 后流水冲洗，晾干。

3. 显微镜下检查标本中有无立克次体的存在。

【结果】 镜下观察，可见完整或破碎的细胞，细胞核染成紫红色，细胞质染成浅蓝色，在感染细胞内，立克次体呈紫红色，球状、杆状或短杆状，常聚集成致密团块状，也可散在或成对排列。

【注意事项】 根据不同立克次体在细胞内的分布不同可进行初步识别。如斑疹伤寒立克次体常散在于细胞质中，恙虫病立克次体常大量堆积在核旁的细胞质中，而 Q 热柯克斯体则在细胞质和细胞核内均可发现。

九、外斐（Weil-Felix）反应

外斐反应是用变形杆菌某些菌株的菌体抗原代替立克次抗原以检测相应抗体的凝集实验。由于变形杆菌抗原容易制备，临床上常用这类变形杆菌代替相应的立克次体抗原，与被检患者血清进行非特异性凝集反应，有助于辅助诊断立克次体病。

【原理】 普通变形杆菌某些菌株（如 OX_{19}、OX_2、OX_k 等）的菌体抗原与立克次体的脂多糖有共同抗原成分，因此这些菌株与立克次体特异性抗体能发生非特异性交叉凝集反应，且变形杆菌易于培养，因此用这些变形杆菌菌株代替立克次体抗原与患者血清做试管凝集反应，称外斐反应。

【材料】

1. 待检患者血清。

2. 试剂 变形杆菌 OX_{19}、OX_2 和 OX_k 诊断菌液，生理盐水等。

3. 其他 小试管、吸管、恒温培养箱等。

【方法】

1. 取 27 支小试管，分 3 排，每排 9 支，分别排列于试管架，依次编号。

2. 每排自第 2 管起每管加 0.5ml 生理盐水。

3. 于每排第 1 管各加入 0.9ml 生理盐水和 0.1ml 待检血清，混匀使其成为 1∶10 稀释血清。

4. 于每排第 1 管中吸出 0.5ml 移至第 2 管，混匀后再吸出 0.5ml 移至第 3 管，依次作对倍稀释至第 8 管为止，从第 8 管中吸出 0.5ml 弃掉，第 9 管不加血清作为对照管。

5. 于第 1、第 2 及第 3 排各管中分别加入 3 种诊断菌液 OX_{19}、OX_2 和 OX_k 各 0.5ml。

6. 摇匀，置于恒温培养箱中，37℃孵育 18～24h 或 40～50℃水浴中 2h 后观察结果。外斐反应操作程序如表 2-19-2 所示。

表 2-19-2　外斐反应操作程序

样品	试管号								
	1	2	3	4	5	6	7	8	9
生理盐水（ml）	0.9	0.5	0.5	0.5	0.5	0.5	0.5	0.5	0.5
待检血清（ml）	0.1	0.5	0.5	0.5	0.5	0.5	0.5	0.5	弃 0.5
诊断菌液（ml）	0.5	0.5	0.5	0.5	0.5	0.5	0.5	0.5	0.5
血清最终稀释度	1∶20	1∶40	1∶80	1∶160	1∶320	1∶640	1∶1580	1∶2560	对照

【结果】

1. 以能出现明显凝集（＋＋）的血清最高稀释度为该血清的凝集效价。

2. 待检血清具备下列条件之一者为阳性：①单份血清凝集效价＞1∶160；②双份血清效价增高 4 倍或 4 倍以上。

表 2-19-3　外斐反应结果判定

立克次体病	变形杆菌抗原		
	OX_{19}	OX_2	OX_k
流行性斑疹伤寒	＋＋＋＋	＋	－
地方性斑疹伤寒	＋＋＋＋	＋	－
斑点热	＋＋＋＋或＋	＋或＋＋＋＋	－
恙虫病	－	－	＋＋＋＋
传染性单核细胞增多症	－	－	＋＋

注：＋＋＋＋表示完全凝集，＋＋表示部分（明显）凝集，＋表示小部分（不明显）凝集，－表示无凝集。

【注意事项】

1. 应用阳性血清校正抗原的凝集性。

2. 变形杆菌抗原不太稳定，一般不宜长久保存，以免造成假阳性反应。

3. 外斐反应为非特异性反应，因此应结合临床对反应结果做出慎重分析与评价。

4. 操作中不得将诊断菌液提前加入至生理盐水中。

（吉林医药学院　王月华）

实验二十　常见浅部真菌的鉴定

浅部真菌是指寄生或腐生于角蛋白组织的真菌。它们主要侵犯皮肤、毛发和指（趾）甲等皮肤附属器，不侵入皮下或内脏，故不引起全身感染。皮肤癣菌是真菌感染中最为普遍的真菌，包括 3 个属：

毛癣菌属、小孢子菌属和表皮癣菌属。真菌在局部增殖及代谢产物的刺激下产生病理反应，即癣症。目前，真菌感染的实验室检查方法较多，主要有直接镜检、分离培养和荧光检查等。真菌的形态结构多样，在不同条件下同一真菌也可有不同特点的形态。因此，在真菌的实验室检查中，必须熟练掌握各类真菌的形态特征及在不同条件下的演变规律，才能获得对致病真菌正确的诊断。

一、毛癣菌属

毛癣菌属的真菌一般可引起皮肤、毛发和甲板的感染，种类较多，但亲嗜性各不相同，最常见的是红色毛癣菌。毛癣菌在局部生长繁殖，产生数种角质溶解酶致病，可引起头癣、体癣、股癣、足癣、叠瓦癣等。

【材料】

1. 菌种 红色毛癣菌，须毛癣菌。

2. 培养基 沙氏培养基，玉米葡萄糖琼脂。

3. 试剂 酵母浸膏、乳酸酚棉蓝染液等。

4. 其他 载玻片、盖玻片、人头发等。

【方法】

1. 培养 将菌种接种于沙氏培养基，25℃培养 3～4 天观察菌落特征。

2. 形态观察 在载玻片上滴加一滴乳酸酚棉蓝染液，取适量菌研磨并放于其中，镜下观察菌丝和孢子形态。

3. 生化鉴定

（1）色素形成实验：将红色毛癣菌、须毛癣菌分别接种于玉米葡萄糖琼脂。

（2）毛发穿孔实验：取人头发若干，剪成 1cm 长，置于平皿内，加入 25ml 蒸馏水和 2～3 滴 10%酵母浸膏液，高压灭菌。将待检皮肤真菌接种于平皿内，置 25℃培养 4 周，每周检查一次，每次取数根毛发置载玻片上，经乳酸酚棉蓝染色后，低倍镜下观察，若毛发有裂口或陷凹者为阳性，否则为阴性。

【结果】

1. 培养特性 生长较慢，菌落质地光滑到毛状，表面有白色、黄色、红色等色素；背面呈苍白色、黄色、褐色或红褐色。

2. 形态特征 孢子呈圆形、梨形或棒形，常缺乏大分生孢子，小分生孢子多，菌丝分隔。

3. 色素形成实验 红色毛癣菌产生红色色素，而须毛癣菌不产生色素。

4. 毛发穿孔实验 红色毛癣菌阴性，须毛癣菌阳性。

二、小孢子菌属

小孢子菌属感染皮肤和毛发，很少感染指（趾）、甲。主要引起儿童头癣，也可引起体癣。最为常见的是铁锈色小孢子菌和石膏样小孢子菌。

【材料】

1. 菌种 石膏样小孢子菌。

2. 培养基 沙氏培养基。

3. 试剂 乳酸酚棉蓝染液。

4. 其他 载玻片、盖玻片等。

【方法】

1. 培养 将石膏样小孢子菌接种于沙氏培养基，25℃培养 3～5 天观察菌落特征。

2. 形态观察 取菌落制片，经乳酸酚棉蓝染色，镜下观察菌丝和孢子形态。

3. 生化鉴定 同毛癣菌属。

【结果】

1. 培养特性 生长速度由慢到快，菌落质地由光滑到毛状或羊毛状，表面具有白色、米黄色、黄棕色、黄色或锈色，背面呈苍白色、黄色、褐色、红色或红褐色。

2. 形态结构特征 小分生孢子（图 2-20-1）呈圆形到棒形，大分生孢子呈梭形，有棘状突起，孤立，某些种的典型大分生孢子不育，但有时可在合适培养基形成大分生孢子，菌丝分隔。

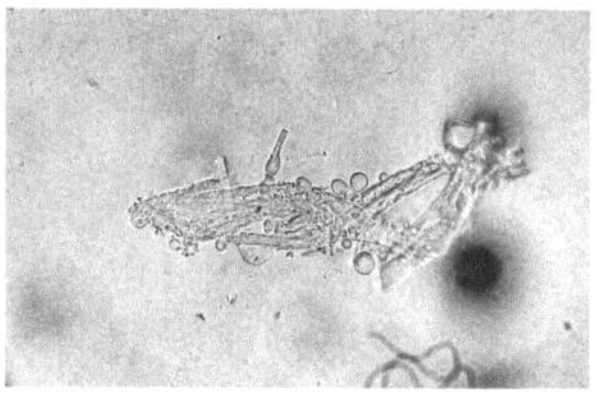

图 2-20-1 小分生孢子

三、表皮癣菌属

絮状表皮菌是表皮癣菌属内唯一的致病菌，通过接触性感染可引起皮肤、指（趾）、甲感染，如股、足、体、手和甲癣，但不侵犯毛发。

【材料】

1. 菌种 絮状表皮癣菌。

2. 培养基 沙氏培养基。

3. 试剂 乳酸酚棉蓝染液。

4. 其他 载玻片、盖玻片等。

【方法】

1. 培养 将絮状表皮癣菌接种于沙氏培养基，25℃培养，观察菌落特征。

2. 形态 取菌制片，经乳酸酚棉蓝染色，镜下观察菌丝和孢子形态。

3. 鉴定 镜下观察孢子的种类和形状。

【结果】

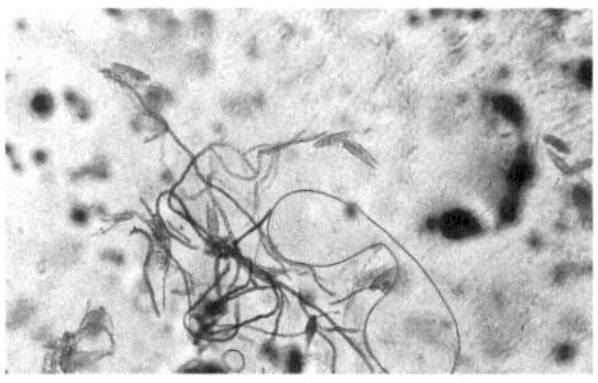

图 2-20-2 大分生孢子

1. 培养特性 生长速度缓慢，菌落质地由膜状变成毡状到粉状，表面具有黄色或土黄色，背面呈褐色。中心有不规则皱襞或脑回状沟。

2. 形态结构特征 大分生孢子丰富，棒形、顶端钝圆、壁薄、光滑、孤立或成群，形成在菌丝侧壁或顶端的无小分生孢子，在成熟的菌落中形成大量厚壁孢子（图 2-20-2）。

（吉林医药学院 王月华）

实验二十一 常见深部真菌的鉴定

侵袭人体深部组织、内脏或能引起全身感染的真菌称深部真菌。深部感染真菌有白念珠菌、新生隐球菌、曲霉、毛霉、镰刀菌、组织胞浆菌和卡氏肺孢菌等。近年来，由于广谱抗生素、激素等大量应用，导致深部感染真菌的发病率日益增长。

一、念 珠 菌 属

白念珠菌是念珠菌属最常见的条件致病菌，通常存在于人的皮肤、口腔、上呼吸道、阴道和肠道黏膜上，当机体抵抗力降低或发生菌群失调时，可引起各种念珠菌病。热带念珠菌广泛分布于自然界，在人体表面及与外界相通的腔道中也存在，是免疫缺陷患者的条件致病菌。可引起皮肤、黏膜和内脏念珠菌病。

【材料】

1. 菌种 白念珠菌。

2. 培养基 沙氏培养基及玉米粉吐温 80 琼脂、血琼脂、糖发酵培养基、同化实验培养基等。

3. 试剂 革兰氏染液、乳酸酚棉蓝染液、小牛血清等。

4. 其他 载玻片、盖玻片、试管（无菌）、恒温培养箱等。

【方法】

1. 培养 将白念珠菌接种于沙氏培养基，25℃或 37℃培养 1～4 天，观察菌落特征。

2. 形态观察 取菌落制片，经乳酸酚棉蓝或革兰氏染色，也可不染色直接镜下观察芽生孢子和假菌丝形态。

3. 生化鉴定

（1）芽管形成实验：取 1 支无菌小试管，加入 0.2～0.5ml 动物或人血清，取适量白念珠菌接种于管内，充分振荡混合后，置 37℃水浴培养 1.5～4h，每隔一段时间用接种环取出含菌血清置于载玻片上，加上盖玻片后镜检。

（2）厚膜孢子形成实验：用接种环取适量的白念珠菌接种于玉米粉吐温 80 琼脂（回形针法），25℃培养 24～48h。

【结果】

1. 白念珠菌在沙氏培养基形成乳白色（偶见淡黄色）类酵母型菌落。

2. 经乳酸酚棉蓝或革兰氏染色，观察芽生孢子和假菌丝形态。镜下可见大量的圆形或卵圆形的白念珠菌或芽生孢子，直径 3～6μm，经革兰氏染色为蓝紫色（革兰氏阳性），着色不均匀；乳酸酚棉蓝染色为蓝色。也可观察到假菌丝和厚膜孢子。

3. 芽管形成实验：先用低倍镜观察找到菌体，再用高倍镜观察，白念珠菌呈圆形或卵圆形，可见圆形或椭圆形芽生孢子和短小的管（图 2-21-1）。

4. 厚膜孢子形成实验：白念珠菌在玉米粉吐温 80 琼脂上可形成较多壁厚、圆形的厚膜孢子，多见于假菌丝的顶端或侧缘（图 2-21-2）。

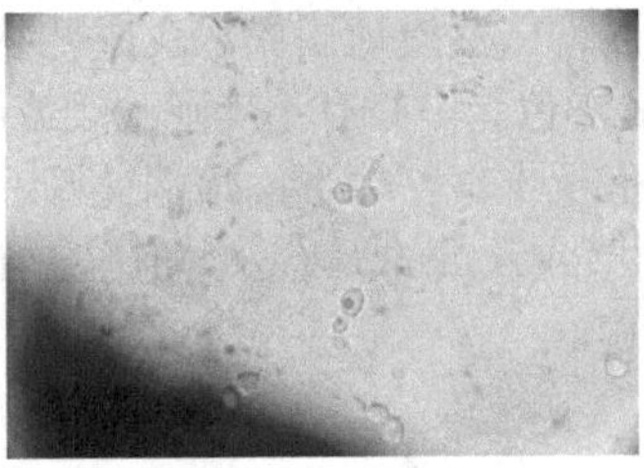

图 2-21-1 芽管形成

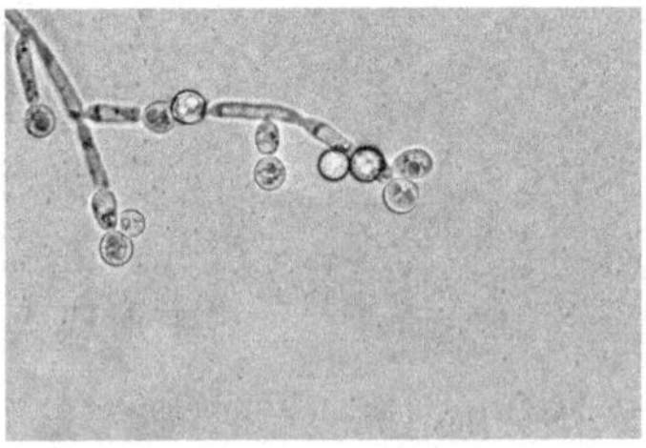

图 2-21-2 厚膜孢子

【注意事项】

1. 芽管形成实验菌量要大些；取出血清管观察时要摇匀。

2. 芽管形成实验最好使用小牛血清，它可以解除潜在的白念珠菌的抗体。

3. 实验孵育时间不超过 4h，因为其他产生假菌丝的酵母菌在上述时间之后开始发芽，出现起始菌丝体。

二、隐球菌属

隐球菌属种类较多，新生隐球菌为代表菌种，是导致人类疾病的最主要隐球菌。其广泛分布于自然界，尤其是在鸽粪中大量存在。引起的感染多为外源性感染，经呼吸道侵入人体，由肺经血行播散时可侵犯所有脏器组织，主要侵犯肺和脑，也可侵犯皮肤、骨和关节。新生隐球菌病好发于细胞免疫功能低下人群。

【材料】

1. 菌种 新生隐球菌。

2. 培养基 沙氏培养基、L-多巴枸橼酸铁和咖啡酸培养基、尿素培养基等。

3. 试剂 乳酸酚棉蓝染液、墨汁等。

4. 其他 载玻片、盖玻片等。

【方法】

1. 培养 将菌种接种于沙氏培养基，25℃或37℃培养2～5天，观察菌落特征。

2. 形态观察 取菌落制片，经乳酸酚棉蓝染色，镜下观察菌体形态。

3. 生化鉴定

（1）墨汁负染：取1滴墨水于清洁载玻片中央，再挑少量菌体与之充分混匀，加盖玻片于混合液上，置于镜下观察。

（2）脲酶实验：将新生隐球菌接种于尿素培养基中，2～5天培养后观察结果。

（3）酚氧化酶实验：将菌落接种于L-多巴枸橼酸铁和咖啡酸培养基中，经过2～5天培养后观察结果。

【结果】

1. 菌落特征 为酵母型菌落，表面有蜡样光泽，初为白色或乳白色小菌落，随着培养时间延长逐渐转变为黏稠橘黄色。

2. 镜下观察 其形态结构特征呈圆形成椭圆形，直径4～12μm，外周有肥厚的荚膜，较菌体大1～3倍，折光性强，一般染色不易着色。形成芽生孢子，不形成假菌丝，可与白念珠菌相区别。

3. 脲酶实验 分解尿素产氨，使培养基pH升高，从而使培养基由黄色变为粉红色。

4. 酚氧化酶实验 由于新生隐球菌具有酚氧化酶，可在细胞壁中产生黑素，使菌落呈棕黑色。

【注意事项】

1. 选用优质墨汁。
2. 墨汁染色时应缓慢倾斜覆盖，避免产生气泡。
3. 染液应适量，以免产生多余菌液。

三、曲霉菌属

曲霉广泛分布于自然界，种类繁多，是条件致病菌。人对曲霉有极强的免疫力，只在免疫力降低时才能致病，可侵犯机体多个部位，引起曲霉病。常见导致人类疾病的是烟曲霉、黄曲霉和黑曲霉。

【材料】

1. 菌种 烟曲霉。

2. 培养基 沙氏培养基。

3. 其他 无菌培养皿、刀片、载玻片、盖玻片、镊子、V形槽玻璃棒、无菌蒸馏水等。

【方法】

1. 将烟曲霉接种在沙氏培养基上，室温下培养，观察生长速度、菌落颜色、质地等特征。

2. 真菌培养

（1）将无菌的载玻片置于无菌平皿中央，并用V形槽玻璃小棒架起，加入适量无菌蒸馏水。

（2）用无菌刀片切取长、宽分别为1cm的沙氏培养基小琼脂块，置于上述载玻片中央。

（3）用接种针从培养小块4个侧面穿刺接种待检真菌。

（4）在培养小块上盖一块无菌的盖玻片，并使密封，盖好平皿盖。

（5）置22～25℃培养2～3周，并随时补充水分。

（6）当需要观察形态时，夹取盖玻片，弃去培养小琼脂块，滴加1滴乳酸酚棉蓝染液，盖上原盖玻片进行显微镜观察。

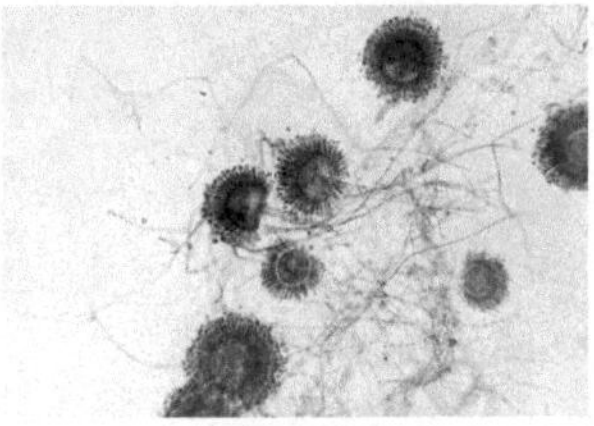
图 2-21-3 烟曲霉

【结果】

1. 菌落形态 烟曲霉在 25℃或者 35℃培养，菌落生长迅速，开始为白色，柔软有光泽，逐渐形成绒毛状、粉末状或絮状，由于产生分生孢子而形成黄、绿、棕、黑等不同的颜色。

2. 镜下特点 菌丝缠绕成团，不规则分布。可见曲霉分生孢子头较粗，顶端膨大形成半球形或椭圆形的顶囊，顶囊上有小梗，小梗上有许多成串的小分生孢子，小分生孢子呈球形（图 2-21-3）。

（吉林医药学院　王月华）

实验二十二　呼吸道病毒——流感病毒的分离与鉴定

【材料】

1. 标本：患者急性期咽喉含漱液、血清。

2. 9～11 日龄鸡胚。

3. 0.5%鸡红细胞悬液。

4. 流感病毒型与亚型免疫血清、鸡血清等。

5. 器材：剪、镊、无菌小试管、毛滴管、检菌肉汤、试管架、小试管、吸管等。

【分离鉴定程序】 流感病毒的分离鉴定程序见图 2-22-1。

一、分 离 病 毒

【方法】

1. 标本处理：采集的标本置于冰壶内，应及时进行分离。含漱液经低速离心后，吸取上清液 1ml，加抗生素（每毫升含青霉素、链霉素各 2 万 U，简称双抗）0.1～0.2ml，置 4℃冰箱 4h 或过夜。

2. 取 9～11 日龄鸡胚，将上述处理后标本 0.2ml，接种于鸡胚羊水腔或尿囊腔。

3. 置 35℃孵育 72h 后，放 4℃冰箱过夜（防止出血）。

4. 取出鸡胚收获尿囊液，并进行血细胞凝集实验，以测定是否有病毒生长。

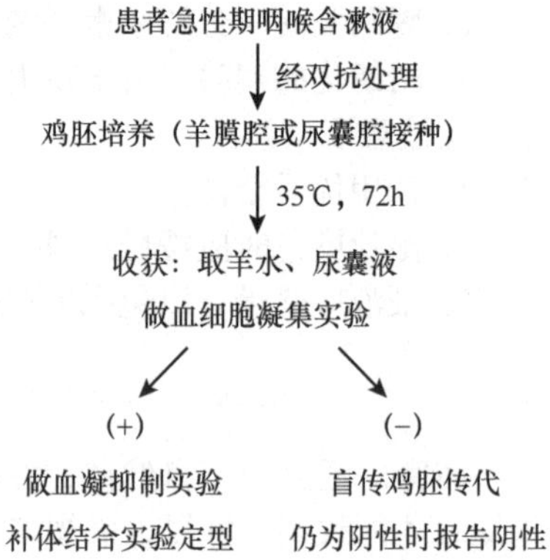

图 2-22-1 流感病毒分离鉴定程序

二、血细胞凝集实验

【方法】

1. 取小试管 9 支，按表 2-22-1 各管加入生理盐水，第一管为 0.9ml，其他各管均为 0.25ml。

2. 取收获的尿囊液（病毒液）0.1ml，加入第 1 管中做 1∶10 稀释，混匀后吸取 0.5ml 弃至消毒缸内，再吸取 0.25ml（1∶10）稀释液加至第 2 管混匀，从第 2 管中取出 0.25ml 置第 3 管混匀，依次做倍比稀释至第 8 管，混匀后自第 8 管中取出 0.25ml 弃掉。这样各管液体量均为 0.25ml，从第 1 管至第 8 管的尿液稀释度为 1∶10，1∶20，…，1∶1280，第 9 管为生理盐水对照。

3. 稀释完毕后加入 0.5%鸡红细胞悬液，每管 0.25ml，混匀，室温放置 45min，立即观察结果，观察时要轻拿，勿摇。

4. 各管出现血细胞凝集程度以"＋＋＋＋、＋＋＋、＋＋、＋、−"表示，以出现"＋＋"病毒的最高稀释度为血凝效价。

表 2-22-1　病毒血细胞凝集实验

样品	试管号								
	1	2	3	4	5	6	7	8	9
生理盐水（ml）	0.9	0.25	0.25	0.25	0.25	0.25	0.25	0.25	0.25
病毒液（ml）	0.1	0.25	0.25	0.25	0.25	0.25	0.25	0.25	
	弃 0.5							弃 0.25	
病毒稀释液	1∶10	1∶20	1∶40	1∶80	1∶160	1∶320	1∶640	1∶1280	对照
0.5%鸡红细胞悬液	每管各 0.25ml								
	摇匀，静置 45min								
结果举例	++++	++++	++++	+++	++	+	−	−	−

【结果判定】

++++：全部血细胞凝集，凝集的血细胞铺满管底。

+++：大部分血细胞凝集，在管底铺成薄膜状，但有少数血细胞不凝，在管底中心形成小红点。

++：约有半数血细胞凝集，在管底铺成薄膜，面积较小，不凝集的红细胞在管底中心聚成小圆点。

+：只有少数血细胞凝集，不凝集的红细胞在管底聚成小圆点，凝集的血细胞在小圆点周围。

−：不凝集，血细胞沉于管底，呈一边缘整齐的致密圆点。

按上述结果举例的流感病毒的血凝效价为 1∶160，即病毒液稀释到 1∶160 时，每 0.25ml 中含一个血凝单位，配制 4 个血凝单位时，病毒液应稀释成 1∶（160/4），即 1∶40。

如果血细胞凝集实验阳性，则做血凝抑制实验进一步证实，并可确定该病毒的型甚至亚型。

三、血凝抑制实验——定量法

【方法】

1. 患者血清预处理，除去其中非特异性抑制素（1 份血清加 1 份霍乱滤液，置 37℃水浴 12～18h，再经 56℃灭活 50min，加入血清量 1/5 的原倍鸡红细胞悬液，置 37℃ 30min，离心除去红细胞，保留上清液，此时血清已 1∶5 稀释）。

2. 取小试管 10 支，按表 2-22-2 加入生理盐水，各管均为 0.25ml。

3. 取经处理的 1∶5 稀释的患者血清 0.25ml，加入第 1 管中作 1∶10 稀释，吹打 3 次混匀后，取 0.25ml 加至第 2 管，并依次作倍比稀释，到第 8 管为止，第 9 管为病毒对照，第 10 管为血清对照。

4. 稀释后，加入流感病毒液（即尿囊液）（每 0.25ml 含 4 个血凝单位），第 10 管不加病毒液。

5. 摇匀后每管加入 0.5%鸡红细胞悬液 0.5ml，摇匀，室温放置，30min、45min 各观察一次结果，以 45min 的结果为准，方法见表 2-22-2。

表 2-22-2　血细胞凝集抑制实验（定量法）

样品	试管号									
	1	2	3	4	5	6	7	8	9	10
患者血清 1∶5(ml）	0.25	0.25	0.25	0.25	0.25	0.25	0.25	0.25	弃 0..25	0.25
生理盐水（ml）	0.25	0.25	0.25	0.25	0.25	0.25	0.25	0.25	0.25	0.25

续表

样品	试管号									
	1	2	3	4	5	6	7	8	9	10
流感病毒液（ml）	0.25	0.25	0.25	0.25	0.25	0.25	0.25	0.25	0.25	
血清稀释度	1∶10	1∶20	1∶40	1∶80	1∶160	1∶320	1∶640	1∶1280	病毒对照	血清对照
0.5%鸡红细胞悬液	每管各 0.5ml									

【结果判定】 观察血细胞凝集的判断标准同前述血细胞凝集实验，但本实验是以不出现血凝现象的实验管为阳性，将出现完全抑制凝集的试管中血清的最高稀释度作为血凝抑制效价。

四、血凝抑制实验——定性法

【方法】

1. 在 U 型孔反应板上选择 5 个孔并标记 1、2、3、4、5。

2. 将含 4 个血凝单位的流感病毒液（尿囊液）加入上述 5 个孔内，每孔 2 滴。

3. 于孔 1、2、3 中加抗 A1、抗 A2 和抗 A3 诊断血清各 2 滴，孔 4 中加鸡血清 2 滴，孔 5 中加生理盐水 2 滴，轻轻摇匀，放置 5min。

4. 5min 后于上述 5 孔中各加 0.5%鸡红细胞悬液 2 滴，再次将各孔内溶液摇匀，静置 45～60min，待血细胞完全下沉后观察结果，记录并分析结果。

【结果判定】 凡出现明显血细胞凝集现象者为血凝抑制实验阴性，即全部或大部分血细胞凝集、下沉平铺于孔底；凡未见血凝现象发生的实验孔，则证明含漱液中新分离病毒与该孔所用的诊断血清亚型相一致。第 4 孔、第 5 孔为对照孔，出现血细胞凝集。

（大连大学　白　婷）

实验二十三　消化道病毒

一、肠道病毒的分离鉴定

【材料】

1. 标本　粪便、脑脊液、尸检材料。

2. 细胞　原代猴肾细胞、人胚肾细胞。

3. 抗生素　青霉素（P）、链霉素（S）。

4. 试剂　各种肠道病毒抗血清、Hank' s 液、0.5%鸡红细胞悬液等。

【方法】

1. 标本处理　肠道病毒的分离采用活的组织细胞，如被检材料中混有杂菌，则无法培养成功。故在接种前应对材料进行处理。

具体方法如下。

（1）粪便标本：取回标本应及早处理，方法为称取 1g 粪便，加 4ml Hank' s 液（pH7.2～7.4）。用竹签搅拌碎粪制成 20%悬液。将悬液置−20℃低温冰箱保存至少一夜。做病毒分离工作前一天将粪便悬液取出，经 3000r/min 离心 30min，吸取上清液，每毫升加入青霉素 1000U、链霉素 1000μg，置 4℃冰箱至少 4h 或过夜，即可用于病毒分离。

（2）脑脊液标本：如怀疑有细菌污染时，可向样品中加入双抗（PS），4℃过夜备用。

（3）尸检材料标本：取出标本后，用无菌蒸馏水洗去甘油，用无菌乳钵磨碎，再用 Hank's 液制成 1%悬液，经 3000r/min 离心 30min，取上清液加 PS，置 4℃过夜，次日做病毒分离。

2. 观察细胞病变效应　将处理的标本上清液加入已培养成单层细胞（原代猴肾细胞或人胚肾细胞）的瓶内，观察其引起的致细胞病变效应（CPE）现象。若为阳性结果，可能是脊髓灰质炎病毒、柯萨奇病毒、埃可病毒、腺病毒、疱疹病毒等。

3. 中和实验　用脊髓灰质炎病毒的抗血清进行中和实验。阳性者认为是脊髓灰质炎病毒，再用不同型别的脊髓灰质炎病毒抗血清进行中和实验，进一步分型；如果阴性者可采用血凝实验，血凝抑制实验可用于埃可病毒和柯萨奇病毒的定型。

二、轮状病毒的非培养法检测

（一）轮状病毒抗原检测方法

【材料】

1. 待检标本：待检粪便用 0.01mol/L PBS 稀释成 20%悬液，3000r/min 离心 30min，取上清液。

2. A 组轮状病毒抗原检测试剂盒（胶体金法）等。

【方法】

1. 在试管中加入 0.5ml 稀释液。

2. 加适量粪便标本（固体直径约 5mm，液体 50μl）到试管中，使浓度为 5%～10%。

3. 充分混匀。

4. 如果是测试条，将测试条插入试管，放置 5～10min 判读结果。如果是测试卡，用滴管取 2～3 滴加入样品孔，5～10min 判读结果。

注意：必须在 15min 以内判读结果，强阳性标本可在 1～3min 出现结果。

【结果】

1. 阴性　用阴性标准品检测在 15min 时不得出现检测线。

2. 阳性　用阳性标准品，应当检出所有阳性；阳性标准品 1～2 号和 5～10 号应该在 10min 以内得到比较清楚的检测线；阳性标准品 3 号和 4 号应在 15min 时出现检测线。

3. 最低检出量　用阳性标准品 1 号进行倍比稀释，最低检出下限不低于 1∶32。

4. 重复性　用阳性标准品 1 号重复检测 10 次，反应结果应一致，显色度均一。

5. 标本稀释液　在 15min 以内不得出现检测线。

【注意事项】

1. 该法仅能检测粪便标本中 A 组轮状病毒抗原，不能检测其他轮状病毒。

2. 该法仅能定性检测，不能定量检测。

（二）间接双抗体夹心 ELISA 法

【材料】

1. 待检标本：待检粪便用 0.01mol/L PBS 稀释成 20%悬液，3000r/min 离心 30min，取上清液。

2. 兔抗轮状病毒抗体、豚鼠抗轮状病毒抗体、羊抗豚鼠 IgG 酶标记抗体。

3. 底物：OPD-H_2O_2，邻苯二胺（OPD）现配现用。

4. 洗涤液：0.05mol/L pH7.2 PBS 加 0.05%吐温 20。

【方法】

1. 以最适浓度的兔抗轮状病毒抗体包被单数孔作为实验孔。正常兔血清包被双数孔为对照孔，每孔加 100μl。4℃包被 24h 以上，洗 3 次，干后 4℃保存备用。

2. 取待检粪便标本上清液，加等量稀释液（含 20.0g/L 牛血清蛋白），每孔 100μl。每份标本设实验孔和对照孔各 2 孔。每板均设阳性（病毒抗原）和阴性（正常粪便）对照各 1 份，4℃过夜，洗 3 次。

3. 将豚鼠抗轮状病毒抗体稀释成最适浓度，每孔加 100μl。37℃1h，洗 3 次。

4. 加入酶标羊抗豚鼠 IgG，每孔 100μl，37℃培养 1h，洗 3 次。

5. 加入 OPD-H_2O_2 底物溶液，每孔 100μl，37℃培养 20min。加入 2mol/L H_2SO_4，每孔 50μl 终止反应，有肉眼可见的棕黄色，用 ELISA 检测仪测定 492nm 处吸光度。

【结果判定】 用 ELISA 检测仪比色测定，P/N≥2.1 为阳性。有肉眼可见的棕黄色，则可认为是阳性。

【注意事项】

1. 严格按照操作程序加样，以保证实验结果准确性。

2. 应尽量避免孔中有气泡，以免所测得吸光度值不准确。

（大连大学　白　婷）

实验二十四　肝 炎 病 毒

一、ELISA 法检测甲型肝炎病毒 IgM 抗体

【原理】 甲型肝炎病毒（HAV）是引起人类甲型肝炎（甲肝）的病原体，其传播途径是粪-口途径。HAV 感染后 1～4 周即可出现 HAV-IgM 抗体，持续 3～6 个月后消失，而 HAV-IgG 抗体出现则较晚，并可维持相当长的时间甚至终身。因此 IgG 型抗体检出只能说明曾经感染过 HAV，而检测抗 HAV-IgM 才是诊断急性甲型肝炎的特异性标志。用抗人 μ 链捕获待测血清中特异性 IgM，然后用 HAV 与特异性 IgM 抗体结合，再加酶标记 HAV-IgG 抗体，最后加底物显色。

【材料】

1. 试剂

（1）预包被抗人 μ 链微孔板。

（2）HAV 抗原、pH9.6 Na_2CO_3-$NaHCO_3$ 缓冲液等。

（3）辣根过氧化物酶（HRP）标记抗 HAV-IgG 抗体、加速剂、小牛血清。

（4）底物：pH5.0 或 pH5.4 磷酸盐-枸橼酸缓冲液配制的 OPD-H_2O_2 溶液。

（5）洗涤液：0.05mol/l pH7.2 PBS 加 0.05%吐温 20。

（6）抗 HAV-IgM 阳性对照血清。

（7）抗 HAV-IgM 阴性对照血清。

（8）终止液：2mol/L H_2SO_4 溶液。

2. 待测血清等。

3. 加样器、吸头、酶标仪等。

【方法】

1. 用 pH9.6 Na_2CO_3-$NaHCO_3$ 缓冲液将抗人 μ 链血清稀释至预实验最适浓度，每孔加 100μl 于微孔板中，放置于湿盒中 4℃过夜，次日弃微孔内液体，用洗涤液注满各孔，静置 20s，甩干，反复洗 5 次。于吸水纸上拍干。

2. 样品稀释（洗涤液加 5%小牛血清）：将待测血清、阳性血清和阴性血清作 1∶500 稀释，每孔加 50μl 加速剂，水平快速振荡 1min，37℃保温 20min 后，弃微孔内液体，同上洗涤 4 次，

拍干。

3. 加 HAV 抗原及酶标记物：每孔先加 50μl HAV 抗原，再加 50μl 酶标记抗体混合物[含 HRP-抗 HAV F（ab′）$_2$、加速剂及小牛血清]，水平快速振荡 1min，37℃保温 30min 后弃微孔内液体，同上洗涤 4 次，拍干。

4. 加底物（OPD-H_2O_2）溶液 100μl/孔，37℃10min 后用 2mol/L H_2SO_4溶液 50μl/孔终止反应。用酶标仪测定：波长 492nm，读取吸光度（A）值。

【结果判定】

1. 检测孔 A 值≤0.2，判为阴性。

2. 检测孔 A 值＞0.2，判为阳性（如阴性对照组 A 值＞0.1，以 P/N≥2.1 为阳性）。

二、PCR 法检测乙型肝炎病毒 DNA

【原理】 血清中乙型肝炎病毒（HBV）颗粒经裂解、变性，提取 HBV DNA，用 PCR 法扩增出大量 HBV DNA 基因片段。经含溴乙锭的琼脂糖凝胶电泳后，紫外灯下可显示橙红色 HBV DNA 条带。

【材料】

1. 试剂

（1）HBV 裂解液：乙酸钠 1.7g，EDTA-Na_2 4.65g，20mg/ml 蛋白酶 K 2.5ml，100g/L 十二烷基硫酸钠（SDS）10ml，焦碳酸二乙酯（DEPC）三蒸水加至 50ml。

（2）3mol/L 乙酸钠缓冲液（pH5.2）。

（3）酚-氯仿-异戊醇（25∶24∶1）混合液。

（4）无水乙醇及 70%乙醇溶液。

（5）PCR 反应缓冲液：在 50μl 反应体系中含有 50mmol/L KCl 溶液、10mmol/L Tris-HCl（pH8.3）溶液、1.5mmol/L $MgCl_2$溶液、0.1g/L 明胶溶液、0.2mmol/L 四种脱氧核糖核酸溶液、25pmol/L 的两个引物，以及 TaqDNA 聚合酶。

（6）加样缓冲液：2.5g/L 溴酚蓝溶液、400g/L 蔗糖水溶液。

（7）溴乙锭溶液（EB）10mg/ml（具有致癌性，操作时一定注意佩戴手套）。

（8）TAE 缓冲液，琼脂糖，蒸馏水等。

（9）HBV DNA 阳性血清、HBV DNA 阴性血清。

2. 待测血清。

3. PCR 扩增仪、电泳仪、水平式电泳槽、紫外透射反射分析仪、暗室、微量加样器、Ep 管等。

【方法】

1. HBV DNA 提取

（1）取待测血清 200μl、HBV 裂解液 20μl 于 Ep 管中，60℃水浴 1h，同时设立阳性组和阴性组。

（2）加酚-氯仿-异戊醇混合液 200μl，上下颠倒混匀，14 000r/min 离心 4min，吸上清液于另外一新的 Ep 管内。

（3）加 1/10 体积的 3mol/L 乙酸钠缓冲液（pH5.2）及 2 倍体积的无水乙醇，−20℃过夜，14 000r/min 离心 15min，弃上清。

（4）加 70%乙醇溶液至 Ep 管 2/3 处，混匀，洗涤沉淀。14 000r/min 离心 15min，弃上清液，室温中 10min 使乙醇挥发。

（5）用 10～120μl 蒸馏水溶解 DNA，作为模板 DNA，可置于−20℃保存。

2. PCR 加样 将各反应物加入 Ep 管内，瞬时离心混匀（表 2-24-1）。

表 2-24-1 PCR 加样

样品	加样量（μl）
10×PCR 反应缓冲液	5.0
dNTPs	1.0
上游引物	2.5
下游引物	2.5
TaqDNA 聚合酶	2.0
模板 DNA	10.0
蒸馏水	27.0
总体积	50.0

3. PCR 扩增 将 PCR 反应体系置于 PCR 扩增仪中，94℃预变性 5min，进入循环扩增：94℃ 30s，55℃ 90s，72℃ 120s，30 个循环。

4. PCR 产物琼脂糖凝胶电泳

（1）用 TAE 缓冲液配制 1.5%～2.0%琼脂糖，煮沸溶解后，加入溴乙锭（终浓度为 0.5μg/ml），混匀后倾倒入制胶槽内，待凝固备用。

（2）取 PCR 扩增产物 8μl 加 1.5μl 加样缓冲液混合后加到凝胶样品孔中，同时有一孔加 DNA marker。

（3）电泳缓冲液为 TAE，电压 100V，电泳 30min 即可。

【结果判定】 电泳完毕后，取出琼脂糖凝胶，在紫外灯或电泳成像仪下观察，若见待测样本扩增阳性条带的分子量与阳性对照位置相同，则 HBV DNA 为阳性。

【注意事项】

1. 严格按照 PCR 实验操作要求，防止污染。

2. 全程需戴手套、口罩。

3. 待检样品不能溶血。

4. 吸取上清时切不可吸入沉淀。

三、PCR 法检测丙型肝炎病毒 RNA

丙型肝炎病毒（HCV）是 RNA 病毒，且在血中的滴度很低，故检测 HCV RNA 首先需用反转录酶将 RNA 反转录成 cDNA，然后经两次 PCR 扩增 cDNA，经琼脂糖电泳后，紫外灯下可显示出橙红色 HCV RNA 的互补 DNA 条带。

【材料】

1. 试剂

（1）HCV 裂解液：异硫氰酸胍 47.28g，枸橼酸钠-H_2O 0.735g，十二烷基硫酸钠 0.5g，加水至 100ml，高压灭菌后，加 0.72ml β-巯基乙醇，分装，−20℃保存。

（2）2mol/L pH4.0 乙酸钠缓冲液。

（3）水饱和酚、氯仿-异戊醇（49∶1）。

（4）无水乙醇及 70%乙醇溶液。

（5）含 RNA 酶（1U/μl）的 DEPC 双蒸水。

（6）反转录反应混合液（现配）：20μl 反应体系中（终浓度）含 50mmol/L KCl 溶液，10mmol/L Tris-HCl（pH8.3），1.5mmol/L $MgCl_2$ 溶液，0.1g/L 明胶，0.2 mmol/L 四种脱氧核糖核苷酸。

（7）第一次 PCR 反应混合液：50μl 反应体系中（终浓度）含 50mmol/L KCl 溶液，10mmol/L Tris-HCl（pH8.3），1.5mmol/L $MgCl_2$ 溶液，0.1g/L 明胶，0.2mmol/L 四种脱氧核糖核苷酸，25pmol/L 与 HCV RNA 序列互补的外引物，反转录产物 10μl，TaqDNA 聚合酶 2U。

（8）第二次 PCR 反应混合液：50μl 反应体系中（终浓度）含 50mmol/L KCl 溶液，10mmol/L Tris-HCl（pH8.3），1.5mmol/L $MgCl_2$ 溶液，0.1g/L 明胶，0.2 mmol/L 四种脱氧核糖核苷酸。50pmol/L 与 HCV RNA 序列互补的内引物，第一次 PCR 扩增产物 5μl，TaqDNA 聚合酶 2U。

（9）加样缓冲液、溴乙锭、TAE 缓冲液、琼脂糖等，均同 HBV PCR 检测。

（10）HCV 阳性血清、HCV 阴性血清。

2. 待测血清。

3. PCR 扩增仪、电泳仪、水平式电泳槽、紫外透射反射分析仪、暗室、微量加样器、吸头、Ep 管等。

【方法】

1. HCV-RNA 提取

（1）取待测血清 50μl、HCV 裂解液 80μl 于 Ep 管中，65℃水浴 40min，同时设立阳性、阴性对照。

（2）加 2mmol/L 乙酸钠缓冲液（pH4.0）70μl、水饱和酚 200μl、氯仿-异戊醇（49∶1）50μl，上下颠倒混匀，14 000r/min，离心 6min，吸上清液于另一新的 Ep 管中，加 2 倍体积的无水乙醇，充分混匀，−20℃过夜，14 000r/min，离心 15min，弃上清。

（3）加 70%乙醇至 Ep 管 2/3 处，混匀，洗涤沉淀，14 000r/min 离心 15min，弃上清。

2. 反转录　加反转录反应混合液 20μl，37℃ 40min。

3. 第一次 PCR 扩增　取 10μl 反转录反应产物置于 Ep 管中，加 40μl 第一次 PCR 反应液，于 PCR 扩增仪中 94℃预变性 5min，然后按 94℃ 60s，55℃ 90s，72℃ 120s，30 个循环扩增。

4. 第二次 PCR 扩增　取第一次 PCR 扩增产物 5μl 与第二次 PCR 反应液 45μl 于另一新的 Ep 管中，于 PCR 扩增仪中 94℃预变性 5min，然后按 94℃ 60s，55℃ 90s，72℃ 120s，30 个循环扩增。

5. 琼脂糖凝胶电泳　用 TAE 缓冲液配制 1.5%～2.0%的琼脂糖，煮沸溶解后冷却至 45℃左右加溴乙锭（终浓度 0.5μg/ml）混匀后倾倒入制胶槽，混匀及倾倒过程中注意避免气泡产生，凝固待用。取第二次 PCR 扩增产物 8μl 与 1.5μl 加样缓冲液混匀后加到凝胶板样品槽中，同时有一孔加 DNA marker，用 TAE 作电泳缓冲液，100V 电泳 30min。

【结果判定】　将电泳完毕后的琼脂糖凝胶放在紫外灯或电泳成像仪下观察，可见橙红色亮带，若见待测样本扩增阳性条带的分子量与阳性对照位置相同，则 HCV RNA 为阳性。

【注意事项】

1. 严格按照 PCR 实验操作要求，防止污染。

2. 全程需要戴手套、口罩，保护实验人员同时保护待测样品。

3. 待检样品不能溶血。

4. RNA 易降解，操作中使用的吸头和 Ep 管需经无核酶处理。

（福建医科大学　潘志鹏）

实验二十五　人类免疫缺陷病毒

人类免疫缺陷病毒（HIV）是获得性免疫缺陷综合征（AIDS）的病原体。HIV 有两型，HIV-1

全球流行，HIV-2 主要流行于非洲。

HIV 检测方法包括检测血清 HIV 抗体、血清 HIV 抗原，病毒核酸杂交及 PCR 法等。目前常规是检测 HIV 抗体。本实验主要目的是熟悉酶联免疫吸附测定（ELISA）法检测抗体的筛选实验，了解蛋白质印迹法（Western blotting）确认实验。因 HIV 的检测应按《全国艾滋病检测技术规范》进行，检验人员和设备都应具备相应条件，经国家或省级卫生主管部门审查批准才可进行工作。

一、ELISA 法检测 HIV 抗体筛选实验

【原理】 本实验采用基因工程或人工合成多肽抗原（含 HIV-1gp41、HIV-1gp24 及 HIV-2gp36）包被反应板。当待检标本中有抗 HIV-1/2-IgG 抗体时，该抗体被固相化抗原结合于反应板上，最后用酶标抗人 IgG 与结合在抗原上的 IgG 抗体结合，标记酶可作用于底物使其显色。该实验为间接 ELISA 法，检测 HIV-1/2 抗体具有较高的灵敏度，但在大规模检测人群时，常有约 1%的假阳性。故凡最终被判为 ELISA 法阳性的标本必须进行确认实验。

【材料】

1. HIV 检测试剂盒，包括以下几部分：

（1）HIV-1/2 抗原包被的反应板。

（2）洗涤液：0.05mol/L pH7.2 PBS 加 0.05%吐温 20。

（3）样品稀释液：洗涤液加 5%小牛血清。

（4）HRP-兔抗人 IgG（γ 链）：工作浓度为 1∶1000。

（5）酶标抗体稀释液：洗涤液加 1%小牛血清。

（6）底物溶液：用 pH5.0 或 pH5.4 磷酸盐-枸橼酸缓冲液配制的 OPD-H_2O_2 或 TMB-H_2O_2。

2. 被检患者血清或血浆，阳性与阴性对照血清。

3. pH9.6 Na_2CO_3-$NaHCO_3$ 缓冲液、2mol/L H_2SO_4 溶液等。

【方法】

按试剂盒说明书操作。举例如下：

1. 用 pH9.6 Na_2CO_3-$NaHCO_3$ 缓冲液将 HIV 抗原稀释成 1μg/ml，在酶标反应板中每孔加 100μl。置湿盒中 4℃过夜，次日洗 6 次。

2. 用样品稀释液将待检血清（或血浆）做 1∶100 稀释，每孔加 100μl。每块酶标反应板应同时加 2 个 HIV 抗体阳性对照和 3 个阴性对照，稀释方法相同。37℃保温 30min 后洗 6 次。

3. 加 HRP-兔抗人 IgG（γ 链）酶标抗体（1∶1000 稀释），每孔加 100μl，37℃保温 25min 后洗 6 次。

4. 加底物（OPD-H_2O_2）溶液 100μl，10min 后用 2mol/L H_2SO_4 终止反应，测定 492nm 处吸光度（A）值。

【结果判定】 按试剂盒说明书判断，举例如下。

1. 阳性对照 A 值应≥0.9，阴性对照 A 值应≤0.1。

临界值＝阴性对照平均 A 值＋0.15（若阴性对照平均值小于 0.05，按 0.05 计算）

标本 A 值≤临界值为阴性；标本 A 值＞临界值为阳性。

2. 若测试结果的（阳性对照 A 值–阴性对照 A 值）＜0.80，该实验无效，须重做。

3. 凡待测样品被 ELISA 法判为阳性，必须重新取样，双孔重复检测 1 次，若重复测定后仍为阳性，则此份样品应视为 HIV-1/2 抗体 ELISA 法检测阳性。筛选实验的结果可据表 2-25-1 的情况具体判定。

表 2-25-1 筛选实验的结果判定

	检测次数			
	第 1 次	第 2 次	第 3 次	判定
检测结果	–			–
	+	+		+
	+	–	–	–
	+	–	+	+

【注意事项】

1. 因本方法有 1%的假阳性率，故 ELISA 法判为阳性时必须进行确认实验。

2. HIV 的检测应按《全国艾滋病检测技术规范》进行，一般医疗单位的检验科不得从事艾滋病的相关检测。

3. 待检血清应即时检测，否则应将待检血清放在–20℃冻存。

4. 实验操作中洗涤应彻底，以避免出现假阳性结果。

5. 严格防止交叉污染和感染，在检测前，所有标本应视为“阳性”标本，按生物危险品处理。

二、Western blot 法检测 HIV 抗体确认实验

【原理】 Western blot（WB）法即蛋白质印迹法，是目前公认的确诊 HIV 感染的方法。检测时，先将 HIV 蛋白抗原裂解，然后通过 SDS-PAGE 蛋白电泳，将其裂解抗原按分子量大小分离，再转移至硝酸纤维素膜上。将割成膜条的硝酸纤维素薄膜与待检样品反应，若样品中有 HIV 抗体，抗体将会与膜条上的抗原区带结合，再用酶标抗人 IgG 抗体使膜上的抗原-抗体结合带显色，即形成肉眼可见的不同区带。WB 法的敏感性与特异性均较 ELISA 法高，可用于 HIV 两型的区别。

【材料】

1. SDS-PAGE 电泳系统所用材料。

2. 孔径 0.22μm 的硝酸纤维素薄膜。

3. 印迹电转移系统用材料。

4. HIV-1/2 抗原、洗涤液、HRP-兔抗人 IgG（γ 链）、酶标抗体稀释液、底物缓冲液等均与 ELISA 法中相同。

5. 底物系统为 TMB-H_2O_2。

6. 显色后的稳定剂为多库酯钠。

【方法】

1. 硝酸纤维素印迹条的制备

（1）SDS-PAGE

1）在 16cm×16cm 的凝胶玻璃板内灌注 12.5%凝胶作为分离胶，上层以 50%乙醇封顶。待分离胶聚合后，倾去乙醇溶液，上层再灌 4%的浓缩胶。待其聚合后，于表层加电泳缓冲液。

2）HIV-1/2 抗原处理：100μl HIV-1/2 抗原加 900μl 样品缓冲液（含 SDS-甘油-*β*-巯基乙醇＋溴酚蓝）于 100℃水浴中煮沸 5min，若带有分子量标准（14 400～200 000），则按说明书处理。

3）垂直电泳：处理后的 HIV-1/2 抗原待冷却后，迅速而细心地加至浓缩胶表面，接上电源，待抗原进入分离胶后，可提升电压，但通常电流采用 1mA/cm，电压 50～150V（需有冷却系统）。待溴酚蓝全部进入电泳缓冲液后，关闭电源。

（2）印迹电转移

1）在电转移装置的阳极，放上 3 层浸有转移缓冲液（25mmol/L Tris-HCl，pH8.3，含 192mmol/L

甘氨酸和 20%甲醇）的滤纸（16cm×16cm）。

2）将 16cm×16cm 的硝酸纤维素薄膜用缓冲液浸湿，然后放置于上述滤纸上面。

3）将电泳后的凝胶取出，割去浓缩胶后，细心地放在硝酸纤维素薄膜上。用戴有乳胶手套的手指仔细地去除两层之间可能存在的气泡。

4）凝胶表面再放三层浸有转移缓冲液的滤纸。

5）将电转移装置的阴极板用去离子水浸湿后盖上，接通电流，按 0.8mA/cm^2 进行电转移 1h。

（3）封闭及切割：转移后的硝酸纤维素薄膜可用 10%的脱脂奶粉溶液封闭空余部位（注意，若带有分子量标准时，应在封闭前将其割下，并用氨基黑染色）2h。洗净后，用锋利小刀将薄膜切割成约 4mm 宽的膜条，并在带有抗原的一面编上号码，放入试管内，加塞并储存于 4℃备用。

2. 测试 HIV 抗体

（1）在蛋白质印迹法反应槽内加入 3ml 洗涤液。

（2）加入待检血清 6μl，混匀。

（3）加入上述备用的膜条 1 条，在室温振摇 2h，每份样品为 1 条。每次测定需附阴、阳性对照。在振摇过程中，应使膜条带有号码的一面始终保持向上。

（4）倾去槽内的反应液，用洗涤液将各膜条洗 5 次，每次为 3min。

（5）在各反应槽内加含 1∶1000 的 HRP-兔抗人 IgG 酶标抗体反应液 3ml，于室温中再振摇 1h，到时再用洗涤液洗 4 次，最后用底物缓冲液洗 1 次。

（6）显色：底物组成为 30ml 8.0g/L 多库酯钠乙醇液，加 1ml 72g/L TMB 二甲基亚砜溶液，加 120ml 底物缓冲液。临用前加 60μl 35% H_2O_2。在每个反应槽内加底物 3ml，并不断振摇 3～5min。待阳性对照出现典型的蓝绿色区带后，迅速倾去并净去各槽内的底物缓冲液。膜条用蒸馏水冲洗，停止反应。形成的有色区带再用 3ml 多库酯钠的水溶液（1∶4）固定 30min。

（7）膜条取出后晾干并保存于暗处。

【结果判定】

1. 显色后在硝酸纤维素膜条上，阳性对照和阳性样品的结果可能出现三种区带，即 env 带（gp120、gp41）、pol 带（p51/p61、p32、p11）、gag 带（p24、p17、p7），而且一种带可能如上述出现数条蛋白条带。其分子量大小可用分子量标准对应测得。

2. 实验的结果判定可根据 WHO 推荐的标准，即阳性：至少一条 env 带和一条 pol 带，或至少一条 env 带和一条 gag 带，或至少一条 env 带、一条 gag 带和一条 pol 带，或至少 2 条 env 带。可疑：一条 gag 带和一条 pol 带，或分别只有 gag 带或只有 pol 带。阴性：无病毒特异带。确认结果见表 2-25-2。

表 2-25-2 WHO 推荐的判定标准

区带（含蛋白种类）	出现条带数							
env（gp120、gp41）	1	1	1	2	0	0	0	0
pol（p51/p61、p32、p11）	0	1	1	0	1	0	1	0
gag（p24、p17、p7）	1	0	1	0	0	1	1	0
结果判断	+	+	+	+	±	±	±	–

【注意事项】

1. 参照 ELISA 法检测 HIV 抗体筛选实验的注意事项。

2. 应使用国家药品监督管理局注册批准、合格有效的试剂。

（大连大学 曾常茜，广西医科大学 秦 雪）

实验二十六 线　　虫

一、似蚓蛔线虫

似蚓蛔线虫简称蛔虫（round worm），是寄生于人体的肠道线虫中体型最大者。成虫主要寄生于人的小肠腔内，可引起蛔虫病（ascariasis）。虫卵随粪便排出，受精虫卵在外界环境适宜时发育成感染期虫卵，被人吞食后，幼虫在小肠内孵出，侵入肠黏膜和黏膜下层，经血液循环移行至肺，经气管、咽再到达小肠后发育为成虫。因成虫有钻孔习性，可引起胆道蛔虫症、蛔虫性阑尾炎及蛔虫性肠梗阻等常见并发症。

【实验内容】

1. 形态观察

（1）肉眼观察示教标本

1）成虫外部形态浸制标本：10%甲醛溶液固定，虫体呈长圆柱形，似蚯蚓，灰白色（活体呈粉红色或微黄色），体表有横纹和两条明显的侧线。蛔虫长度大约与家用筷子接近，雄虫长 15～31cm，尾部向腹面弯曲，雌虫长 20～35cm，尾端钝圆而直。

2）成虫内部结构浸制标本：虫体体腔内的消化器官为一直管，生殖器官为弯曲的管道，其中雌性为双管型，雄性为单管型。

3）病理组织标本（甲醛浸制瓶装）

A. 胆道蛔虫症肝脏病理标本：肝门胆管内见一条蛔虫。

B. 蛔虫性肠梗阻病理标本：肠管内见大量虫体扭结成团，造成肠道阻塞。

C. 蛔虫钻入阑尾病理标本：阑尾腔中见一条蛔虫。

（2）低倍镜下自学观察玻片标本

1）成虫头端唇瓣：低倍镜观察，头端有 3 个唇瓣，为蛔虫成虫的特征性结构，呈“品”字形排列。

2）雄虫尾端交合刺：低倍镜观察，可见一对象牙状等长的交合刺。

（3）低倍转高倍镜下自学观察玻片标本（来源于感染者粪便）

1）受精蛔虫卵：椭圆形，形似欧式梳妆镜，大小为（45～75）μm×（35～50）μm，最外层有凹凸不平、被胆汁染成棕黄色的蛋白质膜，卵壳厚，卵内含一个大而圆的卵细胞，在卵的两端，新鲜标本内卵细胞的两端与卵壳之间各有一新月形空隙，陈旧标本可无或仅一端有空隙（图 2-26-1）。

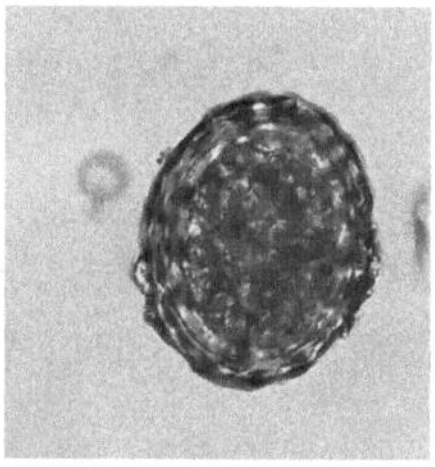

图 2-26-1 受精蛔虫卵

2）未受精蛔虫卵：长椭圆形，大小为（88～94）μm×（39～44）μm，卵壳与蛋白质膜均较受精蛔虫卵薄，卵内含大小不等、折光性强的卵黄颗粒，其与卵壳之间无明显空隙（图 2-26-2）。

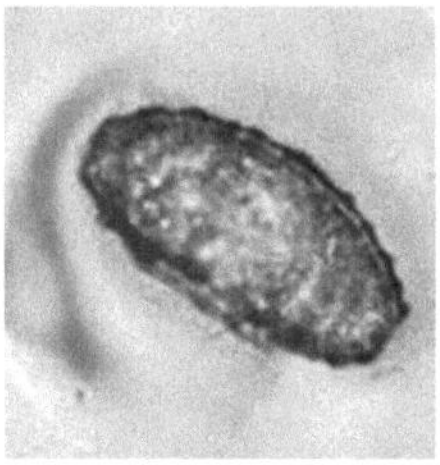

图 2-26-2 未受精蛔虫卵

3）脱蛋白质膜的蛔虫卵：受精蛔虫卵与未受精蛔虫卵的蛋白质膜均可脱落形成无色透明的脱蛋白质膜的蛔虫卵。

2. 病原学诊断方法

生理盐水直接涂片法：蛔虫病最常用的病原学诊断方法。

1）材料：粪便标本、载玻片、盖玻片、竹签、生理盐水。

2）操作方法：取一洁净载玻片，在其中央滴 1 滴生理盐水，用竹签挑取火柴头大小（约 0.1g）的粪便于生理盐水中涂抹均匀，直径约 1cm，约占玻片面积的 1/4，涂片厚度以能透过涂片看清书本上的字迹为宜。加盖玻片时，先以一边接触液面，再慢慢倾斜盖下，以免产生气泡。先置低倍镜下按顺序观察，找到虫卵后再转到高倍镜仔细观察形态。

【注意事项】

1. 受精与未受精蛔虫卵的鉴别：应根据形状、大小、卵壳与蛋白质膜的厚薄及内含物等特点综合判断。

2. 为扎实掌握典型形态结构必须反复查找观察多个虫卵，课上充分鼓励实验组内所有学生彼此间的互动和交流，交叉观察镜下形态。

3. 观察未经人工染色的虫卵标本时，光线要适当，为使所观察形态清晰，以偏暗为佳。

4. 生理盐水直接涂片法：常规检查一份粪便标本，应不同部位取材，涂 3 张片检查，以防漏检。涂片需均匀，厚薄应适当，太厚不利于光线通过，太薄则容易漏检。粪便涂片的大小最好控制在盖玻片范围以内，以防污染手、显微镜载物台或桌面。

二、蠕形住肠线虫

蠕形住肠线虫又称蛲虫（pinworm），成虫寄生于人体盲肠、结肠及阑尾。雌虫常在夜间蠕动到肛周产卵，引起肛周皮肤发痒，当患儿用手搔痒时，手指被虫卵污染，再经口食入而造成自身反复感染。虫卵也可散落在屋内患儿常接触的物品及灰尘中，经口或空气吸入等途径造成异体感染。5～7 岁的学龄前儿童较多发生感染，易造成群体聚集性感染。

【实验内容】

1. 形态观察

（1）肉眼观察示教标本。成虫外部形态浸制标本：置黑色背景下，虫体细小乳白色，雄虫很小，长 2～5mm，尾部弯曲；雌虫较大，长约 1cm，体中部略呈长纺锤形，尾端直而尖细。

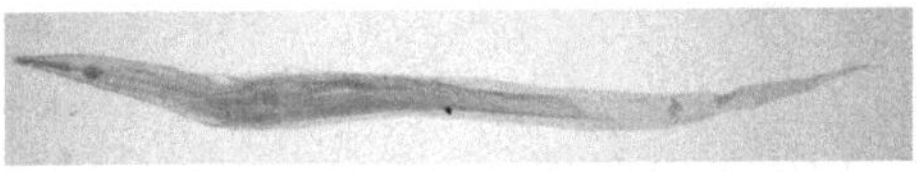

图 2-26-3　蛲虫成虫（雌）

（2）镜下观察自学标本

1）成虫玻片标本：低倍镜观察，卡红染色标本，虫体前端膨大形成头翼，咽管末端膨大的球形结构为咽管球；雄虫尾端有 1 根交合刺。头翼和咽管球是蛲虫的特征性结构（图 2-26-3 和图 2-26-4）。

2）虫卵玻片标本（来源于感染者粪便）：低倍转高倍镜观察，虫卵呈长椭圆形，两侧不对称，一侧扁平，一侧隆起，形似馒头，无色透明，大小为（50～60）μm×（20～30）μm，壳质层两层，卵壳虽较厚，但折光性较强，内含一条盘曲的蝌蚪期幼虫（图 2-26-5）。

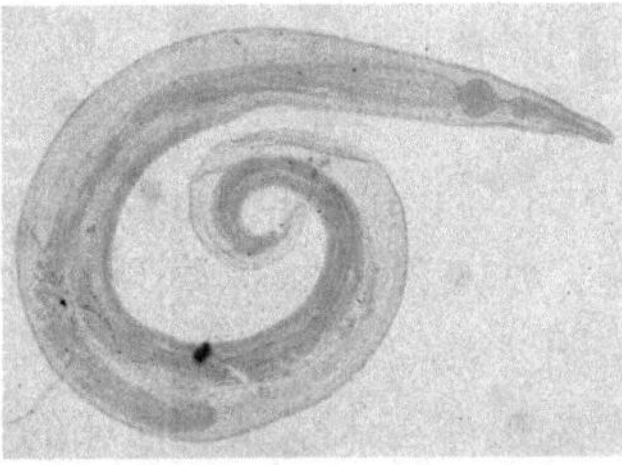

图 2-26-4　蛲虫成虫（雄）

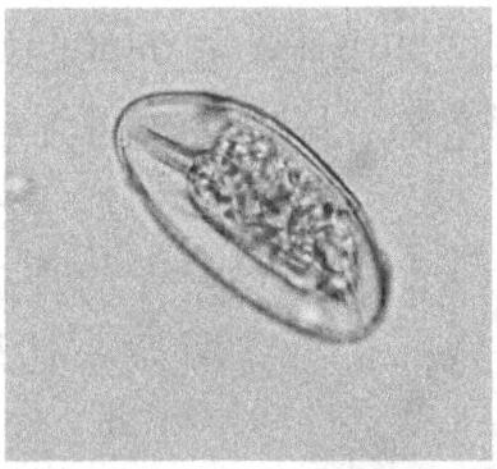

图 2-26-5　蛲虫卵

2. 病原学诊断方法

透明胶纸法：适用于蛲虫卵、带绦虫卵的检查。

（1）材料：宽 2cm 透明胶带、载玻片、记号笔、无菌手套等。

（2）操作方法：戴无菌手套，剪取长约 6cm 的透明胶带，一端向胶面折叠约 1cm，再贴在干净的载玻片上备用。玻片一端写受检者姓名、编号等。检查时，揭起胶带，以左手将受检者臀部分开，右手持透明胶带，用胶面在待检者肛门周围皮肤上或肛门皱襞皮肤黏膜处反复轻轻粘几下，然后将揭起的部分平铺于载玻片上，用低倍镜检查。

【注意事项】

1. 最好在清晨或受检者大便和清洗肛门以前检查。

2. 虫卵无色透明，观察时光线宜偏暗，通过调节显微镜光栅使形态变清晰。

三、毛首鞭形线虫

毛首鞭形线虫简称鞭虫（whipworm），成虫主要寄生于人的盲肠内，前端钻入肠上皮层内，以血液和组织液为食。虫卵随宿主粪便排出，在适宜的外环境中发育为感染期卵，被人误食后，虫卵在小肠内孵化为幼虫，其移行至盲肠发育为成虫。可引起肠黏膜炎症、出血或溃疡，严重时可引起患者慢性贫血或直肠脱垂等症状。

【实验内容】

1. 形态观察

（1）肉眼观察示教标本

1）成虫外部形态浸制标本：此标本采自鞭虫感染者，用 5%甲醛固定。虫体形似马鞭，体色为灰白色（活体为暗红色），前端 3/5 细长如发丝，后端 2/5 粗且圆。长 3～5cm，雌虫尾端钝圆，较雄虫略长，雄虫尾部向腹面作环状卷曲，有交合刺一根。

2）成虫寄生于结肠壁的浸制标本：鞭虫成虫属于半组织型寄生方式，虫体以其细长的前端插入肠黏膜内，后 1/3 粗段游离于肠腔；以虫体为中心的肠壁组织明显增生肥厚，呈环形隆起。

（2）镜下观察自学标本

1）成虫玻片标本：低倍镜观察卡红染色标本，虫体前端内含一条细长的咽管，咽管外围念珠状的杆细胞，雄虫末端有 1 根交合刺。

2）虫卵玻片标本（来源于感染者粪便）：低倍转高倍镜观察，虫卵呈腰鼓形，棕褐色，大小约 52μm×22μm，卵壳厚，两端各有一透明的塞状突起——盖塞，从粪便排出的新鲜虫卵内含一个卵细胞（图 2-26-6）。

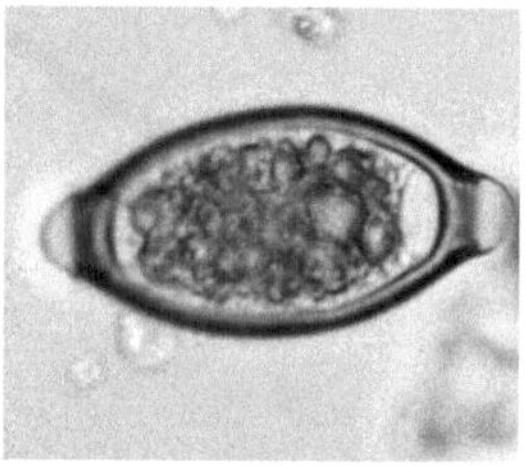

图 2-26-6　鞭虫卵

2. 病原学诊断方法（示教）

（1）临床实验室诊断常用粪便生理盐水直接涂片法查虫卵。

（2）采用饱和盐水浮聚法（方法详见下文“四、十二指肠钩口线虫和美洲板口线虫”中病原学诊断方法）可提高检出率。

四、十二指肠钩口线虫和美洲板口线虫

钩虫（hookworm）是钩口科线虫的统称，寄生于人体的钩虫主要有两种：十二指肠钩口线虫简称十二指肠钩虫；美洲板口线虫简称美洲钩虫。钩虫的主要致病阶段为成虫，其寄生于人体小肠，以宿主血液、淋巴液及脱落的肠上皮细胞为食。虫卵随粪便排出，在适宜的外界环境中可发育并孵出杆状蚴，进而发育至具有感染性的丝状蚴，可钻入人皮肤而引起感染。幼虫随血流至肺，向上至咽部，再被吞咽到达小肠发育为成虫。

【实验内容】

1. 形态观察

（1）肉眼观察示教标本

1）成虫外部形态浸制标本：来源于患者粪便，用 10%甲醛固定。两种钩虫均为灰白色（活体为肉红色），虫体细长，长约 1cm，雌虫后端呈圆锥状，雄虫后端膨大呈伞状，为交合伞。十二指肠钩虫前端和后端均向背面弯曲，呈“C”形；美洲钩虫前端向背面弯曲，后端向腹面弯曲，呈“S”形。

2）钩虫病犬小肠浸制标本：许多白线状的钩虫咬附在肠壁上，致肠壁出现散在的出血点及小溃疡，有助于进一步理解钩虫致宿主慢性失血的原因。

3）钩蚴性皮炎照片：丝状蚴主要经手指、足趾间皮肤薄嫩处侵入，可在上述部位有烧灼、针刺、奇痒感，继而可见红色的小斑点、丘疹、脓疱，有助于进一步熟悉钩虫感染的特点。

（2）镜下观察自学标本

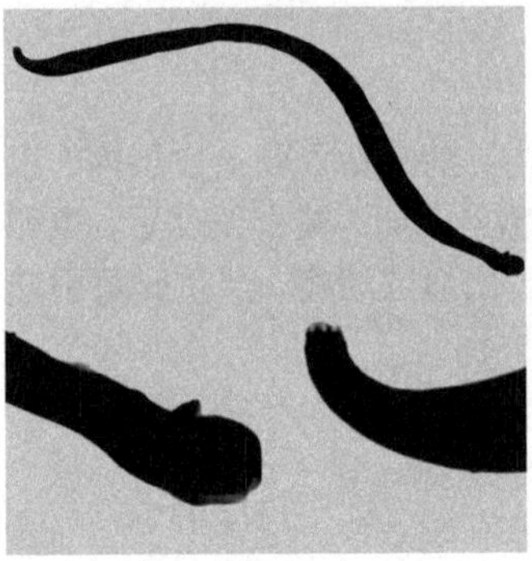

图 2-26-7　十二指肠钩虫
交合伞与钩齿（雄）

1）成虫玻片标本：低倍镜观察，卡红染色（图 2-26-7～图 2-26-9）。

A. 前端口囊：十二指肠钩虫口囊内具有两对钩齿，美洲钩虫具有一对半月形板齿，这是两种钩虫的主要鉴别点之一。

B. 后端交合伞：十二指肠钩虫雄虫尾部的交合伞略圆，伞内有许多肌性突起即辐肋，交合刺两根，末端各自分开；美洲钩虫交合伞略扁，伞内也有许多辐肋，交合刺两根，末端合并成一倒钩。交合伞结构特点是两种钩虫的主要鉴别点之一。十二指肠钩虫雌虫后端尚有一根尖的尾刺，而美洲钩虫雌虫无此结构。

2）丝状蚴玻片标本：低倍镜观察，丝状蚴长 0.5～0.7mm，体表被有鞘膜，口孔封闭，有口矛一对，咽管细长，约占虫体长度的 1/5。

由于两种钩虫的分布、致病力及对驱虫药的敏感程度都有明显差异，因此鉴别钩蚴的种别在流行病学、生态学及防治方面都具有实际意义。两种钩虫丝状蚴的鉴别见表 2-26-1。

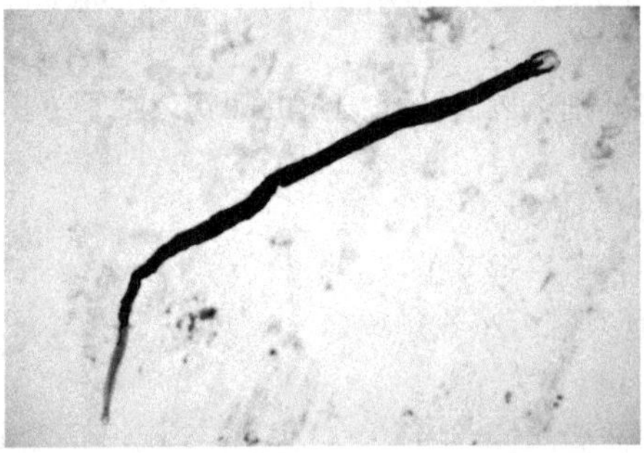

图 2-26-8　美洲钩虫（雄）

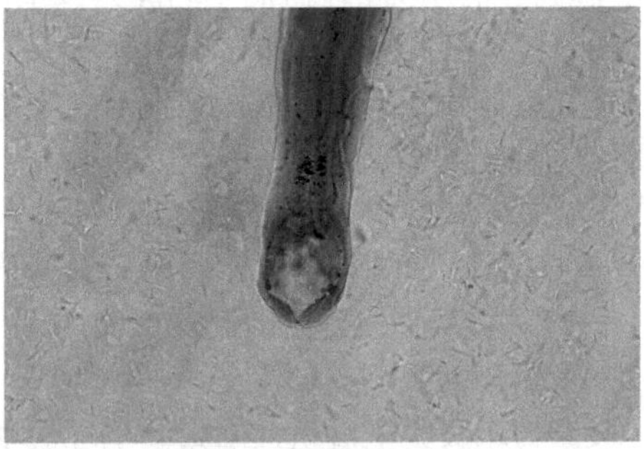

图 2-26-9　美洲钩虫板齿

表 2-26-1　两种钩虫丝状蚴的形态鉴别

鉴别点	十二指肠钩虫	美洲钩虫
外形	细长，圆柱形，头端略扁平，尾端较钝	较短粗，长纺锤形，头端略圆，尾端较尖
鞘横纹	不显著	显著
口矛	透明呈丝状，两矛间距宽，背矛较粗	黑色杆状，前端稍分叉，两矛间距窄且同等粗细
肠管	管腔较窄，为体宽 1/2，肠细胞颗粒较多	管腔较宽，为体宽 1/5，肠细胞颗粒较少

3）虫卵玻片标本：来源于患者粪便，低倍转高倍镜观察，虫卵呈椭圆形，无色透明，大小为（56～76）μm×（36～40）μm，卵壳极薄，壳内卵细胞多为 4～8 个，卵壳与细胞间有明显空隙，可见卵细胞朝向卵壳侧外缘的弧形造成了不同部位空隙大小不均等（图 2-26-10）。

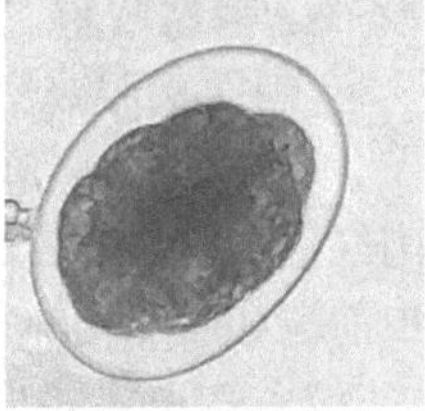

图 2-26-10　钩虫卵

2. 病原学诊断方法

饱和盐水浮聚法：适用于线虫卵（未受精蛔虫卵除外）、带绦虫卵及膜壳绦虫卵的检查，是诊断钩虫病的首选方法。

（1）原理：利用饱和盐水的密度远大于虫卵密度，粪便中的虫卵会漂浮在溶液上面，而达到浓集虫卵的目的。

（2）材料：饱和盐水、载玻片、盖玻片、漂浮瓶（或青霉素小瓶）、竹签、滴管、无菌手套等。

（3）操作方法

1）预先在漂浮瓶中倒入约 1/4 体积的饱和盐水。

2）戴无菌手套，用竹签挑取黄豆大小（约 1g）的粪便，置于瓶内盐水中充分捣碎搅匀，除去粪中粗纤维等残渣。

3）继续倒入饱和盐水，将满时，改用滴管缓慢滴加到盐水刚好高于管口但不外溢为止。

4）将洁净载玻片覆盖于瓶口上，静置 15min。

5）水平缓慢拿起载玻片，快速翻转使盐水面朝上，加盖玻片后即刻用低倍镜检查。

【注意事项】

1. 钩虫卵无色透明，观察时光线宜偏暗。

2. 粪便放置 1～2 天后，卵内细胞可发育为桑椹期，甚至到幼虫阶段。

3. 饱和盐水浮聚法中如所取粪便中如含粗纤维等杂质较多，应适当多取粪便，以免弃掉杂质时使粪量不足。粪便太多或太少都可影响浓集效果。

五、班氏吴策线虫和马来布鲁线虫

世界范围寄生于人体的丝虫（filaria）共有八种。我国主要有两种：班氏吴策线虫（简称班氏丝虫）和马来布鲁线虫（简称马来丝虫）。两种丝虫成虫均寄生于人体的淋巴系统，引起丝虫病。班氏丝虫病呈世界性分布，马来丝虫病主要分布在亚洲东部及东南部，而其他丝虫病主要分布在非洲和南美洲。在感染者体内，雌虫所产出的微丝蚴，白天停留在肺部的毛细血管内，夜间则出现于外周血中，此现象称为微丝蚴的夜现周期性。蚊作为中间宿主叮咬感染者时，摄入含微丝蚴的血液，在蚊虫体内微丝蚴发育为感染期幼虫即丝状蚴，含有丝状蚴的蚊通过叮咬人皮肤而感染人体。

【实验内容】

1. 形态观察

（1）肉眼观察示教标本：成虫外部形态浸制标本，来源于患者淋巴结，用 10%甲醛固定，两种丝虫形态极其相似，虫体细长如丝线，乳白色，体表光滑。雌虫较雄虫长，雌虫尾部不弯曲或略向腹面弯曲，雄虫尾部向腹面卷曲 2～3 圈。

（2）病理照片观察：①下肢象皮肿；②阴囊象皮肿。

（3）镜下观察自学标本：班氏微丝蚴和马来微丝蚴玻片标本，来源于患者外周血，经吉姆萨染色，低倍转高倍或油镜观察。微丝蚴呈弯曲的线状，虫体前端钝圆，后端尖细，外被有向虫体前端或后端明显延伸的鞘膜；体内有许多圆形或椭圆形的细胞核称为体核，前端无核区称为头间隙（非鞘膜延伸部位）；马来微丝蚴尾部有 2 个独立于体核而前、后排列的核为尾核（图 2-26-11 和图 2-26-12）。注意两种微丝蚴的形态鉴别，见表 2-26-2。

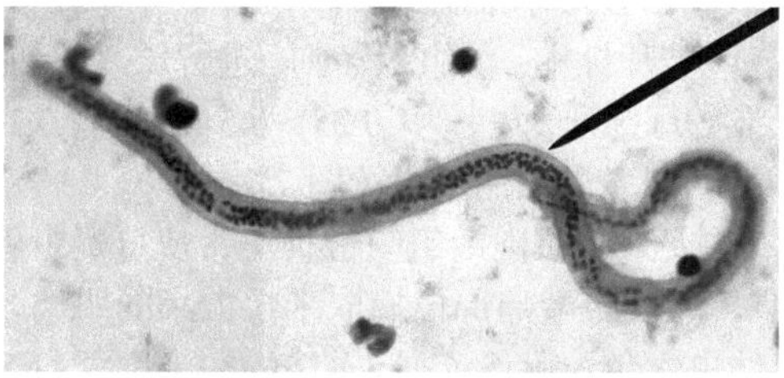

图 2-26-11　班氏微丝蚴

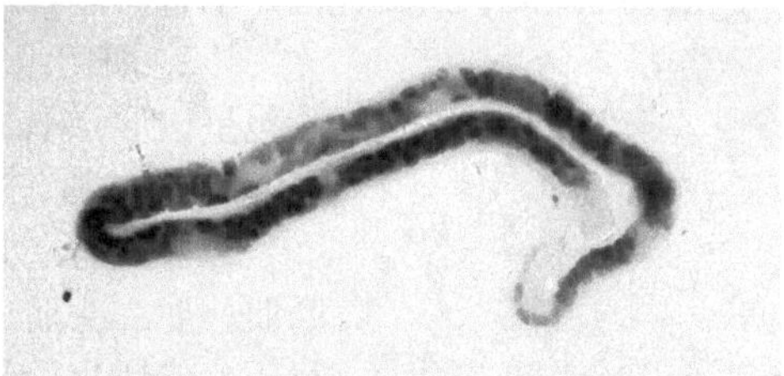

图 2-26-12　马来微丝蚴

表 2-26-2　两种微丝蚴的形态鉴别

鉴别点	班氏微丝蚴	马来微丝蚴
体长	较长	较短
体态	柔和，弯曲较大而自然	弯曲僵硬，大弯内有小弯
头间隙（长：宽）	1∶1～1∶2	约为 2∶1
体核	大小均匀，分布均匀分散，清晰可数	大小不均，分布多密集，常疏密不均，不易分清
尾部及尾核	尾部较尖细，无尾核	尾核处较膨大，有 2 个尾核

2. 病原学诊断方法（示教）

厚血膜法：适用于丝虫微丝蚴检查。

（1）材料：酒精棉球、甲醇、吉姆萨染液、记号笔、载玻片、采血针等。

（2）操作方法

1）在夜间 9 点至次晨 2 点，用酒精棉球将受检者耳垂消毒，待干后用采血针采血，挤出三大滴血（共约 60μl），滴于一洁净载玻片靠一侧 1/3 处。

2）用另一载玻片一角将血液从内向外螺旋式均匀涂成直径 15mm 的厚血膜。

3）平放载玻片，待血膜自然干燥，加几滴蒸馏水铺满血膜以脱去血红蛋白。

4）约 15min 后血膜变为乳白色，取出晾干，甲醛固定，吉姆萨染色，镜检。

【注意事项】

1. 除吉姆萨染色法外，尚可用苏木精-伊红染色法和硼砂亚甲蓝染色法。

2. 载玻片应洁净以防血膜脱落。

3. 血膜需涂均匀，过厚染色时易脱落。

4. 血片放置不平易造成血膜薄厚不均。

六、旋毛形线虫

旋毛形线虫（*Trichinella spiralis*）简称旋毛虫，其成虫和幼虫分别寄生于同一宿主的小肠和横纹肌内。目前，已知有 120 余种哺乳动物可作为其宿主。人因误食含有活幼虫的生肉或半熟肉类而感染，幼虫在小肠内发育为成虫，雌虫再产出幼虫随血流到达全身各组织，但只有在横纹肌内，才可发育为囊包，引起以肌肉为主要病变部位的旋毛虫病。

【实验内容】

1. 形态观察　镜下观察自学标本。

（1）成虫染色玻片标本：从被感染哺乳动物的小肠腔内获得，经卡红染色，低倍镜观察。虫体细小、线状，雄虫（1.4～1.6）mm×（0.04～0.05）mm，后端有两个叶状交配附器；雌虫（3.0～4.0）mm×0.06mm，后端钝圆；咽管占体长的 1/3～1/2，由长形单细胞组成。

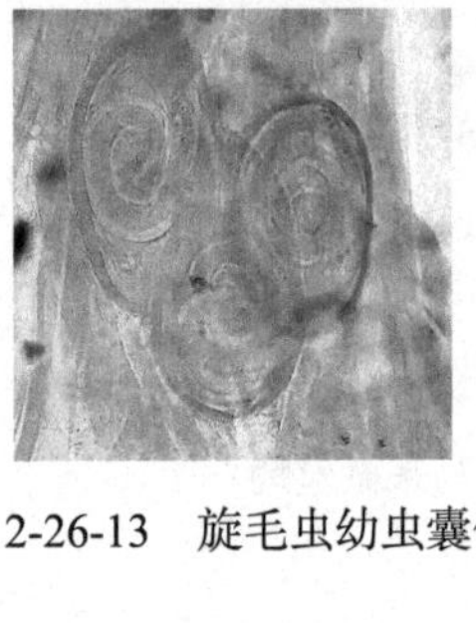

图 2-26-13　旋毛虫幼虫囊包

（2）肌肉组织幼虫囊包玻片标本：活组织穿刺，进行压片或切片，囊包呈梭形，纵轴与肌纤维平行排列，大小为（0.25～0.5）mm×（0.21～0.42）mm，囊包内一般含 1～2 条卷曲的幼虫（图 2-26-13）。

2. 病原学诊断方法　主要采用肌肉活组织检查法，从可疑患者腓肠肌、肱二头肌、三角肌，尤其是酸痛部位摘取米粒大小的肌肉，进行压片或切片，镜检检出幼虫囊包为确诊依据。本法的检出率仅为 50% 左右，故阴性不能排除该病。亦可从患者吃剩的肉品中检查是否含有梭形囊包。

【注意事项】　活组织检查的旋毛虫囊包具有感染性，应戴手套操作，用2%～3%煤酚皂溶液对相关器械或肌肉进行浸泡或煮沸消毒，从而避免污染。

（西安医学院　武永红）

实验二十七　吸　　虫

一、华支睾吸虫

华支睾吸虫又称肝吸虫。成虫寄生于人或哺乳动物的胆管内，可引起华支睾吸虫病，又称肝吸虫病。虫卵随胆汁进入消化道混于粪便排出。肝吸虫虫卵甚小，是人体寄生性蠕虫卵中最小者。病原学检查，粪检找到华支睾吸虫卵是确诊的根据，一般在感染后1个月可在大便中发现虫卵。

【实验内容】

1. 形态观察

（1）华支睾吸虫卵：华支睾吸虫卵是人体寄生蠕虫卵中最小者，在低倍镜下需仔细寻找，如看到有类似芝麻粒状黄褐色的小个体，可能是此虫卵，再转换高倍镜观察。

观察要点：卵壳为淡黄色，虫卵平均大小为29μm×17μm，在卵较窄的一端有一向上突出的卵小盖。微动小螺旋可见与卵小盖相接触处的卵壳向两侧稍突呈肩峰样，小盖嵌入其中。虫卵下端钝圆，有的虫卵在其末端尚可见一点状的小突起，卵内含一毛蚴，仅能看到其轮廓（图2-27-1）。

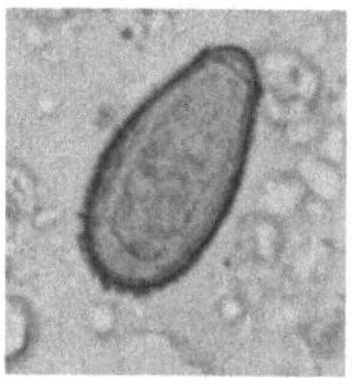

图2-27-1　华支睾吸虫卵

（2）华支睾吸虫成虫（瓶装标本）

观察要点：虫体扁平，半透明，外观呈葵花籽状，前端较尖，后端钝圆，长10～25mm。雌、雄同体，体中部呈黄褐色者为子宫，其他构造需观察玻片标本。

（3）华支睾吸虫成虫（玻片染色标本）

观察要点：口吸盘位于虫体前端，染成红色，外形类似漏斗状。腹吸盘在虫体前1/5处的中央，染成红色，圆形。子宫位于腹吸盘的后方，在虫体的中央处迂曲盘绕，呈棕黄色。卵巢在子宫的后方，边缘分叶，染成红色，其后方有囊状的受精囊。睾丸在虫体后1/3处，前后排列，呈分枝状，染成深红色。睾丸分枝是此虫形态的主要特征。卵黄腺在虫体中部的两肠管的外侧缘，染成棕黄色。肠管在食管后分为二支，走行于卵黄腺与子宫之间，于虫体末端形成盲端。

2. 病原学诊断

（1）病原学检查：取粪便或十二指肠引流液检查肝吸虫卵，但粪便直接涂片法检出率低，易漏诊。自然沉淀法、氢氧化钠消化法、改良加藤厚涂片法的检出率达80%～90%，十二指肠引流液检出率几乎为100%。

（2）免疫学诊断：皮内实验（IDT）阳性率达97.9%，但假阳性多。间接血凝实验，酶联免疫吸附实验敏感性高、特异性强，阳性率大于92%。

【注意事项】　华支睾吸虫卵与异形类吸虫卵在形态、大小上极为相似，容易造成误诊，应注意鉴别。

二、布氏姜片吸虫（姜片吸虫）

布氏姜片吸虫，俗称姜片虫，因寄生于小肠也称肠吸虫，可致姜片虫病。寄生于终宿主小肠上段的成虫产卵，虫卵随粪便排出。

【实验内容】

1. 形态观察

（1）布氏姜片吸虫卵：属人体寄生性蠕虫卵中较大者，呈淡黄色，长椭圆形或卵圆形，大小

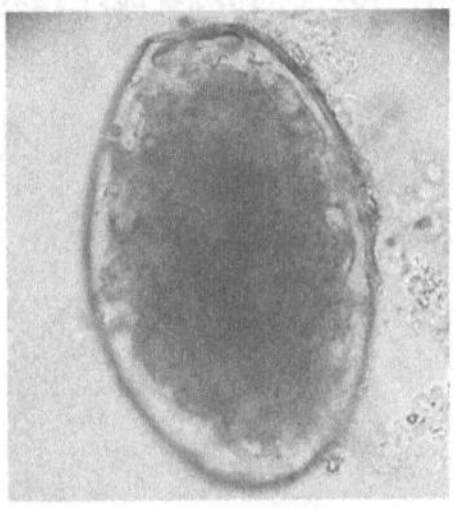

图 2-27-2　布氏姜片吸虫卵

（130～140）μm×（80～85）μm。卵壳很薄，卵小盖小而略倾斜，不明显。卵内含有一个卵细胞，及 30～50 个卵黄细胞（图 2-27-2）。

（2）布氏姜片吸虫成虫（玻片染色标本）

观察要点：口吸盘位于虫体的最前端，较小，呈圆形。腹吸盘较大呈漏斗状，明显可见，距口吸盘甚近。在口吸盘的后方有一个球形的咽。食道短。在腹吸盘前，肠管分为两支，沿虫体两侧迂曲后行，至虫体末端成盲端。子宫位于虫体的中部，呈黄色，迂曲盘绕开口于腹吸盘前。在子宫的后方有一个呈圆形者为梅氏腺，在其右侧可见一分枝状的卵巢，染成红色。虫体的后端有一对较大的睾丸，前后排列，高度分枝，呈珊瑚状。卵黄腺位于虫体的两侧缘。

2. 病原学诊断

（1）病原学检查：姜片虫卵大，易于识别，一般采用粪便直接涂片法查虫卵，检出率可达90%以上。必要时可用自然沉淀法或离心沉淀法以提高检出率。患者排出的成虫，可按其形态特征识别鉴定。

（2）免疫学诊断：皮内实验，酶联免疫吸附实验等有辅助诊断价值。

三、日本裂体吸虫（日本血吸虫）

日本裂体吸虫，俗称日本血吸虫，成虫寄生于人及多种哺乳动物的门脉-肠系膜静脉系统。雌虫产卵于静脉末梢内，虫卵主要分布于肝及结肠肠壁组织，虫卵发育成熟后，肠黏膜内含毛蚴虫卵脱落入肠腔，随粪便排出体外。

【实验内容】

1. 形态观察

（1）日本裂体吸虫卵：虫卵为椭圆形，大小为（74～106）μm×（55～80）μm，淡黄褐色。卵壳较薄，厚薄均匀，无卵小盖，卵壳表面常附有宿主组织残留物，卵壳一侧有一小刺，成熟虫卵内含有一毛蚴，形似球拍状，毛蚴与卵壳之间常有大小不等圆形或长圆形油滴状的头腺分泌物（图 2-27-3）。

（2）日本裂体吸虫成虫（瓶装标本）：外观呈乳白色，圆柱状，类似线虫。雄虫短粗，长 9～22mm，体表光滑，有抱雌沟。雌虫细长，长 12～26mm，前端尖细，后端钝圆。

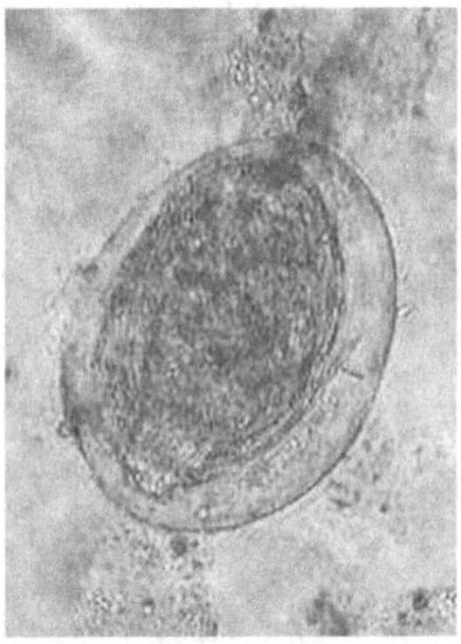

图 2-27-3　日本裂体吸虫卵

（3）日本裂体吸虫成虫（玻片染色标本）：先用肉眼观察玻片标本，可见 2 条红染的虫体，短粗的是雄虫，一端较细，染成红黑色的是雄虫，然后在低倍镜下观察。雄虫虫体前部为圆柱状，前端有一口吸盘，其直径大于虫体的宽度。在口吸盘的后方，有一较短的食道，肠管在腹吸盘的前方分为两支。腹吸盘距口吸盘很近，从侧面观呈浅盘状，明显可见，突出体外。在腹吸盘的后方虫体的背侧有 7 个染成深红色呈球状的睾丸，排成一列。从腹吸盘稍后方到尾部，虫体变扁平，两侧缘向腹面卷成沟状，沟的边缘着色较深。两肠支在体后部合而为一，但在雄虫标本中不明显。雌虫口吸盘与腹吸盘位于虫体的前部，两者相距较近，腹吸盘比口吸盘稍大。在虫体中部有一染成深红色、长椭圆形的卵巢。两肠管中因含有食入的血液，故呈黑褐色。在卵巢的后方，两肠管相汇合，形成单一的肠管，并在虫体的后部变成盲管。在卵巢之前于两肠管之间，有的标本可以看到单管状子宫，其中充满虫卵。虫体后 1/4 两侧染成颗粒状者为卵黄腺。

2. 病原学诊断

（1）病原学检查：虫卵检查及毛蚴孵化适用于急性期病人。取黏液血便用直接涂片法和自然沉淀法查虫卵，必要时做毛蚴孵化法。改良加藤厚涂片法的检出率高，且可作虫卵计数以测定感染度。直肠黏膜活组织检查，适用于慢性期患者，用直肠镜取直肠病变组织查虫卵，但有一定的局限性和危险性。

（2）免疫学诊断：皮内实验简便、快速，与粪便虫卵检查阳性符合率达 90%，但可出现假阳性，与其他吸虫感染有交叉反应。可用于疫区普查筛选。环卵沉淀实验（COPT）操作简单、敏感性高、特异性强，可用于流行病学调查、疫情监测及疗效考核，为诊断血吸虫病特有的方法。另外还有间接血凝实验，酶联免疫吸附实验及免疫酶染色实验等。

四、卫氏并殖吸虫

卫氏并殖吸虫的终宿主除人外，主要为肉食哺乳动物如犬、猫。成虫主要寄生于肺，所形成的虫囊往往与支气管相通，虫卵经气管随痰吐出或吞入后随粪便排出。卫氏并殖吸虫的致病，主要是童虫或成虫在人体组织与器官内移行、寄居造成的机械性损伤，及其代谢物等引起的免疫病理反应。

【实验内容】

1. 形态观察

（1）卫氏并殖吸虫卵：虫卵外形一般呈椭圆形，大小为（80～118）μm×（48～60）μm，最宽处多近卵盖一端。卵盖大，常略倾斜，但也有缺盖者。卵小盖与卵壳相接触处，卵壳增厚且向外突出。卵壳较厚，厚薄不均，特别是在卵盖对侧，增厚较为明显。卵内含 1 个卵细胞和 10 余个卵黄细胞。卵细胞较大、发亮、呈圆形，一般位于虫卵中部，常被卵黄细胞所遮盖，不明显。卵黄细胞较暗，形态不整，含有许多颗粒，位于卵细胞的周围（图 2-27-4）。

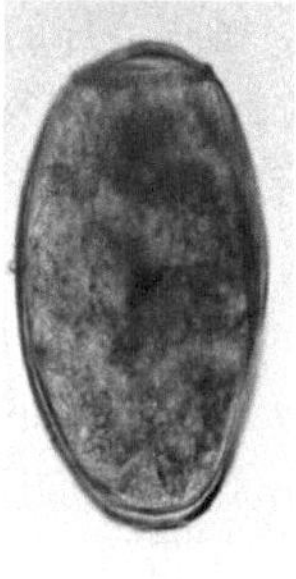

图 2-27-4 卫氏并殖吸虫卵

（2）卫氏并殖吸虫成虫（瓶装标本）：外观呈椭圆形，背侧隆起，腹侧扁平，如半粒黄豆粒状，大小约 7.5～12mm。雌、雄同体，虫体半透明呈砖灰色，前端较窄，后端较宽，内部的构造不明显。在扁平的腹侧近中央处，隐约可见一小孔，为腹吸盘。

（3）卫氏并殖吸虫成虫(玻片染色标本)：虫体前端有一较大的口吸盘。虫体中部稍前处有腹吸盘，比口吸盘稍小。虫体两侧缘从前端直到后端染成棕黄色呈颗粒状者是卵黄腺。肠管分两支，沿虫体两侧后行，形成数个明显弯曲，至虫体的末端变成盲端。在虫体中部的一侧有一团黄色的子宫，在其相对侧有一较小染成红色或紫色的分叶状卵巢。子宫与卵巢的后方，有两个并列的染成红色或紫色的分叶状睾丸。雌性生殖器官与雄性生殖器官皆左、右并列，是并殖吸虫形态结构上的主要特征。

2. 病原学诊断

（1）病原学检查：留置患者 24h 痰液或清晨咳出的新鲜痰液，用 5%～10%的氢氧化钠溶液消化后，离心沉淀，取沉渣涂片检查虫卵。患者的痰液中还可见到大量嗜酸性粒细胞和夏科-莱登晶体。对有咽痰习惯者，可取粪便检查虫卵，以沉淀法为好。虫体寄生于皮下、肌肉，形成包块或结节，可手术摘除检查虫体，进行活组织检查，在病变处查见坏死的虫穴，嗜酸性粒细胞及夏科-莱登晶体，亦有助于诊断。

（2）免疫学诊断：早期轻度感染者及无咳痰者或有脑、脊髓等处异位寄生者，常依赖于免疫学诊断，常用方法有皮内实验、间接血凝实验、酶联免疫吸附实验等。

（中国医科大学 郑兰艳）

实验二十八 绦 虫

一、链状带绦虫和肥胖带绦虫

链状带绦虫也称猪肉绦虫、猪带绦虫或有钩绦虫，成虫寄生于人体肠道，引起猪带绦虫病，幼虫寄生于人体皮下、肌肉或内脏，引起囊尾蚴病。肥胖带绦虫又名牛带绦虫、牛肉绦虫或无钩绦虫，牛带绦虫的成虫寄生于人体小肠可引起的牛带绦虫病。牛带绦虫病的临床症状与猪带绦虫病相似，仅在鉴定患者粪便中节片后才能区分。

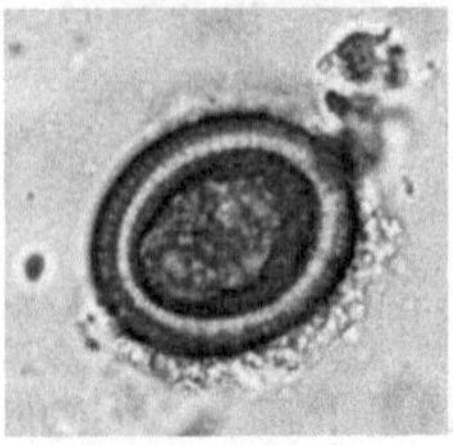

图 2-28-1 带绦虫卵

【实验内容】

1. 形态观察

（1）带绦虫卵：两种带绦虫卵不易区别，卵壳在排出时已脱落，故镜检时看不到卵壳，所见较厚具放射状条纹的结构为胚膜。卵呈圆球形，直径为 31～43μm，棕黄色，内含 1 个六钩蚴，具有 3 对小钩，因光线强弱不同而呈黑色或白色发亮的小体（图 2-28-1）。

（2）带绦虫妊娠节片（玻片染色标本）：链状带绦虫每一妊娠节片中，子宫每侧分支为 7～13 支；肥胖带绦虫每一妊娠节片上，子宫每侧分支为 15～30 支，每一节片的侧缘有一生殖孔，略突出，明显可见。

（3）带绦虫囊尾蚴（瓶装标本）：椭圆形，乳白色，黄豆大小，半透明，囊内充满囊液，囊壁内面有 1 个小米粒大小的白点，是凹入的头节。两种带绦虫的囊尾蚴肉眼观察不能区分。

（4）带绦虫囊尾蚴（玻片染色标本）：将头节从囊内翻出，染色制成。其头节与成虫头节结构相似，注意头节的形状、吸盘的数目和位置、小钩的有无。链状带绦虫囊尾蚴，头节为球形，直径约 1mm，在头节的四周有 4 个吸盘，头顶端为顶突，其上有 2 圈小钩；肥胖带绦虫囊尾蚴头节较前者稍大，略呈方形，于头节的四周仅见 4 个吸盘，无顶突及小钩。

（5）带绦虫成虫（瓶装标本）：两种带绦虫成虫外观均呈带状，乳白色。虫体由头节、颈部、未成熟节片、成熟节片和妊娠节片所构成。头与颈部肉眼不易区分。未成熟节片短而宽，成熟节片位于虫体中部，近方形。后部的妊娠节片长度明显大于宽度。链状带绦虫虫体略短，节片薄而半透明；肥胖带绦虫虫体长，节片数多，节片肥厚而不透明。

2. 病原学诊断

（1）病原学检查：对链状带绦虫，在粪便中查到孕节和虫卵即可确诊，对囊虫病，在组织中查到囊尾蚴即可确诊。孕节检查，常用压片法，根据子宫侧枝数目可鉴定虫种。虫卵检查，用直接涂片法，饱和盐水浮聚法，沉淀法等查获虫卵。囊尾蚴检查，用手术方法摘除皮下或浅部肌肉内的结节，压片镜检。根据囊内头节形态可确诊。

（2）免疫学诊断：对深部组织囊虫病，尤其是脑囊虫病，免疫诊断具有重要的临床参考价值。常用方法有皮内实验、间接血凝实验、酶联免疫吸附实验等，阳性率可在 90%左右。此外，询问病史，X 线、CT、磁共振等检查也可诊断囊虫病。

二、细粒棘球绦虫（包生绦虫）

成虫寄生于犬科食肉动物，幼虫（棘球蚴）寄生于人和多种食草类家畜及其他动物，引起一种严重的人畜共患病，称棘球蚴病或包虫病。

【实验内容】

1. 形态观察

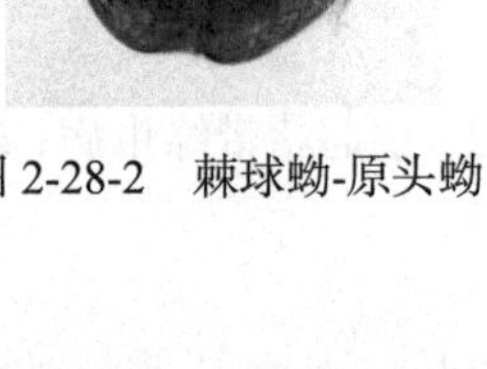

图 2-28-2 棘球蚴-原头蚴

（1）棘球蚴（玻片染色标本）：先用肉眼在标本上找到染成蓝色或红色散在的点状物，然后用低倍镜观察。可以找到近圆形的原头蚴，直径约 0.15mm，有的未染上颜色呈浅褐色，有的染上颜色呈浅蓝色。在原头蚴中部可以看到似菊花状排列的一排黄色小钩，吸盘多不明显，在高倍镜下可见顶突向内凹入的痕迹。在另一端可看到原来连接在生发囊壁上的小蒂（图 2-28-2）。

（2）细粒棘球绦虫成虫（玻片染色标本）：长 1.5～6.0mm，整个虫体由 4 个节片组成。头节似梨形，有 4 个吸盘和 1 个突出的顶突，顶突上有 2 圈小钩。头节的后方是未成熟节片，呈梯形，内部结构不明显。未成熟节片后方是成熟节片，呈长方形，在成熟节片中有染色较深的颗粒状睾丸及在节片中线的长管状子宫，节片的侧缘有生殖孔。最末一节是妊娠节片，它是节片中最大的一节，子宫向两侧作不规则膨大或分支，其中充满虫卵，其他器官已萎缩。

2. 病原学诊断 手术摘除棘球蚴或从患者痰液、尿液、胸水或腹水中镜检发现棘球蚴可以确诊。因棘球蚴穿刺常引起休克或继发性棘球蚴病，应禁止诊断性穿刺。

3. 免疫学诊断 是诊断本病的主要手段。常用方法有皮内实验、酶联免疫吸附实验、间接血凝实验。其中皮内实验敏感性高，特异性低。酶联免疫吸附实验、间接血凝实验的敏感性高，特异性强，也可用于流行病学调查。

三、曼氏迭宫绦虫

曼氏迭宫绦虫成虫较少寄生人体，对人的致病力也不大，但中绦期裂头蚴可在人体寄生，导致曼氏裂头蚴病，其危害远较成虫为大。可能因虫体机械和化学刺激引起中、上腹不适，微痛、恶心呕吐等轻微症状。询问病史有一定的参考价值，另外影像技术，如 CT 等对脑裂头蚴病有价值。

【实验内容】

1. 形态观察

（1）曼氏迭宫绦虫卵：近椭圆形，两端稍尖，大小为（52～76）mm×（31～44）mm，呈浅灰褐色，卵盖位于虫卵一端，卵壳薄，内含许多卵黄细胞和一个卵细胞（图 2-28-3）。

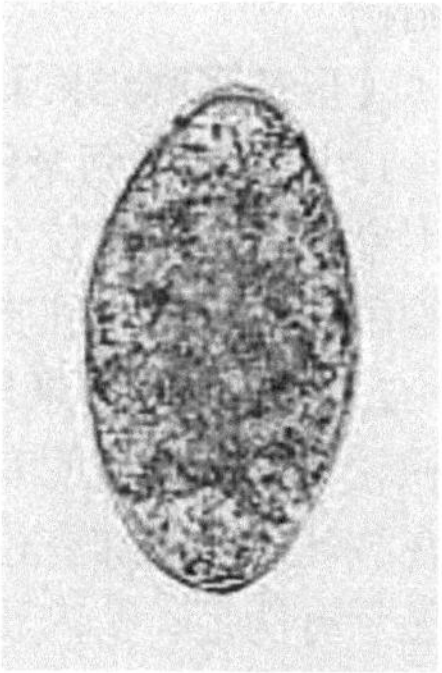

图 2-28-3 曼氏迭宫绦虫卵

（2）曼氏迭宫绦虫成虫：大小为（60～100）cm×（0.5～0.6）cm。虫体细长、分节，由头节、颈节和链体组成。头节细小，（1.0～1.5）mm×（0.1～0.3）mm，呈指状，在其背、腹面各有一条纵行的吸槽。颈节细长，链体节片宽度大于长度。分幼节、成节和孕节。

2. 病原学诊断

（1）病原学检查：对曼氏迭宫绦虫成虫感染，可通过粪便检各查，查到虫卵即可确诊。如疑为裂头蚴病，可对局部的包块和结节进行活组织检查，检获裂头蚴即可建立诊断。

（2）免疫学诊断：用裂头蚴抗原进行免疫学检测，如抗体阳性即可确诊。

（3）对于内脏和脑裂头蚴病，应结合 CT、X 线、磁共振等影像学检查和临床表现、病史等进行综合分析，做出诊断。

（中国医科大学 郑兰艳）

实验二十九 原 虫

寄生于人体肠道或腔道的原虫主要有溶组织内阿米巴原虫、结肠内阿米巴原虫、蓝氏贾第鞭毛虫、阴道毛滴虫等，对这类寄生虫感染的诊断主要依据从粪便或阴道分泌物中查见病原体，但侵犯组织的虫体（如溶组织内阿米巴侵入皮肤、肝、肺、脑等部位）则需要获取相应部位的标本查病原体。对蓝氏贾第鞭毛虫的诊断也可做十二指肠液引流检查，且比粪检法更敏感。寄生于人体组织及细胞内的原虫主要有杜氏利什曼原虫与疟原虫等。

一、溶组织内阿米巴

依据溶组织内阿米巴各期形态特点进行溶组织内阿米巴原虫检查，注意与其他阿米巴原虫相鉴别。

【材料】

1. 载玻片、吸管、便签、生理盐水等。

2. 人工培养溶组织内阿米巴原虫。

3. 溶组织内阿米巴滋养体铁苏木素染色标本。

4. 溶组织内阿米巴包囊碘液染色标本。

5. 溶组织内阿米巴包囊铁苏木素染色标本。

6. 光学显微镜、香柏油、二甲苯。

【方法】

1. 用滴管吸取保持于37℃条件下的人工培养溶组织内阿米巴滋养体，滴加于载玻片上，加盖玻片，在低倍镜下看到虫体活动时，转用高倍镜仔细观察。

2. 吸取保存的包囊悬液，滴1～2滴于载玻片上，滴加碘液染色后进行观察。包囊外形呈圆形，直径5～15μm，被碘液染色成棕黄色，内部结构需用高倍镜观察。

3. 滋养体（玻片染色标本）：先用低倍镜观察，在染成蓝黑色粪便的边缘或较薄的地方找虫体，之后换油镜，观察虫体的外形、大小、内外质及内含物。

4. 包囊（玻片染色标本）：油镜下观察包囊外形、囊壁的厚薄、核的数目、拟染色体、糖原泡等结构。

【形态观察结果】

1. 溶组织内阿米巴滋养体活体标本 阿米巴在高倍镜下为透明活动体，以伪足做定向运动，常因室温低或放置较久而运动迟缓。人工培养的滋养体，食物泡内不含有红细胞，而含有淀粉颗粒或细菌。在活体中细胞核不易看到。而衰老临死的虫体内可见圆形细胞核。核中央核仁隐约可见。

2. 溶组织内阿米巴滋养体铁苏木素染色标本 呈不规则的圆形或椭圆形。在高倍镜下见虫体体积较大、外缘透明有不规则的伪足、内为颗粒状而具有黑色细胞核的物体。将其移向视野中心，并在载玻片上滴加香柏油1滴，转换油镜检查。可看到清晰的滋养体，注意观察：①外质无色透明，常显示有伪足；②内质为蓝黑色的颗粒状，其食物泡中含有完整或半消化的圆形墨黑色的红细胞，此为组织型滋养体的主要特征；③核圆形，有薄而染成黑色的核膜，核内缘可见分布较均匀或聚在一边呈镰刀形的染色质粒；④核仁小，亦染成黑色，位于核中央。

3. 溶组织内阿米巴包囊碘液染色标本 包囊壁薄而透明，核1～4个，在核中心部可见核仁，核膜内缘染色质粒不够清楚，在单核或双核的包囊中，有时可见染成棕色的糖原泡，但边缘模糊，拟染色体亦不清晰。观察时须注意区别包囊与人酵母菌或脂肪滴：人酵母菌形状大小不同，内有较大的空泡；脂肪滴的反光性强，不着色，内无任何结构。

4. 溶组织内阿米巴包囊铁苏木素染色标本 包囊为圆形，囊壁常透明无色，囊内可见1～4核，核的构造同滋养体。拟染色体为深黑色，棒状，两端钝圆，因染色过程中糖原泡被溶解，故糖原泡呈无色空泡状。成熟的包囊具有4个核而无拟染色体。

【注意事项】 进行滋养体活体观察时应注意：快送检查；气温低时，应注意保温；避免尿液污染粪便；取有脓血的粪便检查；粪容器内不含化学试剂。

【方法评价】 溶组织内阿米巴滋养体在进行活动虫体观察时更易辨认，但因环境温度和其他影响因素而死亡时则需要进行染色观察内部结构。

二、结肠内阿米巴

在人体消化道只有溶组织内阿米巴可致病（侵犯宿主组织，引起肠内阿米巴病和肠外阿米巴脓肿或溃疡）；在其他非致病阿米巴中，以结肠内阿米巴为最常见。

【原理】 苏木素染色后，可见结肠内阿米巴原虫与溶组织内阿米巴原虫（包囊和滋养体）形态结构相似，可根据伪足形态、核仁位置、内外质分界等情况进行鉴别观察。

【材料】

1. 结肠内阿米巴滋养体铁苏木素染色标本。

2. 结肠内阿米巴包囊碘液及铁苏木素染色标本。

3. 光学显微镜、香柏油、二甲苯等。

【方法】　同溶组织内阿米巴原虫玻片标本操作方法。

【形态观察结果】

1. 结肠内阿米巴滋养体铁苏木素染色标本　虫体通常略大于溶组织内阿米巴滋养体，内外质分界不明显，内质食物泡多个，内含细菌、酵母菌及淀粉粒等碎屑，不含红细胞。细胞核一个，圆形，核仁较大，多偏位，核膜内缘染色质粒大小不一，排列不整齐。

2. 结肠内阿米巴包囊碘液染色标本　包囊被碘液染成黄色，较溶组织内阿米巴包囊大，圆形，直径为 10～30μm，囊壁厚，核的数目为 1～8 个，不着色，发亮。成熟包囊为 8 个核，核仁偏位，拟染色体则呈草束状。未成熟包囊内常有较大的糖原泡，染成棕褐色，边缘不清楚。

3. 结肠内阿米巴包囊铁苏木素染色标本　类圆形，蓝黑色，直径 10～30μm，囊壁较厚，囊内有核 1～8 个，核周染色质粒粗细不均，排列不整齐，核仁较大，常偏位，拟染色体常不清晰，呈碎片状或草束状。未成熟包囊中常有较大的糖原泡，染色过程中被溶解为空泡。

【注意事项】　注意观察滋养体内外质分界和核仁的位置，以及与溶组织内阿米巴原虫滋养体的鉴别要点。

三、蓝氏贾第鞭毛虫

蓝氏贾第鞭毛虫为人体常见的肠道寄生虫。有滋养体和包囊两个阶段，滋养体寄生于十二指肠和胆囊内；滋养体落入肠腔，随肠内容物下行至回肠下段及结肠形成包囊，再随粪便排出；人体感染是吞食含有 4 核包囊的食物或水而引起。可表现为腹泻、营养不良等症状。

【原理】　苏木素染色后，滋养体与包囊呈现独特的形态结构特征。

【材料】

1. 蓝氏贾第鞭毛虫滋养体铁苏木素染色标本。

2. 蓝氏贾第鞭毛虫包囊铁苏木素染色标本。

3. 光学显微镜、香柏油、二甲苯等。

【方法】　同溶组织内阿米巴原虫玻片标本观察方法操作。

【形态观察结果】

1. 蓝氏贾第鞭毛虫滋养体铁苏木素染色标本　油镜下可见滋养体呈梨形，前端宽，向后渐尖细，大小为（9～21）μm×（5～15）μm，侧面观背面隆起，腹面扁平。腹面前半部凹陷形成一个分左、右两叶的吸盘状陷凹，借此吸附在宿主肠黏膜上。体前端陷凹的底部有一对卵圆形的泡状细胞核，核的中央有显著的核仁。一对轴柱纵贯虫体中部，不伸出体外，把虫体分为左、右对称的两部分。沿轴柱发出 4 对鞭毛，即前侧鞭毛、后侧鞭毛、腹鞭毛和尾鞭毛各一对。有时在轴柱中部可见一对逗点状或半月形的副基体。虫体以鞭毛摆动，不断翻滚运动。

2. 蓝氏贾第鞭毛虫包囊铁苏木素染色标本　包囊外形呈长椭圆形，大小为（8～14）μm×（7～10）μm，外被囊壁，囊壁较厚，囊壁与虫体之间有明显的空隙，未成熟包囊有 2 个核，成熟包囊具有 4 个细胞核，核的位置偏于一端，轴柱在虫体中央，有时还可以见到鞭毛、轴柱、黑色的丝状物和弯形的副基体。

【注意事项】　在水样稀便中可查滋养体；对成形粪便可用碘染色查包囊；做十二指肠液引流可直接涂片或离心后取沉渣涂片查滋养体。

四、阴道毛滴虫

阴道毛滴虫生活史简单，仅有滋养体阶段，主要通过直接（性接触方式）或间接（接触被毛滴虫污染的内裤、毛巾等物的方式）传播。虫体主要寄生于女性生殖泌尿道，亦可寄生于男性尿道和前列腺内。

【原理】 阴道分泌物可用理盐水直接涂片，快送快检；男性取尿液或前列腺液离心沉淀，取沉渣涂片镜检进行活虫检查或吉姆萨染色，观察其滋养体结构特征。

【材料】

1. 阴道毛滴虫吉姆萨染色标本。
2. 阴道毛滴虫活虫培养标本。
3. 生理盐水、载玻片、吸管、盖玻片等。
4. 光学显微镜等。

【方法】

1. 滋养体（玻片染色标本）：先用低倍镜观察，找到疑似虫体，之后换用油镜观察虫体的外形、大小及结构。

2. 取25～30℃条件下的人工培养活虫标本，用滴管吸取培养物于载玻片上，加盖玻片，在低倍镜下看到虫体活动时，转用高倍镜仔细观察。

【形态观察结果】

1. 阴道毛滴虫吉姆萨染色标本　虫体梨形，前端有4根鞭毛，另有1根鞭毛在虫体的一侧做波浪式的延伸，并以薄的膜与细胞质相连形成波动膜。大而明显的细胞核呈椭圆形。位于虫体前1/3处，染成紫红色，轴柱从体前到后纵贯虫体，并伸于体后。

2. 阴道毛滴虫活虫培养标本　经人工培养（保持在25～30℃）而获得活虫标本。实验时吸出培养液一滴置于载玻片上，盖上盖玻片，先在低倍镜下找到呈摇摆运动方式的虫体后，再转到高倍镜下观察。因虫体活动性大，不易详细观察，在涂片时可加入1∶10血清1滴，以阻碍滴虫强烈运动而进行观察。虫体为梨形，做螺旋式向前转动。缩小光圈，以观察4根摆动的鞭毛和虫体腹面弯曲而颤动的波动膜，有时还能在虫体前端见到椭圆形的核和空泡。虫体后有伸出体外的轴柱。

在临床标本的涂片中，还能找到大而多角形的阴道上皮细胞、小而圆的白细胞及聚集成堆的脓细胞等，应予以鉴别。

【注意事项】 观察活虫时注意保温，温度低时虫体活动少而不易观察。

五、杜氏利什曼原虫

杜氏利什曼原虫主要寄生在人体单核-巨噬细胞内，通过媒介昆虫白蛉的叮咬而传播，在人体内的发育阶段为无鞭毛体（利杜体），在白蛉体内为前鞭毛体。当白蛉叮刺人时，含无鞭毛体的巨噬细胞进入白蛉胃内发育成前鞭毛体，当白蛉再次叮吸人血时，前鞭毛体进入人体，侵入巨噬细胞转变成无鞭毛体。诊断可取患者的骨髓、淋巴结、皮肤、肝、脾等组织涂片染色，显微镜镜检巨噬细胞内外的无鞭毛体而确诊。

【原理】 依据无鞭毛体或前鞭毛体特征进行虫体鉴定。

【材料】

1. 无鞭毛体玻片标本（吉姆萨染色）。
2. 前鞭毛体玻片标本（吉姆萨染色）。

【方法】

1. 无鞭毛体玻片标本观察　先用低倍镜观察，找到有核细胞后转换油镜，观察巨噬细胞内部及外部的虫体。

2. 前鞭毛体玻片标本观察 油镜观察鞭毛形态，虫体内部动基体等结构。

【形态观察结果】

1. 无鞭毛体（吉姆萨染色标本） 虫体呈椭圆或圆形，位于单核巨噬细胞内，胞核被挤向一侧，有时细胞破裂，可见大量虫体散在细胞外，附近可见一近似椭圆形的巨噬细胞核，虫体细小，大小为（2.9～5.7）μm×（1.8～4.0）μm，核紫红，大而圆，常靠近细胞表膜，动基体小杆状，位于核旁。

2. 前鞭毛体（吉姆萨染色标本） 虫体呈梭形，前端钝圆，后端尖细，细胞核圆形，紫红色，位于体中部。动基体杆状，紫红色，近体前端有一个点状的基体，并由此发出 1 根前鞭毛向前游离，其长度与体长相当。在培养基内，有时可见多个前鞭毛体聚集在一起，呈菊花状排列，或相互交织成网状。

【注意事项】 由于虫体较小，观察时注意与血小板相区别。

六、疟 原 虫

寄生于人体的疟原虫有 4 种，即间日疟原虫、恶性疟原虫、三日疟原虫和卵形疟原虫。我国主要有间日疟原虫和恶性疟原虫，也偶见输入型三日疟原虫与卵形疟原虫。疟原虫生活史需经人体（裂体增殖）和蚊体（有性生殖及孢子增殖）内发育、繁殖；蚊体内子孢子经皮肤进入人体后，先经肝细胞内（红细胞外期）的发育、繁殖，再侵入红细胞内（红细胞内期）发育、繁殖，当红细胞内期虫体形成配子体后即可感染蚊。疟原虫的检查，主要取患者外周血作薄、厚血膜片，经吉姆萨染色或瑞氏染色，镜检疟原虫红细胞内期各期虫体。

【原理】 根据间日疟原虫和恶性疟原虫红细胞内期各期虫体形态特征及红细胞的变化进行鉴定。

【材料】

1. 间日疟原虫薄血膜涂片标本（吉姆萨染色）。
2. 间日疟原虫厚血膜涂片标本（吉姆萨染色）。
3. 恶性疟原虫薄血膜涂片标本（吉姆萨染色）。
4. 红细胞外期裂殖体玻片标本（吉姆萨染色）。
5. 子孢子玻片标本（吉姆萨染色）。
6. 卵囊玻片标本（吉姆萨染色）。
7. 传播媒介标本。
8. 光学显微镜、香柏油、二甲苯等。

【方法】 取外周血进行薄、厚血膜涂片，自然干燥后经吉姆萨染色或瑞氏染色后，显微镜镜检观察，先在低倍镜下找到血膜，再转油镜查找红细胞内虫体。

【形态观察结果】

1. 间日疟原虫薄血膜涂片标本（吉姆萨染色） 虫体细胞质呈淡蓝色，细胞核红色，自大滋养体阶段开始，疟原虫寄生的红细胞胀大，呈浅红色，并有细小点状的粉红色薛氏小点。虫体细胞质内的疟色素呈棕黄色。

（1）环状体（即早期滋养体）：被寄生的红细胞大小正常。疟原虫细胞质少，环形，核点状，位于环的一端，虫体中央为一空泡，呈戒指状，大小约为红细胞的 1/3（直径之比）。

（2）大滋养体（即晚期滋养体）：由环状体进一步发育、长大而成。细胞质增多，呈不规则形；有 1 个至多个空泡或伪足，疟色素棕黄色，呈烟丝状；核 1 个，较大。

（3）早期裂殖体（又称未成熟裂殖体）：大滋养体发育到一定阶段，虫体逐渐变圆，细胞质内空泡消失，疟色素逐渐集中，核开始分裂（2 个以上）。

（4）晚期裂殖体（又称成熟裂殖体）：虫体内的核分裂至 12～24 个时，细胞质也随之分裂，分裂的细胞质包绕每个核，形成圆形或椭圆形的裂殖子。红细胞常呈多角形或破裂，疟色素聚集成块状，位于虫体的中央或一侧。

（5）雄配子体（又称小配子体）：虫体圆形，较正常红细胞略大些，但并未占满胀大的红细胞。细胞质蓝中带粉，核 1 个，较大，核质疏松，淡红色，多位于虫体中央。疟色素均匀散在分布在核上及核周。

（6）雌配子体（又称大配子体）：虫体稍大，圆形，充满胀大的红细胞。细胞质深蓝或蓝色，疟色素均匀散在分布。核 1 个，略小，核质致密，呈深红色，常偏于虫体的一侧。

2. 间日疟原虫厚血膜涂片标本（吉姆萨染色） 在厚涂片中由于红细胞被溶解，疟原虫虫体皱缩，从而增加了辨认疟原虫的难度。

（1）环状体体积较小，形状大多为惊叹号状、问号状、飞鸟状或间断的环状，有时可见完整环状，空泡有或无，核 1 个。

（2）大滋养体体积较大，形状多不规则，胞质断裂成块，核较大，1 个，疟色素颗粒较明显。

（3）早期裂殖体体积较大，形状不规则或较规则，核 2 个以上，疟色素颗粒较多。

（4）晚期裂殖体体积较大，为不规则的圆形或椭圆形，核 12 个以上，疟色素集中成块。

（5）配子体体积较大，圆形或椭圆形，细胞质有时断裂成块或腐蚀（有不着色的缺损处），核 1 个，坚实或疏松，疟色素颗粒较多，分布均匀。

3. 恶性疟原虫薄血膜涂片标本（吉姆萨染色） 在以末梢血涂制的玻片染色标本中，通常只能见到环状体及成熟配子体（重度感染除外）。疟原虫寄生的红细胞大小正常或略缩小，边缘常皱缩，有时可见数个粗大的茂氏点，呈紫褐色。

（1）早期滋养体（又称环状体）：细胞质少，呈环状，较纤细，直径约为红细胞的 1/5，核 1～2 个，细小，点状，在 1 个红细胞内常同时寄生 2 个至多个环状体，有时还可见边缘型环状体。

（2）配子体：被寄生的红细胞随虫体的伸长受牵拉而不见，或仅能见到小部分附于稍弯曲的配子体凹面部分。雄配子体两端钝圆，呈腊肠形。细胞质呈淡蓝且略带红色，核较大，核质疏松，呈淡红色，位于虫体中央，疟色素棕黄色，呈短杆状，多分布于核周。雌配子体两端较尖，呈新月状。细胞质蓝色，核小而致密，深红色，位于虫体中央。疟色素深褐色，多分布于核上及核的周围。

4. 红细胞外期裂殖体玻片标本（吉姆萨染色） 肝细胞内，大小几十微米，将肝细胞核挤于肝细胞的一侧，内可见裂殖子数千到上万。

5. 子孢子玻片标本（吉姆萨染色） 虫体细长，呈梭状或新月形，大小 10～15μm，细胞质淡蓝色，核 1 个，点状、紫红色、位于虫体中央。

6. 卵囊玻片标本（吉姆萨染色） 蚊胃壁上可见多个卵囊，呈球形，成熟后可见内部成簇排列的子孢子。

7. 传播媒介标本 用放大镜观察中华按蚊和微小按蚊等。

【注意事项】 显微镜下观察薄血膜时，要在血膜体部与尾部交接处进行查找，此处红细胞个体伸展，易于辨认胞内的虫体，血膜头部及体部红细胞密集重叠，不易辨识虫体。同时要注意鉴别血涂片上着色的疟原虫疑似物。

【方法评价】 薄血膜中虫体易于辨认，但检查的红细胞有限，厚血膜中疟原虫虫体皱缩，不易辨认，因此检查时应二者兼顾，以提高检出率。

（北华大学　刘丽梅）

第三篇　综合性实验

从临床标本中分离细菌的目的是诊断疾病的病原学，或者查找与疾病相关的病原菌，以及对抗菌药物的敏感性等，正确采集、运送、保存和处理标本对于保证临床检验的工作质量至关重要，应予以高度重视。对于临床标本的处理和检验应掌握以下原则。

1. 采集血液、骨髓或穿刺液标本时，应严格无菌操作，防止污染。采集粪便、肛拭子和咽拭子等标本时虽无须严格无菌操作，但需要注意避免杂菌混入污染。采集的标本均应盛于无菌容器内，盛标本的容器必须经湿热、干热或紫外线照射等方法灭菌，或采用一次性无菌容器，不能用消毒剂或酸类处理。

2. 标本应采集于未使用抗菌药物治疗之前，治疗期的标本，也应采集于抗菌药物血药浓度最低期，选择合适的部位采集足够量的标本。活组织或针筒抽取是厌氧菌培养首选采集标本方法。

3. 标本采集后都应标记患者姓名、年龄、采样日期、科室或病房、标本名称、采集部位、临床诊断、检验项目等相关信息，并立即送检，不超过 1h。如若不能及时送检，可将标本放入运送培养基或保存液中保存运送，部分标本可置于 4℃保存运送，但不能超过 24h。特殊病原菌如脑膜炎奈瑟菌和淋病奈瑟菌等特殊标本，送检时应 35～37℃保温。厌氧菌标本绝不可低温送检。

4. 患者标本在采集、运送和检验过程中必须注意安全，防止污染、传播和自身感染。标本切勿污染容器口和外壁，容器必须盖紧包好，防止送检过程中标本外溢而导致标本污染和人员感染。

5. 人体很多部位与外界相通，存在正常菌群，但不致病，故在涂片检查和分离培养时应注意区别是标本中常居菌群的污染还是致病菌。另外，应根据标本的来源和可能存在的病原菌，选定各种分离培养基和孵育环境。

6. 收到标本后，应立即登记、检验，及时报告结果。对国家规定的传染病检验结果，必须及时汇报并送上级部门。

实验一　血液标本的细菌学检验

正常人的血液是无菌的，当细菌侵入血流并在其中生长繁殖、产生毒素，可引起菌血症、败血症或脓毒血症、毒血症和内毒素血症等。细菌学检验对其诊断和治疗具有极其重要的意义。

【实验内容】

1. 标本采集　标本采集必须严格无菌操作，防止杂菌污染，一般在患者发病初期或体温上升期采集；原则上应在使用抗菌药物前采集，对于已经开始使用抗菌药物治疗的患者，可在下次给药前采集；一般从肘静脉采集，采集前应先用碘酊对采血部位进行消毒，然后用 75%乙醇脱碘，消毒范围不得过小。培养基与采血量比例为 10∶1 为宜，成人每次采血 5～10ml，儿童每次采血 1～5ml。采集的血液标本应立即注入硫酸镁葡萄糖肉汤（需氧培养）和硫乙醇酸盐肉汤（厌氧培养）培养瓶内，疑为沙门菌引起的肠热症可注入胆汁葡萄糖肉汤，并迅速轻摇混匀，防止血液凝固。

2. 检验程序　见图 3-1-1。

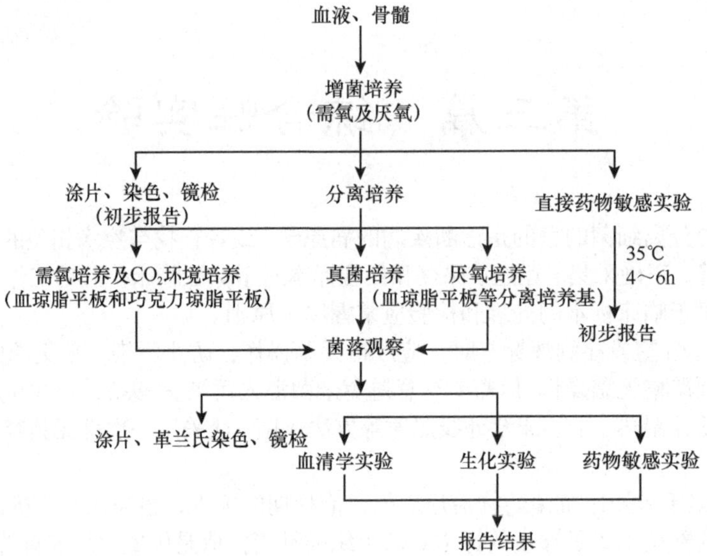

图 3-1-1 血液标本细菌学检验程序

3. 检验方法

（1）标本接种于培养基后立即将血液细菌培养瓶置于 35℃恒温培养箱内孵育，每天取出观察一次有无细菌生长，应特别注意观察培养基有无浑浊、沉淀、菌膜、色素、血液变色、指示剂变色等现象。

（2）当有细菌生长时，应以无菌操作挑取培养物涂片进行革兰氏染色镜检，排除污染的可能，接种于固体培养基进行药物敏感实验或分离培养。根据细菌的染色性和形态特征进行初步报告。对于细菌的分离培养，需氧培养瓶接种于血琼脂平板做普通需氧培养，接种于巧克力琼脂平板置于 5%CO_2 环境 35℃孵育 24h；厌氧培养瓶接种于血琼脂平板，分别进行 35℃厌氧环境培养 48h 和普通需氧培养。观察菌落生长情况，对细菌菌落进行涂片、革兰氏染色，根据菌落形态特征及涂片革兰氏染色镜检结果，选择相应方法做进一步鉴定。

（3）如无细菌生长，应继续培养至第 7 天或更久，并多次盲传。可以取出后接种于血琼脂平板，继续培养。对于亚急性心内膜炎患者标本，应培养 1 个月，才能做出结论。

【结果判断】

1. 培养瓶内出现下列几种现象提示有细菌生长。

（1）均匀浑浊，酚红指示剂变红，大多为革兰氏阴性杆菌生长。

（2）微浑浊并有绿色变化，疑为肺炎链球菌生长。

（3）表面有菌膜，膜下均匀浑浊，呈绿色，疑为铜绿假单胞菌生长。

（4）上面澄清，下面有沉淀，疑为链球菌生长。

（5）细胞层出现自上而下的溶血，疑为溶血性链球菌生长。

（6）浑浊并有胶胨状凝固现象，疑为葡萄球菌生长。

（7）表面有灰白色菌膜，培养液较为清晰，疑为枯草芽孢杆菌或类白喉棒状杆菌生长。

（8）厌氧瓶有变化，需氧瓶无变化，疑为厌氧菌。

2. 培养 7 天后无细菌生长，经盲目移种证实无细菌生长，可报告阴性。

3. 如为革兰氏阴性杆菌，进行氧化酶实验、触酶实验和硝酸盐还原实验。氧化酶实验阴性、触酶实验和硝酸盐还原实验阳性者初步判断为肠杆菌科细菌，接种 KIA、尿素培养基。KIA、尿素培养基上的生化结果符合沙门菌属者，用沙门菌属诊断血清做玻片凝集后确认血清型；KIA、尿素培养基上的生化结果符合肠杆菌科其他菌属；氧化酶实验阳性或阴性，不发酵或不利用葡萄糖者，疑为非发酵菌，进行具体鉴定。血液中常见革兰氏阴性杆菌的初步生化鉴定见表 3-1-1。

表 3-1-1　血液中常见革兰氏阴性杆菌的初步生化鉴定

氧化酶	触酶	硝酸盐还原	O/F	KIA				MIU			可能归属
				斜面	底层	产气	H_2S	动力	吲哚	脲酶	
–	+	+	F	A	A	+	–	+	+	–	大肠埃希氏菌
–	+	+	F	A	A	+	–	–	+/–	+	克雷伯菌属
–	+	+	F	A	A	+	–	+	–	–	肠肝菌属
–	+	+	F	K	A	+	+	+	+/–	+	枸橼酸杆菌属
+	+	+/产气	O	K	K	–	–	+	–	–	假单胞菌属
–	+	–	O	K	K	–	–	–	–	–	不动杆菌属
–	+	+	F	K	A	+	–/+	+	–	–	甲型副伤寒沙门菌
–	+	+	F	K	A	+	++	+	–	–	乙型副伤寒沙门菌
–	+	+	F	K	A	–	+/–	+	–	–	伤寒沙门菌
–	+	+	F	K	A	+	–	+	–	–	其他沙门菌

另外，如为革兰氏阳性球菌，葡萄串样或散在排列，触酶实验阳性，可初步判断为葡萄球菌；触酶实验阴性，链状或散在排列，或成双排列，可初步判断为链球菌属或肠球菌属，需观察血平板上菌落形态和溶血现象，以及麦康凯琼脂平板上是否生长。可进一步进行胆汁七叶苷实验和 6.5%NaCl 生长实验，以确定肠球菌属；如为链球菌属，则参见理论课内容进行鉴定。

【注意事项】

1. 采集血液一定要严格无菌操作，规范消毒程序，防止皮肤和环境微生物污染。采集血液标本注入血培养瓶后立即送检，不可放冰箱暂存。

2. 根据各类血液培养基的用途，选择合适的培养基，为保证实验准确性，一般情况下，每份标本至少应接种需氧和厌氧两瓶培养基以防漏检。临床诊断为特殊要求标本时，可持续培养至 2 周或更长时间，如疑为布鲁氏菌时需培养 28 天。

3. 血液细菌培养是诊断菌血症和败血症的重要病原学依据。菌血症一般情况下由一种细菌引起，但也可同时感染两种细菌或为细菌和真菌的混合感染，有时也会出现不常见细菌，因此不可随意判定为污染菌。血液标本中常见的病原微生物见表 3-1-2。

表 3-1-2　血液标本中常见的病原微生物

革兰氏阳性细菌	革兰氏阴性细菌
球菌：金黄色葡萄球菌、表皮葡萄球菌、A 群链球菌、B 群链球菌、草绿色链球菌、肺炎链球菌、肠球菌、厌氧链球菌	球菌：脑膜炎奈瑟菌、卡他莫拉菌
杆菌：单核细胞增多性李斯特菌、炭疽芽孢杆菌、产气荚膜梭菌、丙酸杆菌、结核分枝杆菌	杆菌：伤寒及副伤寒沙门菌、变形杆菌、铜绿假单胞菌、流感嗜血杆菌、粪产碱杆菌、大肠埃希氏菌、不动杆菌、沙雷菌、脆弱类杆菌、梭杆菌、布鲁氏菌、鼠疫耶尔森菌
其他：真菌、钩端螺旋体等	

（莆田学院　伦永志）

实验二 尿液标本的细菌学检验

【实验内容】

1. 标本采集

正常人尿液是无菌的，而尿液标本病原微生物培养最大问题在于标本易被污染。尿道中的大肠埃希氏菌、葡萄球菌等是尿道感染常见的病原菌，当尿液经尿道排出体外，受到尿道中细菌的污染而混有细菌。应严格无菌操作，而且要在用药前进行采集，常用的采集方法有以下几种。

（1）导尿法：用导尿管导尿收集 10～20ml 尿液，盛于无菌容器中送检。导尿法是一种较好的无菌采集法，但不宜重复多用，因其容易造成逆行感染，患者也不易接受。

（2）中段尿采集法：是临床上最常用的采集方法。女性患者外阴部及尿道口先以肥皂水清洗（男性应翻转包皮冲洗），而后用灭菌水冲洗，用灭菌纱布擦干，弃去前段尿，取中段尿 10～20ml 于无菌容器内送检。

（3）肾盂尿收集法：此标本用以确定菌尿是否来自肾盂，由泌尿科医师在膀胱镜下分别采集左、右侧输尿管的尿液。

（4）膀胱穿刺法：在膀胱充盈的状态下，在患者耻骨联合上消毒后，以无菌注射器穿刺抽取尿液。此法主要用于厌氧菌培养，穿刺后应将针头立即插入橡皮塞内送检。

（5）留尿法：用一洁净容器留取 24h 尿液，取其沉淀部分约 100ml 送检结核分枝杆菌。

2. 检验程序 见图 3-2-1。

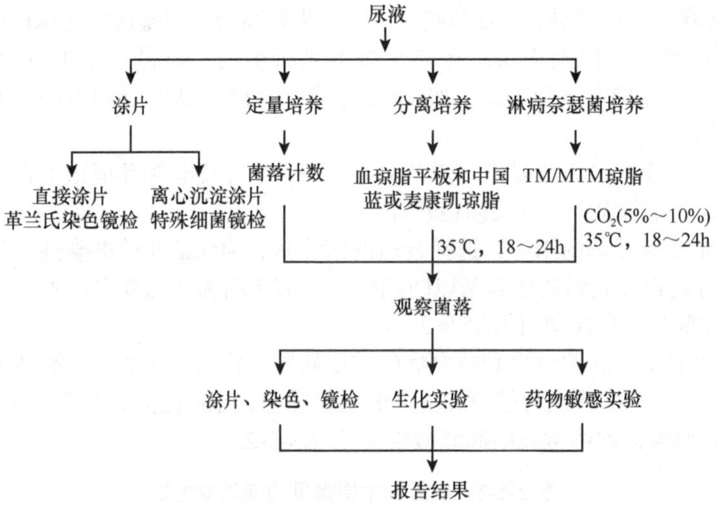

图 3-2-1 尿液标本细菌学检验程序

3. 检验方法

（1）直接检查：尿液标本通常无须进行直接检查，但对于怀疑有淋病奈瑟菌、念珠菌及结核分枝杆菌等的感染患者，可以将尿液离心后取沉淀物做涂片染色检查。常规细菌检查可将尿液沉淀物进行革兰氏染色后进行镜检判断，对于分枝杆菌的检查，需将尿沉淀物涂“厚片”并进行抗酸染色，显微油镜下检查有无红色的抗酸杆菌；对于真菌，根据镜检观察有无发亮的芽生孢子和假菌丝等进行判断。

（2）尿液菌落计数

1）直接计数法：将尿液标本混匀后，取 1 滴尿液于载玻片上，覆盖盖玻片，用相差显微镜观察每个视野的细菌数，可大致估计尿液中的细菌数。

2）定量接种法：用无菌定量移液器取尿液 5μl，滴加于血琼脂平板上做连续密集划线，35℃

培养 18～24h，计数平板上生长菌落数，再计算出每毫升尿液中细菌数（CFU/ml）。

3）倾注平板法：取新鲜尿液标本 0.1ml，加无菌生理盐水 9.9ml 稀释混匀后，取 1ml 放入无菌平板内，加入已熔化并冷却至 50℃的普通琼脂培养基，立即混匀，待凝固成形后，置 35℃培养 18～24h，计数平板上的菌落数，乘以 100 即等于每毫升尿液中的细菌数（CFU/ml）。

（3）普通需氧培养：尿液标本离心，取沉淀接种于血琼脂平板和麦康凯琼脂平板，35℃培养 18～24h，观察有无菌落生长，根据菌落形态特征及涂片革兰氏染色镜检结果，选择相应方法进一步鉴定。

（4）淋病奈瑟菌培养：收集尿液标本离心后，取沉淀物接种于 35℃预温的巧克力琼脂平板上，置于 35℃ 5%～10%CO_2 环境中培养 24～48h 后观察结果。在接种同时取沉淀涂片革兰氏染色镜检。

（5）厌氧菌培养：必须用膀胱穿刺尿液进行培养，离心后取沉淀物接种于血琼脂平板和厌氧血琼脂平板上，分别做需氧和厌氧培养。

（6）真菌涂片：取尿液离心沉淀物放于洁净玻片上，加盖玻片，轻轻加压，用高倍镜检查。如沉渣太多，可滴加 10%KOH 溶液，使之溶解后再镜检。同时制成薄片，干后经火焰固定，革兰氏染色，油镜检查。

（7）其他：衣原体、支原体、螺旋体等参见相关章节内容。

【结果判断】

1. 直接计数法　如镜检每个视野有 100 个以上的细菌，则尿液中的细菌数约为≥10^7CFU/ml；每个视野有 10 个以上的细菌，则尿液中的细菌数约为≥10^5CFU/ml；每个视野有 1 个以上的细菌，则尿液中的细菌数约为≥10^4CFU/ml。

2. 普通需氧培养　如为革兰氏阳性球菌，通过触酶实验鉴定出葡萄球菌属、链球菌属及肠球菌属，再结合血浆凝固酶实验、菊糖发酵实验、胆汁七叶苷实验和 6.5%NaCl 生长实验等进一步确定。如为革兰氏阴性杆菌，氧化酶实验阴性、触酶实验和硝酸盐还原实验阳性者初步判断为肠杆菌科细菌，接种 KIA、尿素培养基。KIA、尿素培养基上的生化结果符合沙门菌属者，用沙门菌属诊断血清做玻片凝集后确认血清型；KIA、尿素培养基上的生化结果符合肠杆菌科其他菌属，参见相关内容进行鉴定；氧化酶实验阳性或阴性，不发酵或不利用葡萄糖者，疑为非发酵菌，参见“非发酵菌”内容进行鉴定。尿液中常见革兰氏阴性杆菌的初步生化鉴定见表 3-2-1。

表 3-2-1　尿液中常见革兰氏阴性杆菌的初步生化鉴定

氧化酶	触酶	硝酸盐还原	O/F	KIA				MIU			可能归属
				斜面	底层	产气	H_2S	动力	吲哚	脲酶	
－	＋	＋	F	A	A	＋	－	＋	＋	－	大肠埃希氏菌
－	＋	＋	F	A	A	＋	－	－	＋/－	＋	克雷伯菌属
－	＋	＋	F	A	A	＋	－	＋	－	－	肠肝菌属
－	＋	＋	F	K	A	＋	＋	＋	＋/－	＋	枸橼酸杆菌属
－	＋	＋	F	K	A	－/＋	＋/－	＋	－	－	沙门菌属
－	＋	＋	F	K	A	＋	＋	＋	＋/－	＋	变形杆菌属
＋	＋	＋/产气	O	K	K	－	－	＋	－	－	假单胞菌属
－	＋	－	O	K	K						不动杆菌属
＋	＋	＋	F	A	A	＋	－	＋			弧菌科

3. 淋病奈瑟菌培养　若有小而隆起、湿润、透明的菌落，涂片镜检为革兰氏阴性肾形双球菌，则参照“淋病奈瑟菌”相关内容进行鉴定。若无细菌生长则继续培养至 48h。

4. 厌氧菌培养　若需氧培养不生长而厌氧培养有菌生长，参见“厌氧菌”内容进行鉴定。

5. 真菌涂片　发现有卵圆形的芽生孢子和管状的假菌丝，且革兰氏染色为阳性，就可报告检出念珠菌。

【注意事项】

1. 尿路感染一般由单一细菌引起，有约 10%的尿路感染者可在同一份尿液标本中分离到 2 种细菌，且都是病原菌。若同一份标本中检测到 3 种或 3 种以上细菌时，标本污染可能性比较大，需重新留取标本检查。

2. 尿液标本采集后应立即送检，以免污染。若不能及时送检，可临时存放于 4℃冰箱，但不能超过 2h。尿液标本中不得加防腐剂和消毒剂。

3. 尿液菌落计数可受多种因素的影响，与抗生素和利尿剂的使用、输液、尿液 pH 变化及细菌种类有关，在一些患者虽菌落数较少，但有明显的临床意义，必要时应根据具体情况或与临床医师联系，决定是否需要做细菌鉴定和药物敏感实验。尿液标本中常见的病原微生物见表 3-2-2。

表 3-2-2　尿液标本中常见的病原微生物

形态染色	种类
革兰氏阳性菌	
球菌	金黄色葡萄球菌、表皮葡萄球菌、化脓性链球菌、肠球菌、厌氧球菌
杆菌	结核分枝杆菌
革兰氏阴性菌	
球菌	淋病奈瑟菌
杆菌	大肠埃希氏菌、变形杆菌、伤寒沙门菌、副伤寒沙门菌、肺炎克雷伯菌、产气肠杆菌、铜绿假单胞菌、不动杆菌、沙雷菌、厌氧菌
其他	支原体、衣原体、螺旋体、念珠菌

（莆田学院　伦永志）

实验三　粪便标本的细菌学检验

引起感染性腹泻的细菌主要有：①引起产毒素型腹泻的霍乱弧菌、肠产毒素型大肠埃希氏菌等；②引起侵袭型腹泻的志贺菌、肠致病性大肠埃希氏菌、肠侵袭性大肠埃希氏菌、小肠耶尔森菌等；③引起食物中毒的沙门菌、副溶血性弧菌、金黄色葡萄球菌等；④引起菌群失调症的金黄色葡萄球菌、艰难梭菌等；⑤引起慢性腹泻的结核分枝杆菌、志贺菌等。因此粪便标本的细菌检查，主要以上述各类细菌检验为主。粪便中常见病原菌见表 3-3-1。

表 3-3-1　粪便中常见的致病菌及与腹泻相关的病原菌

革兰氏阴性菌	革兰氏阳性菌
志贺菌属、沙门菌属	金黄色葡萄球菌
致病性大肠埃希氏菌	艰难梭菌
霍乱弧菌、副溶血性弧菌	白念珠菌
弯曲菌	结核分枝杆菌
小肠结肠耶尔森菌	
变形杆菌属	

【实验内容】

1. 标本的采集

（1）自然排便法：自然排便后，根据不同患者取可疑粪便的脓血黏液部分 2～3g，液体状粪便的絮状物取 1～2ml，其后将标本放入无菌的广口瓶或置于增菌液中送检。可疑志贺菌标本应置于甘油缓冲液中送检；可疑的霍乱患者标本应置于碱性蛋白胨水中送检。

（2）直肠拭子采集法：在不易获得粪便时，或对排便困难的患者或幼儿，可采取肛拭子，将拭子用生理盐水湿润，插入肛门内 4～5cm 处，轻轻转动取直肠表面黏液后取出，置于无菌试管中送检。如不能及时送检，可将粪便标本或肛门拭子插入 Cary-Blair 运送培养基中暂时保存。

2. 检验程序　见图 3-3-1。

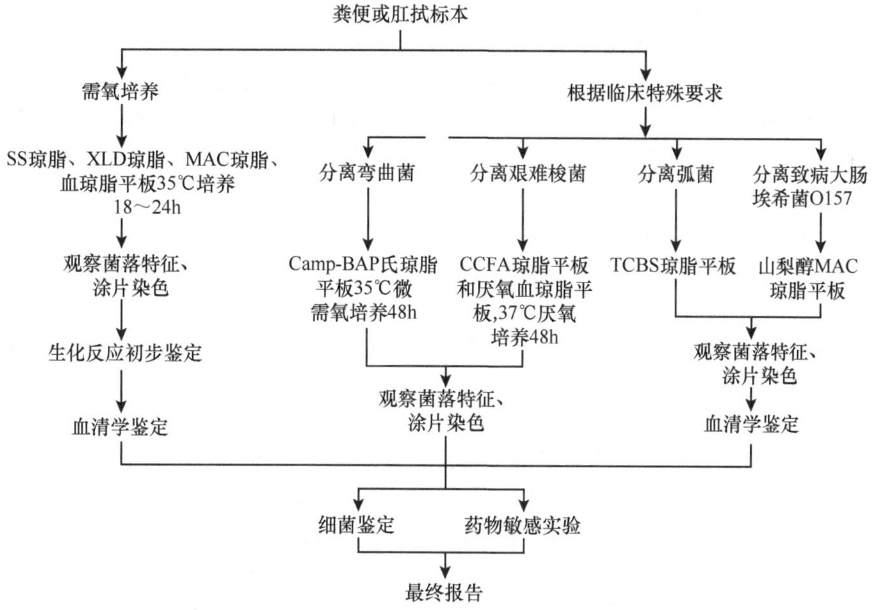

图 3-3-1　粪便标本的细菌学检验程序

3. 检验方法及结果判定　检验方法通常包括涂片检查和分离培养。粪便的涂片检查只适用于有形态学特征的细菌，如霍乱弧菌、葡萄球菌、结核分枝杆菌及艰难梭菌等。无形态学特征的细菌，如沙门菌和志贺菌等，一般不做涂片检查。标本送到实验室应立即进行培养，立即接种对菌种的分离有利，培养时应选择适宜的培养基。

（1）志贺菌和沙门菌的分离培养鉴定：将急性腹泻患者的粪便标本划线接种于强选择性培养基（SS 琼脂）和弱选择培养基（MAC 琼脂），35℃培养 18～24h。对慢性腹泻可疑志贺菌感染的患者或携带者应接种革兰氏阴性菌（GN）增菌液；对可疑沙门菌感染的患者或携带者接种亚硒酸盐增菌液。35℃培养 6h，再转种至上述平板分离培养，35℃培养 18～24h。观察有无可疑菌落生长（小、透明或半透明、无色）。针对可疑菌落进行克氏双糖铁琼脂（KIA）和尿素培养基培养。孵育过夜后，对结果进行判定（表 3-3-2）。

表 3-3-2　志贺菌与沙门菌的初步生化反应

菌种	KIA				MIU			触酶
	斜面	底层	H_2S	产气	动力	吲哚	脲酶	
志贺菌属	K	A	−	−/+	−	+/−	−	+

续表

菌种	KIA				MIU			触酶
	斜面	底层	H_2S	产气	动力	吲哚	脲酶	
甲型副伤寒沙门菌	K	A	–/+	+	+	–	–	+
乙型副伤寒沙门菌	K	A	+	+	+	–	–	+
伤寒沙门菌	K	A	+/–	–	+	–	–	+
鼠伤寒沙门菌	K	A	+	+	+	–	–	+

（2）致病性大肠埃希氏菌检验：引起腹泻的大肠埃希氏菌有 5 种，即产肠毒素大肠埃希氏菌（ETEC）、肠致病性大肠埃希氏菌（EPEC）、肠侵袭性大肠埃希氏菌（EIEC）、肠出血性大肠埃希氏菌（EHEC）、肠集聚性大肠埃希氏菌（EAggEC），取可疑粪便接种于 MAC、中国蓝、伊红-亚甲蓝等弱选择培养基上，35℃培养 18～24h 后挑选可疑的乳糖发酵菌落，移种于 KIA、尿素培养基管，35℃培养 18～24h 后观察结果，符合大肠埃希氏菌者再进行血清学和毒素鉴定。

（3）霍乱弧菌检验

1）直接涂片镜检：将可疑患者的水样便或米柑水样便制成涂片 2 张，干燥后用乙醇或甲醇固定，分别进行革兰氏染色，用油镜观察有无革兰氏阴性、呈鱼群样排列的弧菌。另取可疑标本制成 2 份悬滴片或压滴片，在其中 1 份加入 1 滴不含防腐剂的霍乱弧菌多价诊断血清（效价 1∶64）。在显微镜下观察，如发现不加抗血清的标本有穿梭样运动的细菌，加入抗血清的标本细菌停止运动并凝集成块，为制动实验阳性。可报告“霍乱弧菌抗血清制动实验阳性”，具有诊断意义。

2）分离培养鉴定：疑为霍乱患者的粪便标本接种于碱性蛋白陈水，35℃ 4～6h 增菌培养后，取菌膜或培养液进行革兰氏染色和制动实验。并取菌膜或培养液接种于碱性琼脂平板、庆大霉素平板或 TCBS 琼脂平板上，置于 35℃培养 18～24h 后，观察 TCBS 琼脂平板上有无黄色菌落。

3）血清学实验：挑取可疑菌落中细菌少许与霍乱弧菌的多价抗血清进行玻片凝集实验，同时须做生理盐水对照，观察有无自凝现象。抗血清凝集者，而生理盐水无凝集，结合菌落及菌体形态，可初步判断为霍乱弧菌。

（4）副溶血性弧菌检验

1）可直接进行嗜盐实验：将粪便标本分别接种于含 0g/L、35g/L、70g/L、100g/L 的 NaCl 肉汤或无盐肉汤培养基中，经 35℃孵育后，副溶血弧菌在有盐肉汤中生长，在无盐肉汤和含 10% NaCl 肉汤中不生长。

2）分离培养：将可疑标本接种于副溶血性弧菌选择平板或 TCBS 琼脂平板，35℃培养 18～24h 培养后，观察菌落形态。在副溶血性弧菌选择平板上形成圆形、边缘整齐、隆起、浑浊、绿色、湿润的菌落。在 TCBS 琼脂平板上为绿色或蓝绿色的菌落。

3）生化反应：将可疑菌落接种在含 3.5%NaCl 的 KIA 和尿素培养基中，并进行耐盐生长实验（嗜盐实验）和其他生化反应（表 3-3-3）。

表 3-3-3　副溶血性弧菌的初步生化反应

KIA（加 3.5%NaCl）				MIU（加 3.5%NaCl）			嗜盐实验		
斜面	底层	产气	H_2S	动力	吲哚	脲酶	0%NaCl	3.5%和 7%NaCl	10%NaCl
–	+	–	–	+	+	–	–	+	–

（5）金黄色葡萄球菌检验

1）直接涂片检查：取可疑粪便少许，与载玻片上生理盐水混合均匀，干燥、固定后进行革兰氏染色后，在油镜下观察有无革兰氏阳性葡萄状排列的球菌。

2）分离培养：取可疑粪便的黏液部分少许，接种于血琼脂平板中，35℃ 18～24h 培养后观察菌落。葡萄球菌在血琼脂培养基中可形成中等大小、圆形、表面光滑、边缘整齐、金黄色不透明的菌落，菌落周围出现明显的 β 溶血现象。

3）生化反应：取血琼脂培养基中的可疑菌落进行血浆凝固酶实验，甘露醇发酵实验进行进一步鉴定，若两个实验结果均为阳性，则可鉴定为金黄色葡萄球菌。

（6）小肠结肠耶尔森菌检验：将粪便标本接种于新耶尔森菌选择培养基、SS 琼脂及 MAC 平板上，分别做 22～25℃及 35℃培养。22～25℃适合于耶尔森菌生长，35℃则适于沙门菌及志贺菌的生长。小肠结肠耶尔森菌在新耶尔森菌选择培养基及 MAC 平板上可形成典型的菌落，对可疑标本进行增菌培养后进行生化鉴定。

（7）艰难梭菌检验：艰难梭菌为严格专性厌氧菌，标本应立即接种于选择培养基 CCFA（环丝氨酸、头孢霉素、果糖）上，接种前标本经 10^{-6}～10^{-2} 稀释后定量接种。在厌氧环境下，35℃孵育 48h，观察菌落形态、芽孢及动力，并进一步鉴定。

【注意事项】

1. 粪便标本中存在大量的正常菌群，除非为了正常菌群的调查和鉴定，一般分离可疑致病菌应使用选择性平板，并注意在标本采集过程中要严格无菌操作，防止杂菌污染。

2. 为提高检出阳性率，最好采集新鲜粪便，采集脓血便或黏液便，陈旧标本影响检出率。腹泻患者最好采集急性期（3 天以内）标本，这样可提高检出率。

3. 除怀疑为霍乱弧菌、结核分枝杆菌和菌群失调引起的腹泻外，粪便标本一般不做涂片检查。在以糖类发酵为鉴别依据的培养基上，发酵型菌落进行氧化酶实验时会出现假阴性。在选择性平板上挑取菌落时、应使用接种针从菌落中心挑取，而不应使用接种环刮取菌落。

4. 霍乱是我国法定报告的一类传染病，对可疑标本应及时送检，确诊后上报有关部门。

（莆田学院　伦永志）

实验四　脓液标本的细菌学检验

临床上采集的脓液标本中存在多种细菌，其中金黄色葡萄球菌最常见，该菌主要经伤口、毛囊等途径进入机体引起化脓性感染；铜绿假单胞菌多引起继发感染；变形杆菌主要引起尿路感染，并可引发菌血症。脓液标本常见的病原菌见表 3-4-1。

表 3-4-1　脓液标本常见的病原菌

	革兰氏阳性细菌	革兰氏阴性细菌
球菌	金黄色葡萄球菌、溶血性链球菌、肠球菌等	脑膜炎奈瑟菌、淋病奈瑟菌、卡他莫拉菌等
杆菌	炭疽芽孢杆菌、结核分枝杆菌、产气荚膜梭菌、破伤风梭菌等	变形杆菌、大肠埃希氏菌、产气肠杆菌、铜绿假单胞菌、肺炎克雷伯菌等
其他	放线菌、奴卡菌、念珠菌等	枸橼酸杆菌、类杆菌、粪产碱杆菌等

【实验内容】

1. 标本采集

（1）封闭性脓肿：用聚维酮碘（碘伏）等对患者病灶局部皮肤或黏膜表面消毒后，用无菌注射器穿刺抽取脓液，将采集的脓液置于无菌试管中送检。疑为厌氧菌感染时，抽取脓液后立即排尽注射器内空气，同时将针头插入灭菌皮塞，以防空气进入。

（2）开放性脓肿：先消毒病灶周围皮肤或黏膜，再用无菌纱布或棉签采取病灶深部脓液及分泌物，置无菌试管中送检。

（3）大面积烧伤的创面分泌物：因烧伤的部位和创面不同，细菌的种类也不同，故应用无菌棉签采集多部位创面脓汁或分泌物标本，置于无菌试管，并注明采集部位后送检。

（4）放线菌标本：常用无菌棉拭子挤压瘘管，将流出脓汁中的硫磺样颗粒盛于无菌试管内送检。也可将灭菌纱布条置于瘘管中，于次日取出。

2. 检验程序　见图 3-4-1。

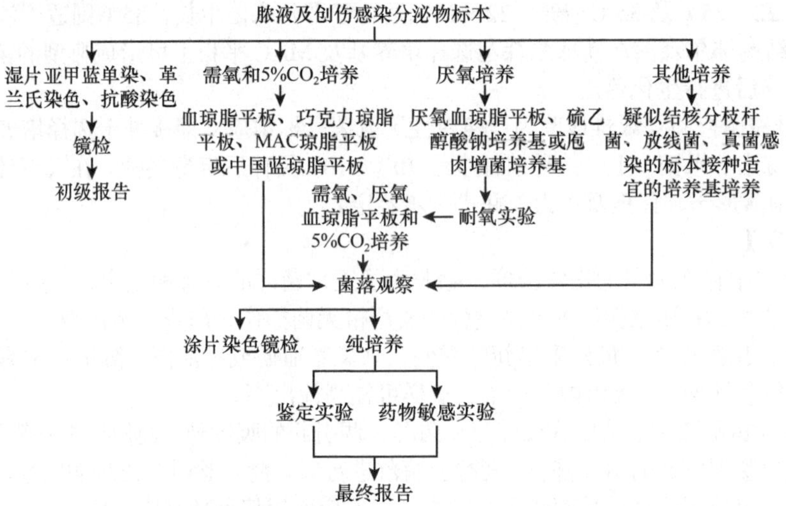

图 3-4-1　脓液标本的细菌学检验程序

3. 检验方法

（1）肉眼直接观察：观察标本的性状、颜色及有无硫磺样颗粒等，根据细菌生长特性判断菌种。如标本呈绿色，则可能是铜绿假单胞菌感染；有恶臭的标本通常是厌氧菌或变形杆菌感染等。

（2）涂片检查：将标本直接涂片、经革兰氏染色后镜检，镜下形态和染色特性及数量等对细菌的进一步鉴定有指导作用。

（3）分离培养

1）普通细菌的培养：将脓液以分区划线法接种于血琼脂平板上，经 37℃培养 18～24h，根据菌落的特点及涂片染色情况做初步诊断。然后依据各类细菌的特性做生化反应、血清学实验以及药物敏感实验帮助临床用药。

2）厌氧菌的培养：如疑为厌氧菌感染，将标本接种于血琼脂平板或厌氧琼脂平板，置于厌氧环境中，37℃孵育 18～24h 后，根据菌落特点及革兰氏染色镜检情况，以及厌氧菌生物学特性进行判断。

（4）脓液标本中常见病原菌的鉴定

1）金黄色葡萄球菌：镜检为革兰氏阳性球菌、葡萄状排列；血琼脂平板上呈中等大小、圆形突起、光滑湿润、有透明的 β 溶血环、金黄色菌落；血浆凝固酶实验阳性，发酵甘露醇，耐热核酸酶实验阳性，对新生霉素敏感。

2）铜绿假单胞菌：镜检为革兰氏阴性杆菌，菌体两端钝圆；血琼脂平板上菌落扁平、光滑湿润、边缘不整齐，向四周扩散，常有水溶性的蓝绿色色素，有β溶血环和特殊的生姜气味；氧化酶实验阳性，氧化葡萄糖和木糖产酸不产气，还原硝酸盐为亚硝酸盐或产生氮气，枸橼酸盐利用实验、精氨酸双水解酶实验均为阳性。

3）变形杆菌：直接涂片镜检，镜检为革兰氏阴性杆菌，呈多形性；血琼脂平板上菌落扁平、湿润、灰白色，并呈迁徙性弥散生长，由于细菌蛋白酶的作用，可见类似溶血的现象，有恶臭气味；氧化酶实验阴性，触酶实验阳性，苯丙氨酸脱氨酶实验阳性，KIA（K/A，H_2S＋），MIU（＋＋＋），苯丙氨酸脱氨酶实验阳性，动力阳性。

【注意事项】

1. 若直接涂片革兰氏染色镜检可见有细菌存在，而普通需氧分离培养时无细菌生长，应考虑以下情况：①患者正在接受抗菌药物治疗；②可能是厌氧菌感染；③标本处理不当或培养基选择不合适等。

2. 接种的平板应培养至48h后，仍无菌生长。可报告"培养48h无菌生长"。

（莆田学院　伦永志）

实验五　痰液标本的细菌学检验

痰液标本的细菌学检查对于呼吸道感染性疾病的诊断、治疗具有很重要的意义。对无法获得咳痰的患者，用咳嗽后的咽拭子做涂片或培养是发现致病菌的主要方法。因为呼吸系统是一个开放性器官，在采集标本时，应注意正常口腔内可能存在的菌群，分离出来的细菌不一定是致病菌。因此，痰液标本的正确采集和处理，对于获得准确结果具有重要意义。

【实验内容】

1. 痰液标本的采集

（1）自然咳痰法：首先让受检者用清水反复漱口数次，以去除口腔内大量杂菌。用力咳嗽，自气管深部将痰液咳出吐至无菌容器中。对痰量少或咳痰困难患者，可雾化吸入45℃左右10%氯化钠水溶液，使痰液容易排出。

（2）气管镜采集法：用气管镜在肺内病灶处直接吸取标本或用气管刷采取痰液标本。

（3）气管穿刺法：通过气管穿刺取得的痰液，主要用于厌氧培养。

（4）胃内采痰法：结核患者尤其是婴幼儿患者不会咳痰，且有时把痰误咽入胃内，因而可采胃内容物作结核菌培养，其阳性结果比咳痰患者高10%左右。该方法于清晨空腹时，将胃管从鼻腔送入胃内，用20ml注射器抽取胃液。

在细菌培养前，需要对痰液标本进行处理：①痰液均质化，其目的是使痰液的黏稠性降低，以便取材和达到均匀接种。常见方法包括胰酶均质化法和玻璃研磨器研磨等。②痰液净化，其目的在于减少正常菌群，利于病原菌的检出，可采用Lapinski法，即将痰液加入含有15～20ml无菌生理盐水的灭菌试管中，剧烈振荡5～10s或用接种环尽力振摇痰液，然后用接种环将小片脓痰取出，放入另一试管内，用同样的方法再清洗两次，最后将留在试管底部的脓痰接种到培养基上。另一种方法是在灭菌的平皿中加入无菌生理盐水20～30ml，加入脓痰，用接种环用力搅拌，然后用接种环取出小片脓痰接种在培养基上。

2. 检验程序 见图 3-5-1。

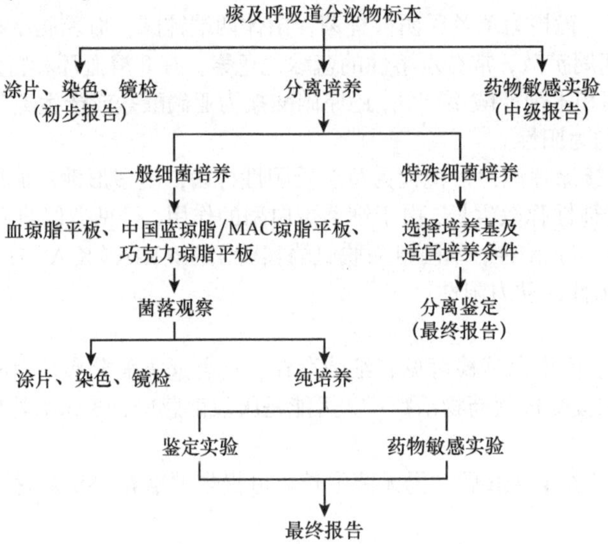

图 3-5-1 痰液标本的细菌学检验程序

3. 痰液标本中常见病原菌的检验

痰液标本的微生物学检验首先需注意观察标本的性状，选取脓血性痰液进行微生物学检查可提高检出率。有异常恶臭的脓性痰液多见于肺脓肿患者，可能与厌氧菌感染有关；若痰液中有颗粒状、干酪样物质或菌块，可能为放线菌和曲霉感染。然后通过涂片检查、分离培养做进一步鉴定。

（1）结核分枝杆菌

1）直接涂片检查：取痰液标本中干酪样、脓性或带血的痰液在洁净的玻片上涂成厚度适宜的均匀薄膜，自然干燥、火焰固定后抗酸染色镜检。结核分枝杆菌呈红色、菌体细长、略有弯曲、分散或成束状分布于蓝色背景中。

2）浓缩集菌涂片检查：常用沉淀集菌法和漂浮集菌法。

A. 沉淀集菌法：取痰液标本 2～3ml，在标本中加入等量 2% NaOH 溶液，消化痰液，高压灭菌后，以 3000r/min 离心 30min，取沉渣涂片，进行抗酸染色镜检。

B. 漂浮集菌法：将 2～3ml 标本消化灭菌后，用生理盐水稀释，加入 1ml 汽油，塞紧瓶口，以每分钟 240 次振荡 20～30min，静置 30min，取液体和油层间的交接层涂片，干后进行抗酸染色镜检。

3）分离培养鉴定

A. 前处理：结核患者痰液含有多种杂菌，为达到杀死或减少杂菌和液化标本的目的，常需对标本进行前处理，最常用方法为氢氧化钠法。取痰液标本 2ml 于无菌试管中，加入约 2 倍标本量 4%NaOH 溶液，充分振荡试管，将试管置于 37℃水浴箱中消化 20min，每隔 5min 从水浴中取出用力振摇，20min 后完全消化，以 3000r/min 离心 15min，弃上清，沉淀物可用于接种。

B. 培养鉴定：用无菌滴管反复吹吸已处理的痰液标本数次，使均匀混合，然后以无菌刻度吸管吸出消化液 0.1ml 接种于罗氏固体培养基及曲氏（Trudeau）培养基。接种固体培养基时，应从培养基斜面的尖端逐滴缓慢加入，任其沿培养基的表面自然流下，接种后，试管置 35℃平卧孵育 1 周后再直立于试管架上。每周观察一次培养基上细菌生长情况，直至 8 周。根据细菌在培养基上生长情况，结合涂片染色镜检结果及生化实验做出报告。

（2）流感嗜血杆菌

1）直接涂片：取痰液标本涂片染色镜检，如见革兰氏阴性小杆菌或多形态杆菌，可疑为本菌，必须进行培养和其他鉴定。

2）分离培养鉴定：将标本接种于血琼脂平板或巧克力琼脂平板。35℃培养 24h，形成露滴状菌落，取菌落涂片染色为革兰氏阴性细小杆菌，“卫星实验”阳性，生长需要X、V因子，结合其他鉴定实验结果，可判断细菌的种属。

（3）克雷伯菌属

1）直接涂片：将痰液标本直接涂片染色镜检，可见革兰氏阴性短杆菌或球杆菌，散在排列，有明显的荚膜。

2）分离培养鉴定：将标本接种于血平板上，经 35℃培养 24h 形成灰白色、大而黏、不溶血菌落，相邻菌落易于融合，用接种环触之可拉丝。在 MAC 琼脂平板上分解乳糖，菌落较大，光亮色调浅淡。取可疑菌落涂片染色为有荚膜的革兰氏阴性短杆菌，氧化酶实验阴性，取此菌落移种 KIA、尿素培养基等做初步鉴定，动力、鸟氨酸脱羧酶实验均阴性，而脲酶、硝酸盐还原实验均阳性者，可判断为克雷伯菌。克雷伯菌属 4 个种的关键鉴定实验为吲哚实验和生长温度实验。

（4）不动杆菌属

1）直接涂片：取痰液标本直接涂片，革兰氏染色镜检，可见双排列的革兰氏阴性球杆菌或球菌，形态酷似奈瑟菌。

2）分离培养鉴定：将标本接种于血平板，35℃培养 18～24h，形成圆形、灰白色，光滑、边缘整齐，直径 2～3mm 的菌落，挑可疑菌落涂片染色，若为革兰氏阴性双球菌，不发酵葡萄糖，氧化酶实验阴性，动力实验阴性，硝酸盐还原实验阴性，可判断为不动杆菌。然后按不动杆菌属的生物学特性进行种间的鉴定，6 种不动杆菌对生长温度有不同要求，主要鉴定实验为溶血、明胶液化、葡萄糖、乳糖氧化及枸橼酸盐实验等。

（5）肺炎链球菌

1）直接涂片镜检：将痰液标本直接涂片、经革兰氏染色镜检。如发现革兰氏阳性矛头状双球菌，周围有较宽的透明区，经荚膜染色确认后可初步判断。

2）分离培养：将痰液直接接种于血琼脂平板上，置 5%～10%CO_2 环境分离培养后，取菌落进一步做 Optochin 敏感实验和胆汁溶菌实验，以区别于甲型溶血性链球菌。必要时可用小鼠进行毒力实验和荚膜肿胀实验进一步鉴定。

【注意事项】

1. 痰液标本以晨痰为佳，也可收集 24h 痰液。咳前需充分漱口，减少口腔正常菌群的污染。

2. 采集的痰液标本必须是肺深部的痰液而不是唾液。

3. 标本采集后应及时送检，室温运送时间应小于 2h。如不能立即接种，需装入无菌运送培养基中，避免干燥使某些细菌死亡。

4. 查出抗酸杆菌时，应及时报告临床并做传染病报告。

（莆田学院　伦永志）

实验六　巨细胞病毒的检测

一、巨细胞病毒 IgM 抗体检测（ELISA 方法）

【原理】 采用捕获法检测人血清中巨细胞病毒 IgM 抗体。微孔中预包被鼠抗人 IgM，首先加入待检标本血清，血清中的 IgM 抗体被捕获，未结合的其他成分（包括特异 IgG 抗体）被洗涤除去。然后加入巨细胞病毒抗原和酶标巨细胞病毒抗体混合物进行第二次温育，巨细胞病毒抗原-酶标巨细胞病毒抗体与巨细胞病毒 IgM 抗体结合形成巨细胞病毒 IgM 抗体-巨细胞病毒抗原-酶标巨细胞病毒抗体复合物；再次洗板后，加入 TMB 底物显色。通过酶标仪检测吸光度（A）值可以判定血清中巨细胞病毒 IgM 抗体是否存在。

【材料】

1. 血清　采集新鲜血液经充分离心获得血清。

2. 试剂盒　由鼠抗人 IgM 包被板、阴性对照、阳性对照、样本稀释液、巨细胞病毒抗原和酶标巨细胞病毒抗体混合物、TMB 底物（底物液 A、底物液 B）、终止液、浓缩洗涤液（20×）、自封袋及封板膜组成。

3. 洗液　将浓洗液用蒸馏水或去离子水 20 倍稀释备用。

4. 仪器　加样器、恒温培养箱、洗板机、酶标仪等。

【操作方法】

1. 平衡　将试剂盒从冷藏环境中取出，置室温平衡 30min 后使用。

2. 设定　留一孔作空白对照，暂不加任何液体。另设阴性对照孔、阳性对照孔，不加标本稀释液，直接加 100μl 对照血清。

3. 加样　在其他反应孔中加标本稀释液 100μl，再加入待检标本 10μl，吹打混匀。

4. 温育　在反应板上加盖封板膜，振摇混匀，置 37℃恒温培养箱中，反应 30min。

5. 洗板　将封板膜揭掉，吸干孔内液体，用洗液洗板 5 次，每次浸泡 30min。连续洗板 5 次，最后一次拍干。

6. 加样　每孔加入 100μl 巨细胞病毒抗原和酶标巨细胞病毒抗体混合物（空白对照孔不加）。

7. 温育　在反应上加盖封板膜，置 37℃恒温培养箱中，反应 30min。

8. 洗板　洗板 5 次，同操作步骤 5。

9. 显色　每孔依次加入底物液 A、底物液 B 各 50μl（包括空白对照孔），加盖封板膜，振荡混匀，37℃避光显色 15min。

10. 终止　每孔加入终止液各 50μl（包括空白对照孔），振荡混匀终止反应。

11. 测定　用空白对照孔调零，并尽快用单波长 450nm 酶标仪测定各孔 *A* 值。

【结果判断】

1. cut-off 值＝0.1＋阴性对照 *A* 值（当阴性对照平均 *A* 值低于 0.05 时，以 0.05 计；当阴性对照平均 *A* 值大于或等于 0.05 时按实际值计算）。

2. 阴性结果：标本 *A* 值＜临界值。

3. 阳性结果：标本 *A* 值≥临界值。

4. 阴性结果代表标本中未检测出巨细胞病毒 IgM 抗体，阳性结果代表标本中检测出巨细胞病毒 IgM 抗体。巨细胞病毒 IgM 抗体阳性是人巨细胞病毒感染的重要指标。

【注意事项】

1. 读取结果时，应擦干酶标板底部，且孔内不能有气泡。

2. 封板膜不能重复使用。

3. 使用前请将试剂平衡至室温（平衡 30min），实验时将试剂轻轻振荡混匀，使用后立即放回 2～8℃保存，未用完的微孔板条与干燥剂一起用自封袋密封，2～8℃保存。

4. 加液时必须用加样器，并经常校对加样器的准确性；加入血清或不同试剂组分时，应更换加样器吸头和加样槽，以防出现交叉污染。

5. 洗涤时各样孔均需加满洗液，防止孔内有游离的酶不能冲净。

6. 在洗板结束后，必须立即进行下一步，不可使酶标板干燥，避免长时间中断实验步骤，以确保每孔实验条件均一。

7. 显色时必须先加底物液 A，后加底物液 B，以免显色过低。

【临床意义】　巨细胞病毒主要通过感染的血液、唾液、尿液或性接触传播，也可通过胎盘、婴儿分娩时接触到生殖器分泌物、母乳喂养而感染。该病毒感染后对人体的影响与个体免疫力和年龄有关，大部分人感染巨细胞病毒后为亚临床感染，不出现临床症状。但孕妇严重的宫内感染可导致宫内死胎和新生儿死亡，或胎儿出生后出现意识运动障碍、智力迟钝、肝脾肿大和中枢神经系统症状等。对免疫抑制状态下器官移植患者、免疫抑制治疗后自身免疫病患者、HIV 患者、癌症患者会产生严重的影响，可引起肺炎、肝炎及全身性疾病甚至死亡。正确诊断此病原体对迅速治愈具有十分重要的意义，并可有效防止药物的滥用。

二、巨细胞病毒 IgM 抗体检测（化学发光免疫分析法）

【原理】 采用间接化学发光免疫分析法检测人血清巨细胞病毒 IgM 抗体。磁性微粒（固相）包被巨细胞病毒抗原，在第一次孵育期间，校准品、样品或质控品中存在的巨细胞病毒 IgM 抗体结合到固相载体上。随后在第二次孵育期间，异鲁米诺-鼠抗人 IgM 结合物与结合在固相载体上的巨细胞病毒 IgM 抗体发生反应。在每次孵育后，未结合的物质经冲洗被洗掉。随后，加入启动试剂，引发化学发光反应，产生光信号。光信号和异鲁米诺-鼠抗人 IgM 结合物的数量由光电倍增管检测，用相对光量单位（RLU）表示，RLU 表示存在于校准品、样品或质控品中巨细胞病毒 IgM 抗体的浓度。

【材料】

1. 血清 静脉穿刺采集，待样品凝固后，尽快将血清从凝块中分离出来。

2. 试剂盒 包括磁微粒［包被失活的巨细胞病毒抗原（AD169 毒株）］；校准品 1、校准品 2、缓冲液 A、结合物。

3. 阳性对照、阴性对照等。

4. 仪器 全自动化学发光分析仪等。

【操作方法】

1. 将试剂盒插入专用槽，将试剂盒在磁装悬浮装置中保持 30s，使用前在分析仪中静置 15min。

2. 将试剂盒放置在分析仪试剂区，标签向左，并在使用前放置 15min，分析仪会自动搅动使磁微粒彻底再次悬浮。

3. 定标：校准品浓度值储存于试剂标签上的条形码。校准浓度值储存于无线射频识别器（RFID 标签）中。

4. 加载样本：将样品放入分析仪样本反应区（离心后的标本血清至少 500μl）。

5. 手工建单，选择相应检测项目。

6. 点击启动按钮。

7. 结果复核、报告。

【结果判断】 分析仪自动计算巨细胞病毒 IgM 抗体浓度，以 U/ml 表示。巨细胞病毒 IgM 检测浓度范围为 5.0～140.0U/ml。

巨细胞病毒 IgM 抗体浓度小于 18.0U/ml 的样本应当视为阴性。

巨细胞病毒 IgM 抗体浓度介于 18.0U/ml 和 22.0U/ml 之间的样本应当视为可疑。

巨细胞病毒 IgM 抗体浓度等于或大于 22.0U/ml 的样本应当视为阳性。

【注意事项】 细菌污染或热灭活的样本可能影响实验结果。

三、巨细胞病毒核酸定量检测（实时荧光 PCR 法）

【原理】 利用针对巨细胞病毒核酸保守区设计的一对特异性引物、一条特异性荧光探针，配以 PCR 反应液等组分，在荧光定量 PCR 仪上，应用实时定量 PCR 检测技术，通过荧光信号的变化实现人巨细胞病毒 DNA 的快速检测。

【试剂与器材】

1. 试剂盒 巨细胞病毒核酸定量检测试剂盒（荧光 PCR）。

2. 仪器 ABI Prism 7500 荧光定量 PCR 仪、离心机等。

3. 患者静脉血、尿液或乳汁，生理盐水，Eppendorf 管等。

【操作方法】

1. 标本处理

（1）尿液或乳汁：标本 12 000r/min 离心 5min，沉淀加 50μl DNA 提取液混匀，100℃保温 10min，12 000r/min 离心 5min，取上清液（含病毒 DNA）2μl 做 PCR 扩增。

（2）血清：用无菌注射器抽取静脉血 1ml，注入无菌 1.5ml Eppendoff 管，4℃静置过夜。吸取上层血清至另一无菌 1.5ml Eppendoff 管，即为血清标本。取 50μl 血清加 50μl DNA 提取液混匀，100℃保温 10min，12 000r/min 离心 5min，取上清液（含病毒 DNA）2μl 做 PCR 扩增。

（3）淋巴细胞：加入 1ml 生理盐水至装有 1ml 静脉血（EDTA 抗凝）的离心管中，沿管壁轻轻打入并轻微混匀。将此 2ml 混合血液沿试管壁缓缓加入到装有 2ml 淋巴细胞分离液的试管中，不能振荡和混匀。2500r/min 15min 离心后，用加样器吸出中间的细胞层于离心管中，10 000r/min 离心 5min，沉淀加 50μl DNA 提取液混匀，100℃保温 10min，12 000r/min 离心 5min，取上清液（含病毒 DNA）2μl 做 PCR 扩增。

（4）阴性、阳性质控品：质控品加 50μl DNA 提取液混匀，100℃保温 10min，12 000r/min 离心 5min，取上清液（含病毒 DNA）2μl 做 PCR 扩增。

2. 参考品稀释和处理 将阳性定量参考品（2×10^8 拷贝/毫升）6000r/min 离心数秒标示为 10^8 管。另取 4 支灭菌 0.5ml 离心管，分别加入 90μl 稀释液，依次标示为 10^7～10^4。吸取 10^8 管 10μl 至 10^7 管，用加样器反复混匀后换新吸头取 10μl 至 10^6 管，按此方法依次稀释至 10^4 管，–20℃保存；吸取 5 个（2×10^4～2×10^8 拷贝/毫升）的阳性定量参考品梯度和阴性质控品各 40μl，分别加 40μl DNA 提取液混匀，其后步骤同标本处理。上清液（含病毒 DNA）待用于 PCR 扩增。

3. PCR 扩增 取人巨细胞病毒-PCR 反应管若干，分别加入处理后上清液（含病毒 DNA）各 2μl，6000r/min 离心 1min。将各反应管放入定量 PCR 仪的孔样品槽内，按对应顺序设置阴性质控品、阳性定量参考品梯度（应设置为 10^4～10^8 拷贝/毫升）及未知标本，并设置样品名称，标记荧光基因种类和循环条件：93℃→2min 预变性，然后按照 93℃ 45s→55℃ 60s，先做 10 个循环，最后再按 93℃ 30s→55℃ 45s，做 30 个循环。

4. 结果分析条件的设定 反应结束后保存检测数据，根据分析后图像调节 Baseline 的 Start 值（2～4）、Stop 值（7～9）及 Threshold 值，使 Std curve 窗口下的标准曲线达到最佳（Correlation 数值为 0.97～1，Correlation 数值等同于 r 值），最后到 Reporter 窗口下记录仪器自动分析计算出的位置标本数值（Qty）。

【结果判定】

1. 阴性结果判定 如果增长曲线不是典型的 S 形曲线或 Ct 值＝30，则实验结果判为小于每毫升 10^4 拷贝。

2. 阳性结果判定 如果增长曲线呈典型的 S 形曲线且 Ct 值＜27，则实验结果判为阳性，样品的人巨细胞病毒 DNA 含量（拷贝/毫升）＝Qty/20。若样品为血清，则样品中的人巨细胞病毒 DNA 含量（拷贝/毫升）＝Qty。

（大连大学 曾常茜，广西医科大学 秦 雪）

实验七 粪便标本的寄生虫检查

粪便检查是消化道寄生虫感染和部分寄生于消化道以外（如肺吸虫、血吸虫、肝吸虫、肝片形吸虫等）的寄生虫感染的病原学诊断手段。粪便检查的实验技术与方法很多，需根据不同种寄生虫来选择。同时，有些虫体如雌性蛲虫可在肛周产卵，牛带绦虫孕节主动从肛门逸出中过程中被挤破，虫卵可散落在肛周，故还可从肛周检获虫卵或虫体。因此需注意，应根据寄生虫随粪便排出体外的不同阶段来选择不同的方法。

一、大便常规检查法和碘液染色法

【原理】 通过肉眼观察或生理盐水涂片检查粪便中蠕虫的各个虫期，也可以在此基础上借助碘液染色检查原虫的包囊。

【材料】 载玻片，盖玻片，竹签，生理盐水，复方碘溶液（配方：碘化钾 4g，溶于 100ml 蒸馏水中，再加入碘 2g，溶解后储于棕色瓶中，溶解后即可使用），注射器，墨汁等染液，显微镜等。

【方法】

1. 大便常规检查法

（1）肉眼观察法：用肉眼观察粪便标本。注意粪便的性状（硬便、软便、稀便、水样便）、颜色、有无特殊恶臭、有无脓血及黏液、有无寄生虫虫体、节片或蝇蛆。如发现带绦虫孕节，可用压片法和注射法检查和鉴定。压片法适用于快速检查和鉴定猪带绦虫、牛带绦虫孕节。方法是将检出的孕节用清水洗净后置两张载玻片之间，轻压，玻片两端用线绕紧，然后对光观察子宫分支数目，鉴定虫种。若子宫分支不清楚，可采用注射法检查和鉴定。注射法是在洗净孕节节片后，用滤纸吸干虫体表面上的水分，用皮试注射器抽取墨汁，从孕节子宫主干处（节片一侧正中）徐徐注入，待侧支充满墨汁或染液后，以清水冲去多余染液再作压片，观察并计数子宫分支情况，确定虫种。

（2）生理盐水直接涂片法：用生理盐水作为粪便的稀释剂，可以不改变涂片的渗透压而使病原体保持原有形态和活力以利于观察。通过生理盐水的涂抹稀释作用，使单个物体分散在涂片中，既不妨碍透光作用，又能暴露病原体的形态结构，易于在镜检中的识别。一般在低倍镜下检查，如发现可疑物再转高倍镜观察。

1）检查蠕虫卵：在洁净的载玻片中央，滴生理盐水 1 滴，用竹签取火柴头大小的粪便，在生理盐水中混匀，摊开呈薄膜状；厚度以将载玻片覆于报纸上，能透过粪膜隐约辨认玻片下的字迹为宜。由于雌性蛔虫产卵量大，该法特别适用于检查蛔虫卵，1 张涂片的检出率约为 85%，3 张涂片的检出率可达 90%～95%。

2）检查原虫：原虫在生活史过程中有滋养体、包囊时期，其中，活滋养体检查也可用此种方法，但要注意涂片要薄而均匀。要求粪便新鲜，不能混入尿液和水，若为检查溶组织内阿米巴，对其黏液血便标本，要取黏液部分。在气温较低时，要注意保温，必要时可用保温台保持温度，或先将载玻片和生理盐水略加温，以使滋养体保持活动状态，便于观察。

2. 碘液染色直接涂片法 用于原虫包囊检查。用碘液代替生理盐水滴加于载玻片上，挑取米粒大小的粪便置于碘液中，调匀涂片，加盖玻片。若需同时检查滋养体，可在玻片的另一侧滴 1 滴生理盐水，同上法涂抹粪便标本，再加盖玻片。这样可使一侧查活滋养体，而加碘液的另一侧查包囊。

【结果】

1. 应注意区别虫卵与粪便中的异物，可依据虫卵的形状、大小、颜色、卵壳（包括卵盖等）和内含物等特征加以鉴别。

2. 碘液染色后包囊呈黄色或浅棕色，糖原泡为棕红色，囊壁、核仁和拟染色体不着色。

【注意事项】

1. 保证粪便新鲜，送检时间一般不超过 24h，尤其对原虫滋养体检查，必须在粪便排出后 30min 内进行，或暂时保存在 35～37℃条件下待查；受检粪量一般为 5～10g，检查蠕虫成虫或绦虫节片则留检 1 日内全部粪量；观察结果应按一定顺序，以免遗漏，热天要注意观察的速度，以防粪膜干燥，影响结果的观察。

2. 盛粪便的容器须干燥、洁净、无尿液或水混入，无药物、泥土和杂质污染，容器外贴有标签，注明受检者姓名和受检目的等。

3. 玻片应清洁无油，手持玻片时勿将手指接触玻片表面，以避免油渍污染。

4. 粪膜厚薄适当，以透过粪膜能见到书本上的字迹为宜。过厚，光线不宜透过；过薄，则检出率降低。

5. 正确使用显微镜，低倍镜转高倍镜时须注意勿使粪膜污染镜头（看高倍镜时最好加盖玻片）。镜检时光线要适当，过强的亮度会影响观察结果。

6. 粪中成分复杂，应与寄生虫卵或包囊及宿主的组织、细胞成分相鉴别；镜检中发现有意义的成分（如红细胞、白细胞和夏科-莱登结晶等）应记录。

7. 检查原虫滋养体时，涂片应稍薄。

8. 用过的竹签、玻片、粪纸包等务必投入指定的容器内，养成防污染的习惯。

9. 碘液染色时碘液的量不宜太多、太浓，否则着色过深，粪便凝成团块，包囊折光率降低，结构不易看清，不利于观察。

10. 操作时应戴一次性塑料手套，以免虫卵污染；送检的节片若已干，可用清水泡软后检查；使用过的器皿须放入甲酚皂溶液中浸泡 30min，再煮沸消毒。

【方法评价】

1. 生理盐水直接涂片法适用于检查蠕虫卵（蛲虫卵除外）、原虫滋养体。方法简便，但由于取材较少，故检出率较低，连续涂片 3 张可提高检出率。

2. 碘液染色法简便、经济，应用广泛，但因不宜使用油镜观察细微结构，且当包囊太小或包囊发育成熟后，囊内细胞核变多、变小，拟染色体及糖原泡消失后，不易鉴别虫种。

二、改良加藤法

改良加藤法又称厚涂片透明法，是进行粪便定量或定性检查蠕虫卵的方法。

【原理】 利用粪便定量或定性厚涂片，以增加视野中虫卵数，可作为虫卵的定量检查。经甘油和孔雀绿处理，使粪膜透明，从而使粪渣与虫卵产生鲜明的对比，便于光线透过和镜检。孔雀绿可使视野光线变得柔和，减少眼睛的疲劳。

【材料】 聚丙乙烯定量板（大小为 40mm×30mm×1.37mm，模孔为 8mm×4mm）及刮棒，100 目尼龙或金属筛网片（约 4cm×4cm），亲水玻璃纸条（5cm×2.6cm）浸泡于甘油孔雀绿溶液（3%孔雀绿 1ml 加纯甘油和水各 100ml）中 24h，压板，载玻片等。

【方法】 将筛网覆盖在粪标本上，刮取从筛孔挤溢出的粪便；将定量板紧贴于载玻片上，把刮棒上取得的粪便填满模孔，刮去多余部分，掀起定量板，在粪样上覆盖含孔雀绿甘油的玻璃纸条，展平后用压板加压，粪样即在玻璃纸和玻片之间铺成椭圆形；放入 30～37℃恒温培养箱中透明 0.5～1h 后镜检并做虫卵计数；每克粪便虫卵数（EPG）为每板虫卵总数乘以 24，再乘以粪便性状系数。

【注意事项】

1. 粪膜要均匀铺开，不宜过厚。

2. 透明时间要适度（尤其对钩虫卵检查，透明时间宜短，不要超过 30min）。若粪膜过厚，透明时间短，虫卵难以发现；若透明时间过长，虫卵易变形，也不易辨认，或因虫卵也透明化，镜检时易漏检。

3. 在定量应用中，为提高检出率，要求每一样本做 3 张加藤片。

4. 经透明处理的虫卵形态与直接在大便中观察到的虫卵有较大差异。

【方法评价】 本法适用于检查多种蠕虫卵。方法简便，操作过程中虫卵不会散失。效果较好。过硬和过稀的粪便不宜使用本法。泡沫状的粪便会在玻璃纸下形成许多微小气泡，妨碍镜检。本法可作为虫卵的定量检查。

三、浮 聚 法

【原理】 利用密度较大的饱和盐水或 33%硫酸锌溶液，使密度较小的虫卵（特别是钩虫卵）或包囊漂浮在溶液表面而达到浓集目的。

【材料】 漂浮瓶或离心管、载玻片、竹签、滴管、饱和盐水或 33%硫酸锌溶液、普通离心机、显微镜等。

【方法】

1. 饱和盐水浮聚法 用竹签取黄豆大小的粪便（约 1g）置于含少量饱和盐水的漂浮瓶中（高 3.5cm，直径 2cm 的圆筒形小瓶），也可用青霉素小瓶代替，将粪便充分捣碎并与盐水搅匀后，除去粪中的粗渣，再缓慢加入饱和盐水至液面略高于瓶口但不溢出为止，在瓶口覆盖载玻片一张，静置 15min 后，平持载玻片向上提起后迅速翻转，使有饱和盐水一面向上，立即镜检，以防标本干燥和盐结晶析出，妨碍镜检。

2. 硫酸锌浮聚法 取粪便 1g，加清水 10ml 充分搅匀，经两层纱布滤入离心管内。2000～2500r/min 离心沉淀 1min。弃尽上液，加 33%硫酸锌溶液（密度 1.18kg/L）1～2ml，调匀后再加此液至距管口 0.5cm 处。以 2000r/min 离心 1min，让离心机自然停止，不要移动或振动离心管，垂直放置离心管。用金属圈轻轻钩取表面液膜 2～3 次，置载玻片上立即镜检，若检查原虫或包囊，则应加盖片及碘液镜检。

【注意事项】

1. 盐水的配制一定要饱和，将食盐徐徐加入盛有沸水的容器内，不断搅动，直至食盐不再溶解为止（100ml 水中加食盐 35～40g），冷却后用两层纱布滤去杂质，测量密度达 1.20 kg/L。

2. 离心沉淀后，应让离心机自然停止。离心后应立即取样检查，若放置时间超过 1h 以上，包囊和吸虫卵会变形下沉，影响检查结果。加硫酸锌溶液前要将管内上层残液尽量倒尽，硫酸锌溶液配制时注意控制硫酸锌密度（硫酸锌 40g，加水 100ml，充分溶解，用密度计测定其密度，如高于 1.18 kg/L，则加水；如低于 1.18 kg/L，则加硫酸锌溶液，务必矫正至密度为 1.18 kg/L）。

3. 注意粪便量适当，粪便过多或过少都影响浓集效果。

4. 玻片要清洁无油，防止玻片与液面间有气泡或漂浮的粪渣。

【方法评价】

1. 饱和盐水浮聚法适用于检查线虫卵（未受精蛔虫卵除外），也可检查带绦虫卵及膜壳绦虫卵，但不适宜检查吸虫卵和原虫包囊。对检查钩虫卵效果尤佳，是诊断钩虫病的首选方法。

2. 硫酸锌浮聚法主要用于蓝氏贾第鞭毛虫包囊的检查。

四、沉　淀　法

【原理】 原虫包囊和蠕虫卵的密度大于水，故可沉淀浓集于粪便的水混悬液沉渣中，但对密度略大于水的包囊和虫卵浓集效果稍差，沉淀法有自然沉淀法和离心沉淀法两类。

【材料】 载玻片、盖玻片、竹签、长滴管、离心机、沉淀杯（500～1000ml）、塑料杯、压舌板、60 目铜筛、污物缸、消毒液、显微镜、纱布、吸管、汞碘醛液、硫柳汞酊、乙醚、甲醛等。

【方法】

1. 自然沉淀法 ①取新鲜粪便 20～30g（鸡蛋大小）置于塑料杯中，加少量清水搅拌成糊状；②经 60 目铜筛过滤到沉淀杯中，去粗渣；③将沉淀杯加满清水，静置 20～30min；④弃去上清液，再加水后静置 15min，如此反复 2～3 次；⑤最后缓缓倒去上清液，静置数分钟后，用吸管吸取沉淀物，涂片 3 张镜检；⑥如欲检查原虫包囊则换水间隔时间延长为 6h。使包囊充分沉于水底，同时加盖玻片及用碘液染色。

2. 离心沉淀法 ①取粪便 3～5g，加水 10ml，充分调匀；②经 60 目铜筛过滤，转入 10ml 离心管内；③将离心管平衡后，1500～2000r/min 离心 2min；④倾去上清液，加清水调匀，再离心，重复 3～4 次，至上液澄清为止；⑤去上液，吸沉渣，涂片镜检。

3. 汞碘醛离心沉淀法 取粪便 1g，加适量（约 10ml）汞碘醛液，充分调匀，用 2 层脱脂棉纱布过滤，再加入乙醚 4ml，振摇 2min，2000r/min 离心 1～2min，分成乙醚、粪渣、汞碘醛及沉淀物 4 层。吸弃上面 3 层，取沉渣镜检。

试剂配制：检查时取汞碘醛液 2.35ml 及 5%复方碘溶液 0.15ml 混合备用。但混合液保存 8h 后即变质，不宜再用，碘液也不宜于 1 周后再用。

4. 醛醚沉淀法 取粪便 1～2g 置于小容器内，加水 10～20ml 调匀，将粪便混悬液经 2 层纱布（或 100 目金属筛）过滤，2000r/min 离心 2min，倒去上层粪液，保留沉渣，加水 10ml 混匀，离心 2min，倾去上清液，加 10%甲醛 7ml。5min 后加乙醚 3ml，塞紧管口并充分摇匀，其后取下管口塞，离心 2min，即可见管内自上而下分 4 层。取管底沉渣涂片镜检。

【注意事项】

1. 自然沉淀法时尽量将粪便搅匀后过滤；注意换水时间，特别是血吸虫卵检查时，应缩短换水时间或用 5%NaOH 溶液代替清水，以避免毛蚴孵化；换水时应避免沉渣浮起，使虫卵随上清液流失；由于粪量较大，应特别避免污染环境。

2. 离心沉淀法时粪便应充分搅匀，并尽量除去粪渣；需要离心的离心管一定要平衡；如检查原虫包囊则需在载玻片上滴加碘液。

【方法评价】

1. 自然沉淀法也称水洗沉淀法，适用于各种蠕虫卵和幼虫、原虫包囊检查，对密度大的原虫包囊也适用，尤其适用于血吸虫卵和有盖虫卵。优点在于粪便经筛滤除了较大粗渣，又经过几次水洗沉淀，洗去了悬浮的碎屑和细菌，视野清晰；虫卵和包囊仍可保持活力；可浓集较多的粪便标本，提高检出率；不需化学试剂。其不足在于操作烦琐、费时、费水，浓集包囊和虫卵的效果一般不如浮聚法。浓集效果受调粪浆、过滤、倾倒上层粪液的技巧，以及每次沉淀时间是否适当等许多因素的影响，对于密度较小的包囊和钩虫卵等，效果较差。

2. 离心沉淀法适用于粪便、尿液、十二指肠液及脑脊液等检查蠕虫卵、幼虫和原虫包囊等。因其费时较少，适用于临床检验。

3. 汞碘醛离心沉淀法既可浓集，可起到固定、保存作用外，又增加了染色作用，有利于发现和鉴别原虫。也适用于原虫滋养体及蠕虫卵和幼虫的检查。若准确称取粪便，还可以作蠕虫卵的定量检查，以测定感染度。

4. 醛醚沉淀法中所用的乙醚起关键作用，粪便物质能吸附密度较轻的乙醚而上浮，但虫卵及包囊不受乙醚影响，与粪便中较重的物质一起沉于管底，去除了更多杂质，提高了浓集效果，且方法中所用的醛溶液可固定、保存虫卵及包囊。该方法不仅浓集效果好，而且不损伤包囊和虫卵的形态，易于观察和鉴定。但对布氏嗜碘阿米巴包囊及微小膜壳绦虫卵等的检查效果较差。

五、尼龙绢筛集卵法

【原理】 将较多量的粪便，经 3 个不同孔径，即第 1 个粗筛去粗粪渣，第 2 个尼龙筛去细粪渣，第 3 个尼龙筛收集虫卵，水洗过筛，再经消化进一步去除粪渣，以达到又快又好地浓集虫卵，从而提高虫卵检出率的目的。

【材料】 粗铜筛 1 个、尼龙筛 120 目和 260 目各 1 个、搅粪杯 1 个、20% NaOH 溶液 20ml 等。

【方法】 取粪便约 30g（鸡蛋大小）置于搅粪杯中，加少量水后将粪便充分搅匀，倒入预先重叠好（120 目在上，260 目在下）的尼龙筛内，在自来水下边摇边冲洗，移去 120 目筛，继续冲洗以冲去小杂物，然后用吸管从筛内底部吸取粪渣涂片 3 张镜检，或者将筛底粪渣反冲入孵化瓶内，进行毛蚴孵化观察。

为便于镜下观察，可将留有粪液的 260 目尼龙筛浸泡在 20%NaOH 溶液中消化 10min 后，用自来水冲洗出消化后的细粪渣子，再涂片镜检。

【注意事项】 为避免交叉污染，尼龙筛在使用前后，先放入甲酚皂溶液（来苏水）中浸泡消毒 30min，然后应充分冲洗干净；清洗筛时，不得用刷子刷洗或揉搓，不能用开水烫，以免孔径增大或缩小，影响孔径对集卵的效果；筛应晾干保存。

【方法评价】 此法主要用于浓集血吸虫卵。若选用合适规格的尼龙绢做袋，也可浓集其他虫卵。此法浓集速度快，省时、省水，虫卵散失少，并可避免在自然沉淀中血吸虫卵孵出的毛蚴因换水而被倒掉。尼龙袋体积小、体重轻、便于携带，适用于大规模调查。

六、幼虫孵化法

【原理】 创造虫卵发育为幼虫的条件，并利用幼虫的特点浓集幼虫。

【材料】 自然沉淀法或尼龙绢筛集卵法所需器材，孵化瓶器材（孵化瓶或三角烧瓶、pH7.4的无氯清水、带光源的恒温培养箱、放大镜、玻璃吸管、观察毛蚴日光光源），滤纸条，竹签，1cm×10cm 试管，铅笔，冷开水，放大镜，培养箱等。

【方法】

1. 毛蚴孵化法 将自然沉淀法或尼龙绢筛集卵法收集的粪便沉渣，倒入孵化瓶内，加调试好pH 的清水（约 30℃水温）置瓶颈处，其后将孵化瓶移放于 25℃有光照条件下孵化毛蚴。孵育 4～8h 后取出检查毛蚴，若为阴性，继续孵化，于 8～10h 及 20～24h 各再检查一次，若仍为阴性，则报告为阴性。检查时面向光源，将孵化瓶移置在黑色背景下，用肉眼或放大镜观察，双目平视，注意寻找接近水面 1cm 水域处快速运动的小白点，如见针尖大小、菱形、乳白色、半透明小白点，同时仔细观察这些小白点的运动特点（直线游动，碰壁迅速拐弯），即可能是毛蚴。且应特别注意与水中其他原生动物（如草履虫）相鉴别。若肉眼观察鉴别困难，可用吸管吸出运动的小白点，置于载玻片上，用低倍镜进行鉴别，其基本形态为梨形，体表有纤毛。如未发现毛蚴，可将孵化瓶中粪渣经 260 目尼龙筛过筛浓集，用吸管吸取粪渣涂片在镜下寻找虫卵，这样做可显著提高检出率（可能是有部分虫卵内毛蚴发育不良而不能孵化出的缘故）。也可用毛蚴促孵法，将洗净的粪便沉渣用以下三种方法中的任意一种处理：①粪便沉渣不加水，置 25～30℃环境中 10h。②将粪便沉渣挤去多余水分，保持含水量 80%左右，防止干燥，30℃保存 24h。③粪便沉渣加生理盐水，30℃避光保存 20～24h 后滤去盐水。收集的粪渣放入三角烧瓶内，或将粪便置于吸水纸上，放在 20～30℃恒温培养箱中过夜。检查时，加热水，2h 后可见到孵出的毛蚴。采用此法，毛蚴孵出的时间较一致，数量也较多。对处理后的粪渣加水孵化，毛蚴便出现得早、齐、多，孵化 8h 后，毛蚴孵化数量为孵化 24h 毛蚴总数的 98%左右，可提高检验效果，这可能与虫卵在外界进一步发育成熟有关。

2. 钩蚴培养法 取 1cm×10cm 试管一支，加入冷开水约 1ml，将滤纸剪成与试管等宽但较试管稍短的“T”形纸条，横条部分用铅笔写受检者姓名，取粪便蚕豆大小，均匀涂在纸条上 2/3 部分，将纸条插入试管，下端浸入水中（注意勿使粪便混入水中），加塞置于 20～30℃条件下培养。培养过程中每天用滴管沿管壁滴入冷开水，以补充管内蒸发掉的水分，加水时勿冲在粪膜上。5 天后用肉眼或放大镜检查试管底部有无钩蚴。钩蚴虫体透明，做蛇形活动。如为阴性，应继续培养至第 7 天；如气温太低，可将培养管放入温水（30℃左右）中数分钟后，再行观察。如需做虫种鉴定，可吸取培养管底部的沉淀物滴于载玻片上镜下观察，气温较低时可将试管放入温水（30℃左右）中数分钟后，再做检查。

【注意事项】

1. 粪便必须新鲜，不能混有尿液。气温超过 26℃时，粪便搁置 24h 后，毛蚴孵出率大减，48h 后则不能孵出毛蚴。因此，若粪便不能及时孵化，可加生理盐水调成混悬液，置 4℃冰箱内 1～2 天，不影响孵出率。

2. 毛蚴孵化的最适温度为 25～28℃，10℃以下或 30℃以上毛蚴不易孵出。

3. 夏秋季节温度较高，为防止自然沉淀过程中毛蚴过早孵出被倒掉，可用 1.2%盐水代替清水，以抑制毛蚴孵出，但最后孵化时仍需用去氯自来水。

4. 河水、塘水中有原生动物，其形态及动态很像毛蚴，易误诊，故作毛蚴孵化时，沉淀及孵化用水均需经过处理，杀灭水中原生动物。自来水中虽无原生动物，但往往有过多的氯气，对孵化不利，需测定余氯并做脱氯处理。

5. 孵化用水的处理，一般将水烧至60℃以上便可杀灭水中原生动物。也可利用漂白粉或漂白粉精遇水后放出的游离氯杀灭水中原生动物。每100ml水加漂白粉0.7g或漂白粉精0.34g，30min后测定水中氯含量，应达0.7～1.0mg/L，若低于此数值，应补加漂白粉精，如达到了上述标准，再作用1h，便可杀死全部水中原生动物；已杀灭水中原生动物的水或自来水，使用前要测定余氯含量，若浓度在0.3mg/L以上，则对毛蚴孵化不利，要脱去余氯方可使用，如储水缸不加盖，夏季经6h，冬季经24h，余氯便散尽。若急需应用，每100kg水中加硫代硫酸钠0.4～0.8g，搅匀，经30min后便可除去余氯，并进一步沉淀澄清水质。

【方法评价】

1. 毛蚴孵化法最常与自然沉淀法或尼龙绢筛集卵法联用于血吸虫感染的诊断。此法诊断血吸虫病，查到毛蚴表明患者体内有活的血吸虫，是血吸虫病原检查最常用的方法，检出率比自然沉淀法高。但操作较烦琐、费时，且需有观察和鉴别毛蚴的经验，对于粪便中虫卵较少的患者，有时需多次检查才能查出毛蚴。

2. 钩蚴培养法是检查钩虫感染的有效方法，根据幼虫形态，可知寄生的钩虫种类，为研究药物对各种钩虫的驱虫效果和虫种分布提供了方便，如用定量粪便做培养，计数孵出的幼虫数目，可代替虫卵计数，测定感染度。此法简单，且不需要使用显微镜，阳性率可比粪便直接涂片法高7.2倍，故适于做大规模的现场调查。但整个过程需时5天以上，气温低时要保温，且每天加水，手续较烦琐。

（北华大学　刘丽梅）

实验八　口腔中的齿龈内阿米巴检查

【原理】 齿龈内阿米巴在有口腔疾病患者及正常人口腔中均能检出，但以前者居多，在牙周炎和牙周疾病患者中的检出率高达50%以上。其感染率与年龄呈现正比关系，且有性别差异，男性多于女性。

【材料】 生理盐水、载玻片、牙签、盖玻片、光学显微镜等。

【方法】 取牙垢、牙龈间隙组织或脓溢液做生理盐水直接涂片，显微镜镜检，或铁苏木素染色法染色后显微镜镜检。

铁苏木素染液配制方法如下。①储存液A：苏木素晶体1g溶于100ml 95%乙醇中，置光下1周后过滤；②储存液B：硫酸铁铵1g，硫酸亚铁铵1g，盐酸1ml，蒸馏水97ml混合而成；③脱色液：取25ml饱和苦味酸水溶液加25ml蒸馏水中。在染色前4h配制应用染液，即取储存液A和储存液B各25ml混合而成。

染色程序：取待检物涂成薄膜片。依次将标本放入70%乙醇中5min，50%乙醇中2min，自来水中5min，染液中10min，蒸馏水中1min，褪色液中1min，流动蒸馏水中5min，含1滴氨水的70%乙醇5min及95%乙醇5min。使用无水乙醇及二甲苯或苯酚-二甲苯溶液脱水。最后用树脂封片介质并加盖盖玻片。

【结果判定】 油镜下观察可见滋养体直径为10～20μm。外质透明，内质包含有细胞器、细胞核及食物泡等。伪足内外质分明，活动迅速，形变能力发达，常呈现出指状、球状、舌状及其他不规则形状。食物泡常含有细菌、白细胞，偶有红细胞，细胞核核仁明显居中或略偏位，有均匀分布的核周染色质粒。

【注意事项】

1. 如果要观察活动虫体，应注意保温，同时注意在显微镜下观察时光线不宜过强。

2. 观察染色标本要将显微镜光线调强，以辨识内部结构。

（北华大学　刘丽梅）

实验九　面部皮肤的蠕形螨检查

蠕形螨因虫体细小且呈蠕虫状而得名，又称毛囊虫，是一种永久性寄生螨。寄生于人体的蠕形螨有毛囊蠕形螨和皮脂蠕形螨。该虫的致病性可引起人体面部皮肤出现酒渣鼻、毛囊炎、痤疮、脂溢性皮炎和睑缘炎等。实验通过对患者面部皮肤（鼻梁沟等处）进行检查，方法有透明胶纸法与直接挤压法。

一、透明胶纸法

【原理】 蠕形螨昼夜均可爬到皮肤表面活动，毛囊蠕形螨主要活动时间为 10 点至 18 点，皮脂蠕形螨活动时间主要为 20 点至次日 2 点，因此用透明胶纸粘贴于皮肤表面，可在虫体夜间爬到皮肤表面时将其粘到胶纸上。

【材料】 透明胶纸、载玻片、剪刀、光学显微镜等。

【方法】 睡前用清水将面部洗干净，用毛巾擦干，将透明胶纸粘贴于颜面部皮脂腺丰富处，次日晨起将胶纸揭下平贴于载玻片上，在实验室显微镜下检查。

【结果判定】 低倍镜下观察可见成虫虫体细长，蠕虫状，乳白色，半透明。成虫长 0.1～0.4mm，虫体分颚体、足体和末体三部分。颚体宽短呈梯形，螯肢 1 对，针状。足体腹面有足 4 对，粗短呈套筒状。末体细长，体表有明显的环状横纹，末端钝圆。毛囊蠕形螨较长，末端较钝圆；皮脂蠕形螨较粗短，末端略尖，呈锥状。

【注意事项】

1. 将透明胶纸平贴于载玻片上时注意不要有气泡，以免影响显微镜下观察结果的准确性。

2. 在显微镜下观察时注意光线不宜过强。

【方法评价】 此法安全简单，检出率高，并有捕捉灭虫效果。也可按胶纸面积镜检虫数来估测感染率。

二、直接挤压法

【原理】 蠕形螨寄生于人体皮肤表面的毛囊与皮脂腺内，以宿主细胞内容或组织崩解物为营养来源，寄生时常引起角化过度或角化不全，还可引起皮脂腺分泌阻塞，可直接挤压毛囊或皮脂腺处所形成的小脓疱查找虫体。

【材料】 载玻片、盖玻片、弯镊子、光学显微镜等。

【方法】 采用痤疮压迫器、弯镊子、曲回纹针等刮取受检皮肤，也可用手指挤压皮肤，将取得的皮脂腺分泌物置于载玻片上，加 1 滴甘油或液体石蜡，涂匀后加盖玻片镜检。

【结果判定】 虫体形态同透明胶纸法。

【注意事项】

1. 睑缘炎、脱发患者亦可拔取睫毛、头发置于载玻片上，滴油封片镜检。

2. 注意挤压处皮肤检查后消毒，防止感染。

【方法评价】 此法检出率受检查部位与范围限制，不如透明胶纸法检出率高，但优点在于检查方便，时间短。

（北华大学　刘丽梅）

第四篇　设计性实验

设计性实验是通过给定实验目的要求和实验条件，由学生自行设计实验方案、选择或制作仪器并加以实现的实验。开设设计性实验的目的在于激发学生学习的主观能动性和创新意识，培养学生独立思考、综合运用知识、提出问题和解决复杂问题的能力。教师根据教学要求提出设计性实验的实验目的和实验要求，并给出实验室所能够提供的实验仪器设备、药品、试剂等实验条件。学生运用已掌握的基本知识和实验技能，提出实验的具体方案，拟定实验步骤，选定仪器设备（或药品、试剂等），独立完成操作，记录实验数据，绘制图表，分析实验结果等。此实验在学生完成常规或综合性实验训练的基础上而开设。

设计性实验一般具有以下特征。①培养学生学习的主动性：在给定实验目的和实验条件的前提下，学生在教师的指导下自行设计实验方案，选择实验器材，制定操作程序，学生必须运用自己掌握的知识进行分析、探讨。②实验内容的探索性：实验内容一般尚未为学生所系统了解，需要学生通过实验去学习、认识，打破了实验依附理论的传统教学模式，恢复了实验在人们认识自然、探索科学发现过程当中的本来面目，让实验教学真正成为学生学习知识、培养能力的基本方法和有效途径。③实验方法的多样性：设计性实验在实验过程中，实验目的是明确、唯一的，但实验条件是可以选择、变化的。因此，学生往往可以通过不同的途径和方法达到实验目的。

设计性实验应按以下步骤进行：

1. 方案设计　针对命题，利用已经掌握的理论和实验技术，设计实验方案，制定具体的操作步骤，分析可能出现的问题，预期实验结果。学生将实验方案制作成幻灯片在课堂上进行汇报，接受师生的提问、质询和建议，进一步修改完善。

2. 结果分析　提前 1 周进行实验准备，按完善后的实验方案进行实验，并认真详细地记录实验现象、实验结果及实验中出现的问题。实验结束后，总结实验结果，对出现的问题进行分析、讨论，撰写心得体会并完成实验报告。

3. 实验汇报　按学术论文汇报方式，根据实验方案、结果分析和心得体会制作幻灯片，进行公开汇报，全体同学参与答辩过程，最后由实验指导教师进行点评。教师除总结实验过程外，还应针对问题进行引导式分析。

实验一　污水的卫生细菌学检验

生活及工业生产中产生的污水含有大量的微生物，其中肠道菌数量较多，有些沙门菌是人畜共患病的病原菌，感染后易造成传染和流行。污水如不经处理直接排放，会污染江河、水源，严重威胁广大人民的身体健康。

【提示实验方法】

1. 污水标本的采集　以无菌操作取待检测污水标本，进行统一编号。需对细菌总数、大肠菌群数、沙门菌属三方面进行检验。

2. 细菌总数检验　对于细菌数较少的标本通常以无菌操作方法吸取 1ml，充分混匀污水标本后（一般实验前应充分振摇 5～10min），注入无菌平皿中，再倾注约 15ml 已熔化并冷却至 45℃左右的营养琼脂培养基，立即旋摇平皿使水样与培养基充分混匀。每个水样应倾注 2 个平皿，每次检验时另用一个平皿仅倾注营养琼脂培养基作为空白对照。待冷却后，翻转平皿，使底面向上，置于恒温培养箱中，37℃培养 24h，进行菌落计数，2 个平板中的平均菌落数，即为水样 1ml 中的细菌总数。

一般情况下，污水的受污染程度均较高，细菌总数非常大，不宜直接按照上述方法检验。因此，需要先将污水标本用无菌水稀释成不同浓度的稀释液，根据对水样污染情况的估计，选择 2～3 个适宜稀释度，按上述方法检验，所得结果乘以稀释倍数，即得水样的细菌总数。

水样稀释方法：以无菌操作方法吸取 1ml 充分混匀的水样，注入盛有 9ml 无菌水的试管中，混匀成 1∶10 的稀释液，吸取 1∶10 的稀释液 1ml，注入盛有 9ml 无菌水的试管中，混匀成 1∶100 的稀释液，按同法可依次稀释为 1∶1000，1∶10 000 等稀释液。

3. 大肠菌群数检验　大肠菌群系指一群在 37℃经 24h 培养后，能分解乳糖产酸、产气，需氧和兼性厌氧的革兰氏阴性无芽孢杆菌。实验中多采用进行大肠菌群的检验。发酵法是根据大肠菌群能发酵乳糖产酸、产气的特性进行检验，共三个步骤：初步发酵实验、平板分离、复发酵实验。

4. 沙门菌属的检验　①增菌培养：在 450ml 污水中加入 10 倍浓缩的磷酸盐缓冲蛋白胨水 50ml，置于 37℃恒温培养箱中培养 6～8h 得到增菌液。取增菌液 25ml 接种于 2 瓶含 250ml 亚硒酸盐增菌液中，分别放在 37℃及 43℃的恒温培养箱中培养 24h 及 48h。②细菌的分离培养：取上液接种于 SS 琼脂平板，经 37℃培养 18～24h，每个平皿中选取可疑的菌落 3～5 个，接种于三糖铁琼脂培养基中置于 37℃恒温培养箱培养 18～24h。菌落生长特点：在 SS 琼脂平板上此菌落不着色，光滑、边缘整齐而呈半透明。根据涂片镜检、血清学实验、生化反应等实验进行最终确定（具体结果判定参照相关章节）。

【注意事项】

1. 采集水样应注意无菌操作，以防杂菌混入，盛水容器在采样前必须无菌。

2. 水样采集后应尽快进行检验，一般从取样到检验不应超过 2h，条件不允许时，应放冰箱保存，但不应超过 4h。

（莆田学院　伦永志）

实验二　医院感染主要病原菌的耐药性分析

医院感染是当今医院的一个非常重要的问题。医院感染主要的病原菌包括金黄色葡萄球菌、大肠埃希氏菌、铜绿假单胞菌、鲍曼不动杆菌、肺炎克雷伯菌等，对医院感染的主要病原菌的进行耐药性分析，目的在于确定主要病原菌的耐药特征，确定其耐药性现状，为临床合理选用抗菌药物提供依据，对控制医院病原菌感染具有重要意义。

【提示实验方法】

1. 临床标本采集，包括采集标本的种类、方法、部位、处理及保存条件等。

2. 标本接种，进行细菌培养，通过细菌形态、特定表现等确定医院感染主要病原菌的种类。

3. 根据确定的病原菌，比较同一细菌对不同抗菌药物的抵抗力。

4. 比较不同细菌（如金黄色葡萄球菌、大肠埃希氏菌、铜绿假单胞菌、鲍曼不动杆菌、肺炎克雷伯菌等）在相同抗菌药物下的抵抗力。

【注意事项】

1. 实验中应设置实验对照，如空白对照、阳性对照、阴性对照等。

2. 应注意严格的无菌操作，严格遵守实验室规则。

3. 实验菌种、实验试剂及实验步骤均较为复杂，注意做好标记，防止出现差错，出现任何问题应及时向任课教师汇报。

（莆田学院　伦永志）

第五篇　虚拟仿真实验教学平台

病原生物学实验教学目的是培养学生的观察、思考和分析问题的能力，是培养医学生科研工作能力、创新思维能力和临床实践能力不可缺少的必要环节之一。随着现代数字网络技术和教育技术的发展，虚拟仿真实验教学在医学教育中逐渐得到了广泛应用，代表着未来的实验教学发展方向。虚拟仿真实验教学平台是在计算机的支持下，在虚拟实验界面模拟实验流程的实验方法，在实验的整个过程中无实验动物和实验仪器。实验者利用互联网技术和虚拟仿真实验教学资源可以实现远程学习，同时教学平台可利用交互化网络操作，记录学生学习动态，使教师对学生学习情况有所掌握。视频形式的实验演示及模拟操作等可以激发实验者的学习兴趣和主动性。目前国内有多个虚拟仿真实验系统，下面以虚拟仿真实验教学平台为例介绍虚拟仿真实验系统的组成及操作过程。

一、虚拟仿真实验教学平台功能简介

虚拟仿真实验教学平台依托虚拟现实、多媒体、人机交互等技术，构建了高度仿真的虚拟实验环境和实验对象，学生在虚拟环境中开展实验，达到教学大纲所要求的教学效果。

虚拟仿真实验教学平台具有以下功能。

1. 用户管理　平台将用户分类为管理者、教师和学生，每类用户具有不同的权限。教师可以上传题目、组织考试等，学生可以学习课件、做笔记、实验预约、考试等。

2. 信息发布　对于管理者而言，可以通过虚拟实验中心进行信息发布，发布一般的新闻公告或图片新闻。

3. 内容管理　平台可以进行虚拟实验内容的管理，分类上传标准虚拟实验课件。

4. 题库管理　为了实现有监督的学习，该平台具有网络考试功能，包括理论考试和实验技能考试。题目管理可以导入指定格式的任何理论考试题目，有了题库之后，教师只要指定了班级就可以进行网络考试，并可对考试后的成绩进行记录和管理。

5. 网络考试　教师设置了题库和班级后可以进行网络考试。

6. 数据统计　管理员可以统计学生的课件学习情况，学生也可以看到自己的学习情况。

7. 交互功能　可以有论坛、答疑等交互功能。

8. 学生笔记功能　对于每一个学习的模块，每个学生都可以做笔记，进行实验内容的意见反馈，真正实现虚拟学习和实际学习的同步。

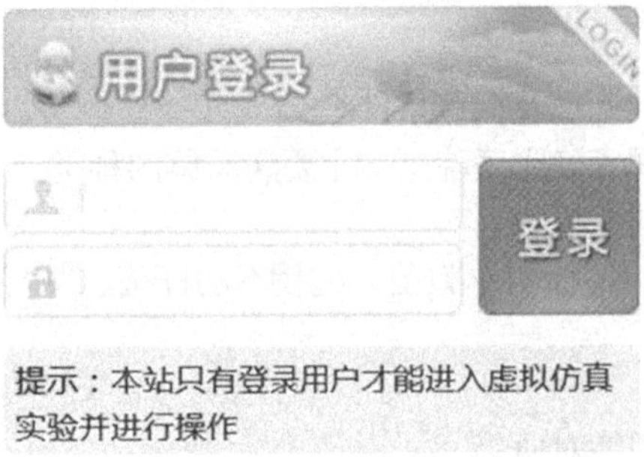

图 5-0-1　登录框

二、虚拟仿真实验教学平台具体操作

1. 首先在虚拟仿真实验教学中心首页的登录框中输入用户名和密码，点击登录按钮，登录虚拟仿真实验教学中心（图 5-0-1）。

2. 登录中心以后，点击进入虚拟仿真实验中心平台（图 5-0-2）。

图 5-0-2　虚拟仿真实验中心平台

点击“形态学数字化教学平台”，以下以 2 个寄生虫实验为例，对虚拟仿真内容中的形态学数字化教学平台的操作进行简单介绍。

（1）以“包囊碘液染色检查”为例：“包囊碘液染色检查”是寄生虫学实验的一个实验模块。点击“形态学数字化教学平台”图标后，进入“寄生虫”学内容（图 5-0-3）。

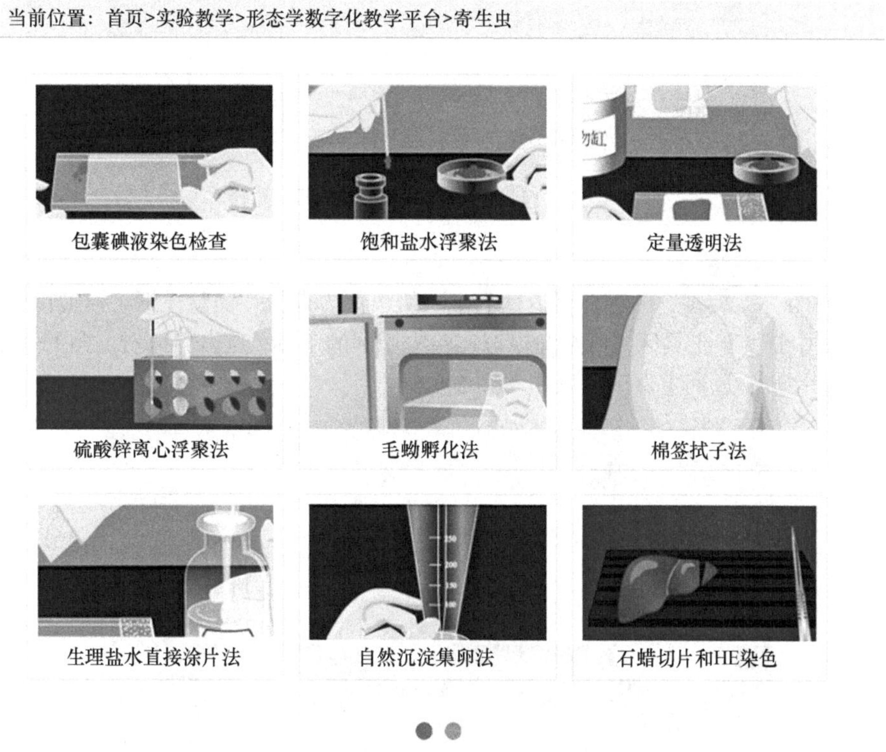

图 5-0-3　寄生虫学内容

点击“包囊碘液染色检查”的图标，进入实验模块（图 5-0-4）。

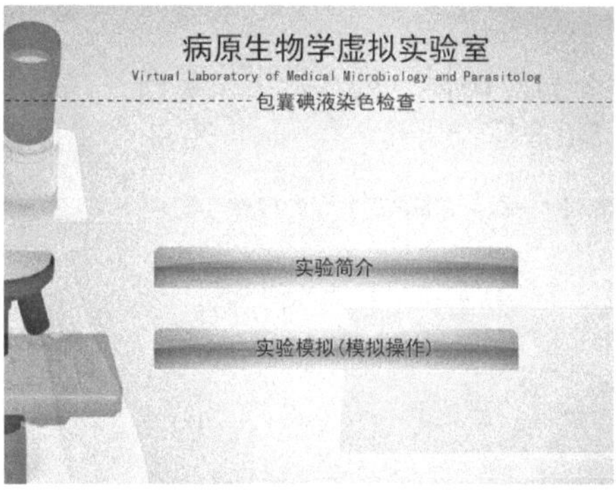

图 5-0-4　包囊碘液染色检查

点击“实验简介”，可见到实验材料、方法、注意事项相关内容（图 5-0-5）。

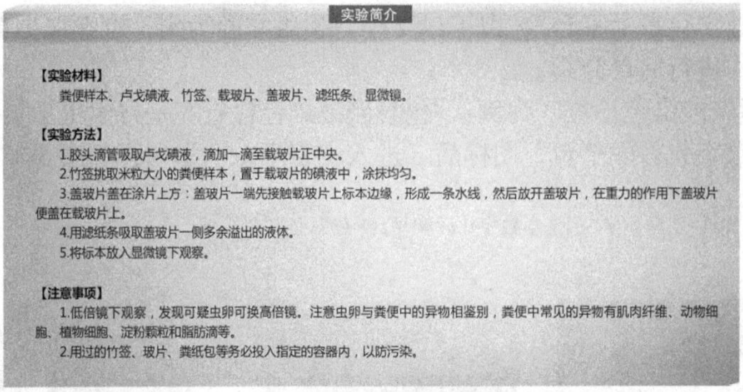

图 5-0-5 “包囊碘液染色检查”的实验简介

点击界面右上角的“”图标，可返回到上一级页面。点击“实验模拟（模拟操作）”进入模拟实验，右边框中是实验工具区，可选择模拟实验中用到的工具，点击界面右上角的进度条，可进行“上一步、下一步、返回主页”的操作（图 5-0-6）。

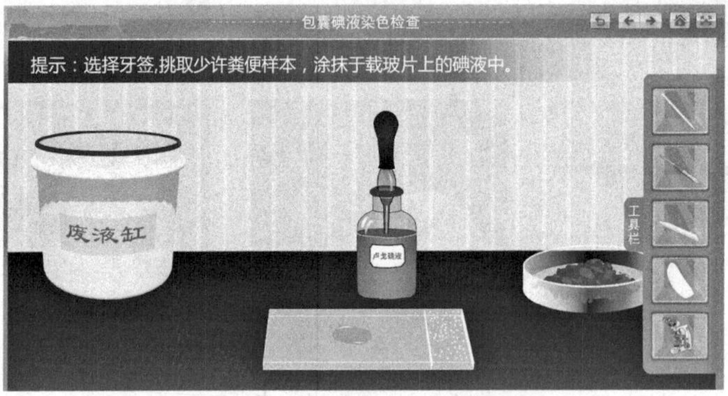

图 5-0-6 “包囊碘液染色检查”模拟实验

（2）以“阴道毛滴虫的染色镜检”为例：“阴道毛滴虫的染色镜检”是寄生虫学实验中的一个实验模块。

点击“形态学数字化教学平台”图标，进入寄生虫学内容，点击“阴道毛滴虫的染色镜检”，进入实验模块（图 5-0-7 和图 5-0-8）。

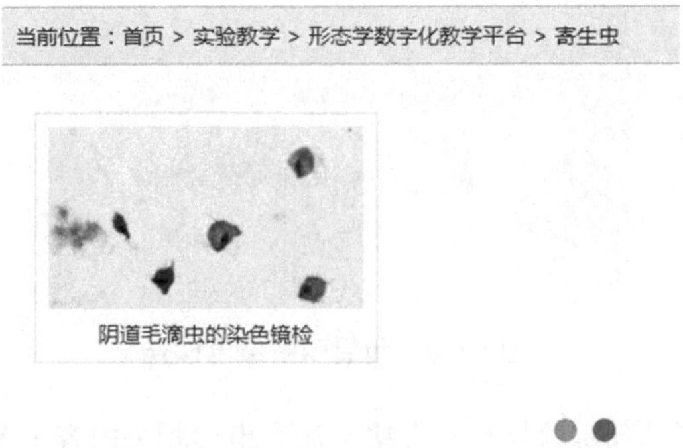

图 5-0-7 阴道毛滴虫的染色镜检

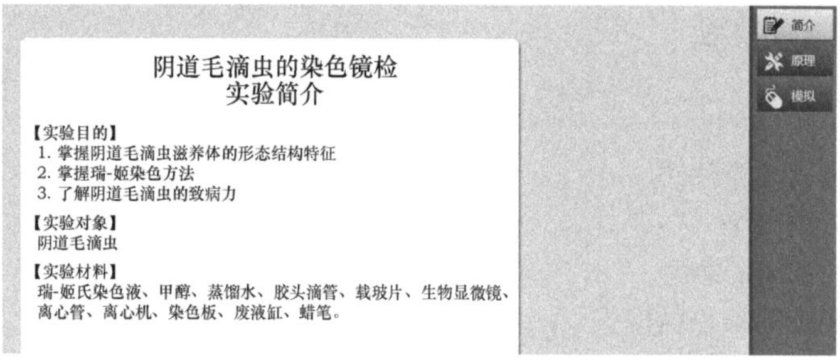

图 5-0-8　“阴道毛滴虫的染色镜检”实验模块

“阴道毛滴虫的染色镜检”实验中包含了实验简介、实验原理和实验模拟三个部分。

“阴道毛滴虫的染色镜检”模拟实验中的提示语，可提示在实验中的具体操作及注意事项。点击界面右上角的进度条，可进行“上一步、下一步、返回主页”的操作。右边框中是实验工具区，可选择模拟实验中用到的工具（图 5-0-9，图 5-0-10）。

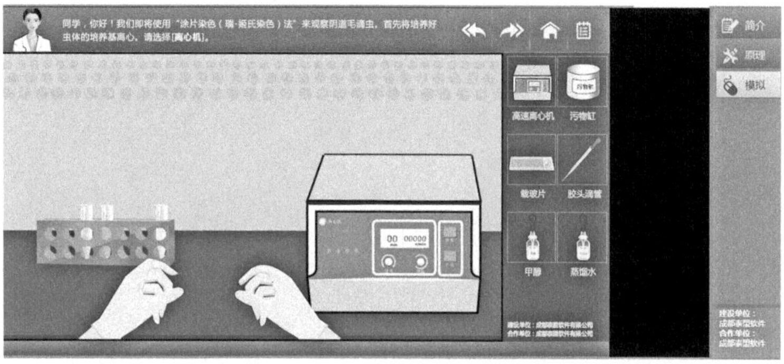

图 5-0-9　“阴道毛滴虫的染色镜检”的实验模拟

图 5-0-10　“阴道毛滴虫的染色镜检”实验模拟操作

以此类推，各实验模块的操作基本类似。

三、寄生虫学虚拟仿真实验项目示例

（一）包囊碘液染色检查

（二）饱和盐水浮聚法

（三）定量透明法

（四）硫酸锌离心浮聚法
（五）毛蚴孵化法
（六）棉签拭子法
（七）生理盐水直接涂片法
（八）自然沉淀集卵法
（九）石蜡切片和 HE 染色
（十）阴道毛滴虫的染色镜检

（大连大学 孙慎侠）

参 考 文 献

何蕳，2018. 人体寄生虫学实验指导. 第 3 版. 北京：人民卫生出版社.

黄敏，2015. 医学微生物实验学. 第 4 版. 北京：科学出版社.

黄敏，张佩，2010. 医学微生物学（案例版）. 第 2 版. 北京：科学出版社.

金志雄，杨树国，2017. 病原生物学实验. 北京：科学出版社.

李建，郭鄂平，2017. 人体寄生虫学实验指导. 北京：科学出版社.

李婉宜，陈建平，2016. 病原生物学实验指导. 北京：人民卫生出版社.

吴爱武，2012. 临床微生物学检验实验指导. 第 4 版. 北京：人民卫生出版社.

赵瑞，2017. 人体寄生虫学实验指导. 北京：科学出版社.

附 录

附录一 常用细菌培养基

1. 血琼脂培养基

普通琼脂熔化再冷却至50℃时，加入5%～10%无菌血液（兔或羊），混匀可制成斜面或平板。

供分离培养一般致病菌用。

2. 巧克力琼脂

普通琼脂熔化后，在90℃时按5%～10%加入无菌血液，混匀后的培养基呈巧克力色，可制成斜面或平板。

用于培养脑膜炎奈瑟菌或淋病奈瑟菌。

3. 糖发酵管

蛋白胨	1g	水	100ml
氯化钠	0.5g	0.02%酚红	0.5～0.7ml
糖类	0.05g	pH＝7.4	

用于检测细菌对各种糖的发酵能力。

4. 尿素培养基

蛋白胨	0.1g	琼脂	2g
氯化钠	0.5g	蒸馏水	100ml
磷酸二氢钾	0.2g	尿素	2g
酚红	0.0012g	葡萄糖	0.1g
pH＝6.8			

供尿素分解实验用。

5. 克氏双糖铁培养基

上层（固体）		下层（半固体）	
蛋白胨	1g	蛋白胨	1g
牛肉膏	0.3g	牛肉膏	0.3g
氯化钠	0.5g	氯化钠	0.5g
乳糖	1g	葡萄糖	0.1g
琼脂	1.6g	琼脂	0.3～0.35g
水	100ml	水	100ml
0.4%酚红	0.6ml	0.4%酚红	0.6ml
硫代硫酸钠	0.02g	pH＝7.6	
硫酸亚铁	0.02g		
pH＝7.6			

供肠道杆菌致病菌的鉴定。

6. 醋酸铅培养基

肉浸液琼脂	100ml
硫代硫酸钠	0.25g

pH＝7.4，供硫化氢生成实验用。

7. 伊红-亚甲蓝（EMB）琼脂培养基

2%无糖琼脂	100ml	0.5%亚甲蓝液	1ml
乳糖	1g	2%伊红液	2ml

pH＝7.6

供肠道杆菌的分离鉴定用。

8. 沙门-志贺氏（SS）琼脂培养基

牛肉膏	5g	枸橼酸铁	1g
蛋白胨	5g	煌绿	0.000 33g
乳糖	10g	中性红	0.025g
胆盐（3 号）	8.5g	琼脂	15g
枸橼酸钠	10g	水	1000ml
硫代硫酸钠	8.5g	pH＝7.0	

供分离肠道致病菌沙门菌属和志贺菌属用。

9. 吕氏凝固血清培养基

1%葡萄糖肉汤（pH7.4）	1 份
血清	3 份

无菌分装后置血清凝固器中作间歇灭菌

供培养白喉棒状杆菌用。

10. 亚碲酸钾血琼脂培养基

3%肉汤琼脂	100ml
1%亚碲酸钾	2ml
5%胱氨酸	2ml
脱纤维羊或兔血	5～10ml

供培养和鉴别白喉棒状杆菌用。

11. 蛋白胨水培养基

蛋白胨	10g
氯化钠	5g
蒸馏水	1000ml

pH＝7.2

供吲哚实验用。

12. 枸橼酸盐培养基

磷酸二氢铵	0.1g	氯化钠	0.5g
磷酸二氢钾	0.1g	琼脂	2g
枸橼酸钠	0.23g	蒸馏水	100ml
硫酸镁	0.02g	0.5%溴百里酚蓝乙醇溶液	2ml

pH＝6.8

供鉴定细菌对枸橼酸盐的利用实验用。

13. 明胶培养基

明胶	12g
肉汤	100ml

供明胶液化实验用。

14. 菊糖血清培养基

血清（无菌）	5ml	蒸馏水（无菌）	75ml
菊糖	0.5g	0.1%酚红水溶液	2ml

供鉴别肺炎链球菌和链球菌之用。

15. 嗜盐菌增菌培养液

蛋白胨	20g	结晶紫溶液（1∶10 000）	5g
氯化钠	40g	蒸馏水	1000ml

供培养嗜盐菌专用。

16. 溴甲酚紫牛乳培养基

脱脂牛乳	40ml
1.6%溴甲酚紫溶液	0.4ml

供培养产气荚膜梭菌用。

17. 庖肉培养基

牛肉渣	1g
牛肉浸液	8ml

供培养厌氧芽孢梭菌用。

18. 罗氏培养基

磷酸二氢钾（无水）	0.96g	天门冬素	0.72g
硫酸镁（$MgSO_4 \cdot 7H_2O$）	0.048g	中性甘油	2.4ml
枸橼酸镁	0.12g	蒸馏水	120ml

供培养结核分枝杆菌用。

19. 碱性蛋白胨水

蛋白胨	20g
氯化钠	8.5g
蒸馏水	1000ml
pH＝8.4	

供培养霍乱弧菌及 ELTor 弧菌用。

20. EPV（多万）选择培养基

蛋白胨	6g	羊血	60ml
氯化钠	3g	多黏菌素 B	2.5ml
肉膏	3g	万克霉素	2mg
琼脂	12g	蒸馏水	60ml
玉米面	1g		

供脑膜炎奈瑟菌和淋病奈瑟菌分离培养用。

21. LB 液体培养基

蛋白胨	10g	葡萄糖	2g
牛肉浸膏	5g	蒸馏水	1000ml
氯化钠	15g	pH＝7.2	

供质粒转化实验用。

22. 支原体琼脂培养基

（1）牛心消化液制备：取牛心、氯化钠和蒸馏水 900ml 混合，另取胰蛋白酶 2.5g 溶解于 0.5%氯化钠溶液 100ml 中，然后和上述牛心混合，于 50～60℃搅拌消化 2h，消化后用双层纱布过滤，滤液煮沸 5min，然后加酵母浸膏 1g，混匀。冷却后，加 15%氢氧化钠溶液约 10ml，调 pH 至 8.0。

分装于瓶中，103.425kPa 高压蒸汽灭菌 15min，备用。

（2）支原体琼脂平板：取上述牛心消化液 1000ml，加蛋白胨 10g，琼脂粉 14g 混合，加热溶解。用脱脂棉过滤，滤后分装于圆瓶中，每瓶 70ml，103.425kPa 高压蒸汽灭菌。备用。用前加热溶解琼脂，冷却至 80℃左右，无菌加入预温（37℃）的无菌小牛血清 20ml，25%鲜酵母浸液 10ml，1%醋酸溶液 2.5ml，青霉素 G 钾盐溶液（20 万 U/ml）5.0ml，使用两性霉素溶液（5ml/L）0.1ml，充分混合后倒平板（每 100ml 培养基可倒平板 8 只），放 4℃备用。

供分离培养支原体用。

23. 柯氏（Korthof）培养基

蛋白胨	0.8g	氯化钾	0.04g
氯化钠	1.4g	氯化钙	0.4g
碳酸氢钠	0.02g	磷酸二氢钾	0.24g
磷酸氢二钠	0.88g	蒸馏水	1000ml
pH＝7.2			

上述各成分（除兔血清外）混合，加热溶解，调 pH 至 7.2。高压蒸汽灭菌 20min。待冷却后，加入新鲜无菌兔血清 40ml，制成 8%血清溶液。分装于无菌试管中，于 56℃水浴中灭活 1h，备用。

供培养钩端螺旋体用。

24. 沙氏（Sabouraud）培养基

葡萄糖（或麦芽糖）	4g
蛋白胨	1g
琼脂	1.8g
蒸馏水	100ml

将上列各物混合加热熔化，分装经高压灭菌 20min 后备用。

供分离培养真菌用。

25. 葡萄糖蛋白胨水

多价胨	7g
磷酸氢二钾	5g
葡萄糖	5g
蒸馏水	1000ml
pH＝7.2	

供甲基红、VP 实验用。

（大连大学　孙慎侠）

附录二　常用染液、指示剂、试剂

1. 常用染液

（1）革兰氏染液

1）结晶紫染液：结晶紫 10～14g，溶于 95%乙醇 100ml 中，制成结晶紫乙醇饱和液。取此饱和液 20ml 与 1%草酸铵水溶液 80ml 混合即成。

2）卢戈氏碘液：先将碘化钾 2g 溶于约 2ml 蒸馏水中，再加碘片 1g，振摇溶解，最后加蒸馏水至 30ml。装于磨口棕色滴瓶中备用。

3）石炭酸品红染液及稀释品红染液：取碱液品红 4g 溶于 100ml 95%乙醇中，制成碱性品红乙醇饱和液。取此饱和液 10ml 与 5%石炭酸水溶液 90ml 混合均匀，此为石炭酸品红染液。将此作 10 倍稀释即为稀释品红染液。

4）2.5%沙黄染液：2.5%沙黄乙醇溶液 10ml 加蒸馏水 90ml 混匀即成。

（2）抗酸染色（Ziehl-Neelsen 法）用染液

1）石炭酸品红染色液：同上。

2）吕氏亚甲蓝染液：亚甲蓝 3g 溶于 95%乙醇 100ml 中制成乙醇饱和液。取此饱和液 30ml 加蒸馏水 100ml 及 10%氢氧化钾溶液 0.1ml，混合即成。

（3）阿氏（Albert）染液

甲液		乙液	
甲苯胺蓝	0.15g	碘化钾	3g
孔雀绿	0.2g	碘	2g
冰醋酸	1ml	蒸馏水	300 ml
乙醇（95%）	2ml		
蒸馏水	100ml		

（4）黑斯荚膜染色液

1）结晶紫染液：取结晶紫饱和乙醇溶液 5ml 与 95ml 蒸馏水混合均匀即可。

2）200g/L 硫酸铜水溶液。

用于细菌的荚膜染色。

（5）鞭毛染色（改良 Ryu 法）液

A 液

5%苯酚	10ml
鞣酸	2g
饱和硫酸铝钾	10ml

B 液

结晶紫乙醇饱和溶液

应用液：A 液 10 份与 B 液 1 份混合，室温存放。

（6）乳酸酚棉蓝染色液

苯酚	20ml	乳酸	20ml
甘油	40ml	蒸馏水	20ml

将 4 种成分混合，稍微加热溶解，然后加入棉蓝 50ml，混匀，滤过除菌，4℃保存备用。

2. 常用指示剂

（1）0.5%酚红水溶液：酚红（phenol red）0.5g，置玛瑙钵磨匀，边磨边加入 0.01mol/L NaOH 溶液约 12ml，使其全溶，加双蒸水 100ml，充分混匀，高压蒸汽灭菌 15min 后分装保存。

（2）1.6%溴甲酚紫乙醇溶液：溴甲酚紫（brom cresol purple）1.6g，置玛瑙钵中，加入少许 95%乙醇，研磨使其全溶，然后用 95%乙醇洗入量筒，加到 100ml 止，盛入棕色瓶内，盖严备用。

（3）0.2%甲基红水溶液：甲基红（methyl red）1g，置玛瑙钵中，加 95%乙醇少许使其全溶，然后用 95%乙醇洗入量筒中，加 95%乙醇至 300ml 刻度，最后加蒸馏水至 500ml，混匀，盛棕色瓶内，盖严备用。

（4）0.5%亚甲蓝水溶液：亚甲蓝（methylene blue）0.5g 加蒸馏水 100ml，使其自溶即可。

3. 细菌生化反应试剂

（1）VP 试剂：甲液为 5% α-萘酚乙醇（无水）溶液；乙液为 40%氢氧化钾或 40%氢氧化钠溶液。

（2）吲哚试剂：对二甲基氨基苯甲醛 1g，无水乙醇 95ml，浓盐酸 20ml 混合即可。

（3）甲基红试剂：甲基红 0.04g，95%乙醇 60ml，蒸馏水 40ml，先使甲基红溶解于乙醇溶液中，再加入蒸馏水，混合摇匀即可。

（4）氧化酶实验试剂：1%盐酸四甲基对苯二胺水溶液或1%盐酸二甲基对苯二胺水溶液，盛于棕色瓶中，置冰箱中可保存2周。也可将配好的溶液浸入小滤纸条（或滤纸片），置于37℃干燥后，放入棕色瓶中密封冰箱中避光保存。

4. 其他

（1）3.8%枸橼酸钠抗凝剂：枸橼酸钠3.8g，蒸馏水100ml，混合摇匀，高压后备用（此抗凝剂1ml抗凝5ml血液）。

（2）1%肝素（heparin）：肝素1g，蒸馏水100ml，混合摇匀，每管分装0.2ml，经100℃烘干，可抗凝血量10～15ml。市售肝素多为钠盐溶液，每毫升含肝素12 500U，相当于125mg。

（大连大学 孙慎侠）

附录三 菌种、毒种保存与管理

1. 菌种保藏技术 微生物在使用和传代过程中容易发生污染、变异甚至死亡，因而常常造成菌种的衰退，并有可能使优良菌种丢失。菌种保藏的重要意义就在于尽可能保持其原有性状和活力的稳定，确保菌种不死亡、不变异、不被污染，以达到便于研究、交换和使用等方面的需要。无论采用何种保藏方法，首先应该挑选典型菌种的优良纯种来进行保藏，最好保藏它们的休眠体，如分生孢子、芽孢等。其次，应根据微生物生理、生化特点，人为创造环境条件，使微生物长期处于代谢不活泼、生长繁殖受抑制的休眠状态。这些人工造成的环境主要是干燥、低温和缺氧，另外，避光、缺乏营养、添加保护剂或酸度中和剂也能有效提高保藏效果。现介绍几种细菌常用的保藏方法。

（1）斜面、半固体低温保藏法：将菌种接种到培养基上，待菌种生长完全后，置于4℃冰箱中保藏，每隔一定时间（保藏期）再转接至新的培养基上，生长后继续保藏，如此连续不断。此法广泛适用于细菌、放线菌、酵母菌和霉菌等大多数微生物菌种的短期保藏及不宜用冷冻干燥保藏的菌种。放线菌、霉菌和有芽孢的细菌一般可保存6个月左右，无芽孢的细菌可保存1个月左右，酵母菌可保存3个月左右。该法的优点是简便易行、容易推广、存活率高，故科研和生产上对经常使用的菌种大多采用这种保藏方法。其缺点是菌株仍有一定程度的代谢活动能力，保藏期短，传代次数多，菌种较容易发生变异和被污染。

一般细菌可采用普通琼脂斜面保存方法，营养要求高的细菌如链球菌、肺炎链球菌可采用血琼脂斜面保存法，链球菌须半个月到一个月移种一次。肺炎链球菌新分离的菌株需2～4天移种一次，以后可逐渐延长移种时间。脑膜炎奈瑟菌须在巧克力琼脂斜面，35℃恒温培养箱中培养并保存，一般每两天移种一次。斜面保存菌种为了延长斜面上的保存时间，可以将斜面的高层部分做得高一些，接种的时候，仅划一直线即可。也可将细菌穿刺接种到半固体或半固体血清培养基中。半固体穿刺保藏适用于大多数细菌的保存。

（2）封液体石蜡保藏法：此法是在无菌条件下，将灭过菌并已蒸发掉水分的液体石蜡倒入培养成熟的菌种斜面（或半固体穿刺培养物）上，液体石蜡层高出斜面顶端1cm，使培养物与空气隔绝，加胶塞并用固体石蜡封口后，垂直放在室温或4℃冰箱内保藏。使用的液体石蜡要求优质无毒，化学纯规格，其灭菌条件是150～170℃烘箱内灭菌1h；或121℃高压蒸汽灭菌60～80min，再置于80℃的烘箱内烘干除去水分。由于液体石蜡阻隔了空气，使菌体处于缺氧状态下，而且又防止了水分挥发，使培养物不会干裂，因而能使保藏期达1～2年或更长。这种方法操作简单，适于保藏霉菌、酵母菌、放线菌、好氧性细菌等，对霉菌和酵母菌的保藏效果较好，可保存几年甚至长达10年。但对很多厌氧性细菌的保藏效果较差，尤其不适用于某些能分解烃类的菌种。

（3）滤纸片保藏法

1）将滤纸剪成 0.5cm×1.2cm 的小条，装入 0.6cm×8.0cm 的安瓿管中，每管 1～2 张，塞以棉塞，高压蒸汽灭菌 30min。

2）将需要保存的菌种，在适宜的斜面培养基上培养，使充分生长。

3）取灭菌脱脂牛乳 1～2ml 滴加在灭菌培养皿或试管内，取数环菌苔在牛乳内混匀，制成浓悬液。

4）用灭菌镊子自安瓿管取滤纸条浸入菌悬液内，使其吸饱，再放回至安瓿管中，塞上棉塞。

5）将安瓿管放入内有五氧化二磷作吸水剂的干燥器中，用真空泵抽气至干。

6）将棉花塞入管内，用火焰熔封，保存于低温下。

7）需要使用菌种而复活培养时，可将安瓿管口在火焰上烧热，滴一滴冷水在烧热的部位，使玻璃破裂，再用镊子敲掉口端的玻璃，待安瓿管开启后，取出滤纸，放入液体培养基内，置恒温培养箱中培养。

细菌、酵母菌、丝状真菌均可用此法保藏，前两者可保藏 2 年左右，有些丝状真菌甚至可保藏 14～17 年之久。此法较液氮、冷冻真空干燥法简便，不需要特殊设备。

（4）冷冻真空干燥保藏法：又称冷冻干燥保藏法，简称冻干法。它通常是用保护剂制备拟保藏菌种的细胞悬液或孢子悬液于安瓿管中，再在低温下快速将含菌样冻结，并减压抽真空使水升华，将样品脱水干燥，形成完全干燥的固体菌块，并在真空条件下立即融封，造成无氧真空环境，最后置于低温下，使微生物处于休眠状态，而得以长期保藏。常用的保护剂有脱脂牛奶、血清、淀粉、葡聚糖等高分子物质。由于此法同时具备低温、干燥、缺氧的菌种保藏条件，因此保藏期长，一般达 5～15 年，存活率高，变异率低，是目前被广泛采用的一种较理想的保藏方法。除不产孢子的丝状真菌不宜用此法外，其他大多数微生物如病毒、细菌、放线菌、酵母菌、丝状真菌等均可采用这种保藏方法。但该法操作比较烦琐，技术要求较高，且需要冻干机等设备。保藏菌种需用时，可在无菌环境下开启安瓿管，将无菌的培养基注入安瓿管中，固体菌块溶解后，摇匀复苏，然后将其接种于适宜该菌种生长的斜面上适温培养即可。主要步骤如下：

1）准备安瓿管：市售的安瓿有直管式和底部为球形的安瓿管，将安瓿管清洁后，将标有病毒的标签放入安瓿管内，高压灭菌后备用。

2）制备保护剂：冻干菌种的保护剂种类很多，常用脱脂牛奶，可配成 20%乳液，分装，高压灭菌，并做无菌实验。

3）制备菌悬液：吸取 3ml 无菌牛奶加入菌种，轻轻摇动，再用手搓动试管，制成均匀的病毒悬液。

4）分装及预冻：用无菌的长颈滴管将菌悬液分装于安瓿管底部，每管装 0.2ml。将安瓿管上端烧熔成细颈，将安瓿整个浸入装有干冰和 95%乙醇的预冻槽内，槽内温度为−50～−40℃，可使悬液冻结成固体。

5）真空干燥：完成预冻后，开动真空泵抽气进行真空干燥，维持冻结剂可于 4h 后移去，继续于室温中抽气，达到完全干燥。

6）封管：待菌种完全干燥后即从干燥缸内取出安瓿管，置于抽气管上抽成真空，需 3～10min。用高频真空检测仪检查后，置 4℃冰箱保存。

2. 毒种保存技术

（1）低温、超低温保存法：用病毒悬液或加保护剂后，无菌分装，然后置低温冰箱或液氮罐中保存。温度越低，保存时间越长。这种方法需要加保护剂，常用的保护剂为脱脂牛奶溶液、5%蔗糖、血清等。

（2）冷冻真空干燥保存法：方法同上。真空冻干病毒比较稳定，可置于室温短期保存，4～8℃长期保存。

3. 菌种、毒种管理

（1）菌种、毒种应专人负责保管，并由部门负责人经常督促检查。若因工作变动，应及时做好全面交接工作。

（2）菌种、毒种应保存于安全的地方，所用冰箱等保存容器均应加锁，若要运输或携带必须置于金属罐内密封，由专人领取。

（3）建立严格使用登记制度

1）所有菌种、毒种须按种类、来源、数量购买时期一一登记入册。

2）使用时须使用者签字，部门负责人审批。

3）实验菌种、毒种使用完毕须高压灭菌处理，并做好销毁记录。

（4）保存的菌种、毒种应于规定时间定期移种。

（5）培养菌种、毒种的试管和干燥菌种的安瓿上应贴标签，写明编号、菌名及日期。

（6）菌种、毒种不得外借，不得随便带出实验室。

（7）菌种、毒种的保存范围、转移和销毁等必须严格遵守卫生部门有关规定，部门负责人不定期检查，核实菌种使用销毁情况。

（大连大学　孙慎侠）